JN085535

思想の絶対的自由と外部的行為への制約

―合衆国最高裁判所の判例法理の傾向―

宮原　均

八千代出版

はしがき

　本書は、思想等の内面に支えられた外部的行為への規制がもたらす問題点について、主として合衆国最高裁判所の判例法理を中心に考察を加えたものである。思想等の精神の自由は、個人の尊厳の中核として最も尊重されなければならず、その自由には絶対的保障が及ぶとされる。もっとも、その保障の絶対性は、思想等が内面にとどまっていることが前提とされねばならない。多数派から憎まれ、異端とされる思想への寛大さは重要であるが、それに基づく外部的行為を無制限に認めることはできない。

　しかしその一方で、外部的行為の規制は内面への制限につながる。確かに、他人の生命・身体を傷つけ、社会の安全を害する行為を規制することは、その根拠・理由は分かれるにせよ、肯定される。しかしながら、外部的行為には作為・不作為を含め様々なものがあり、また、その規制が内面にもたらす影響も様々である。例えば「君が代」ピアノ伴奏や国旗への敬礼の強制は、思想に反する行為の強制につながり、徴兵カードの焼毀行為の禁止・処罰は、外部的行為を規制することにより思想等への影響を及ぼす。

　このように、思想等への保障と外部的行為の規制のバランスをいかにはかっていくかは困難な問題であるが、更に考察されなければならないのは、思想等への配慮により外部的行為を免除した場合である。すなわち、誰もが服しなければならない義務的行為を、その思想等を理由に免除するならば、周囲に多大な不公平感が広まっていくであろう。特に、社会の構成員全員がそろって実施しなければ目的が達成されないような義務を免除する場合には、大きな社会問題が提起されるであろう。

　この点については、内面における重要な要素である「信仰」が関わってくると事態は更に深刻になってくる。信仰はその本質において、内面にとどまらずに外部的な実践行為を伴うことが多く、信仰に反する作為・不作為の行為を命ずることは、内面そのものに強い影響を及ぼすことになる。他方、義務の免除は、特定宗教に多大な世俗的利益をもたらし、政教分離の問題さえも提起しうる。例えば、妊娠中絶費用をカバーする巨額の保険料の支払を、信仰を理由に

拒否することが企業に認められるか、問題になる。

　本書は、それぞれが独立した数本の論文をまとめた論文集であるが、上述の問題意識に基づき、ある程度の体系性がある。第1章で、思想等の形成に関わる問題として、わいせつ表現物の単純所持の問題を扱い、第2章において、個人が有する思想等に反する行為を強制する場面として「謝罪」の問題を、同じく第3章では「会費の徴収」の問題をそれぞれ考察し、第4章では「信仰と一般的義務の免除」の問題を取上げて、外部的行為がもたらす第三者・社会全体への影響を考慮して、精神の自由への現代的な保障のあり方を考察している。

　これら論文では、比較的最近の事件が扱われているが、問題意識は相当に古く、学部・大学院のゼミで検討課題とした「謝罪広告事件」や「日曜授業参観事件」にさかのぼり、執筆中は当時の議論の様子が昨日のことのように浮かんできた。今日までささやかなりとも研究を続けられたことを本当にうれしく思うとともに、多くの学友そして厳しくも温かくご指導いただいた先生方には感謝の気持ちでいっぱいである。

　最後になり恐縮ですが、厳しい出版事情の中、本書の出版にご快諾いただいた八千代出版株式会社・森口恵美子氏、編集・校正等に多大なご尽力をいただいた同社・御堂真志氏に厚く御礼申し上げます。

　　令和4年12月　　　　　　　　　　　　　　　　　　　　宮原　均

目　　次

序 章

思想の絶対的自由と外部的行為への規制

は じ め に

　合衆国憲法においては、「思想」等の内面の自由を直接保障する規定は存在しないが、その修正1条の「言論・出版の自由」において、Freedom of mind, Freedom of thought が議論されている。内面そのものは、言論等によって媒介されなければその内容を把握することはできず、したがって、表現の保障又は規制を考察する範囲で、その検討がなされることになるのである。

　そこで、「内面」と「行為」の問題を修正1条の観点から考察するにあたり、以下、内面の形成をもたらす表現物鑑賞の自由、内面に反する表現・行為の強制、信仰と一般的義務の免除の問題に分けて論じていくこととする（合衆国憲法修正第1条は、合衆国政府に対して、次のことを禁止している。①国教を樹立すること、②宗教の自由を抑圧すること、③言論及び報道・出版の自由を制限すること、④平穏に集会する権利を侵害すること、⑤政府に請願する権利を侵害すること。なお、修正14条のデュープロセス条項により、州に対しても適用される。田中英夫編『英米法辞典』（1991年、東京大学出版会）350頁）。

第1節　内面形成の自由と表現物の単純所持規制

1. わいせつ表現物の単純所持規制と国家による洗脳

　内面の形成には、書籍等を媒介とする情報の自由な流れが不可欠である。国家権力による情報のフィルターは個人の洗脳につながり、ひいては真理の探究への妨げとなりうる。そして「思想の自由市場」、「検閲の禁止」はこの点を考慮しているといえるが、情報の発信・受信も完全に自由とはいえず、一定の制

約が認められ、「わいせつ」表現物もそのひとつである。主として販売・頒布等、社会との接点を持つ行為に規制が及び、自宅内において自己鑑賞目的でこれを所持すること（単純所持）自体は禁止されていないことが多い。これについて合衆国最高裁は、内面と外部的行為の規制という観点から興味ある判例法理を展開している。

まず、Stanley v. Georgia, 394 U.S. 557 (1969) では、わいせつ表現物の単純所持を規制する州法が修正1条に違反するとされた。州に許されるのは、モラル違反の考え方が社会に伝播されることを規制することであって、自宅での自己鑑賞を規制することは、個人の洗脳につながり許されないとした。しかしながら、その後の判例の流れは、自己鑑賞を厳密に「自宅」に限定して保障する方向にあるといえる。

2. チャイルド・ポルノの市場枯渇

こうした中にあって、チャイルド・ポルノについては、単純所持規制も許されるとされた。Osborne v. Ohio, 495 U.S. 103 (1990) では、規制の目的が、未成年者への性的虐待の防止であるとし、この目的の達成には、本来、チャイルド・ポルノの制作・販売等への規制を手段とするべきであるが、これらの活動が地下に潜ってしまい、実効的な規制を行うことが困難となった。そこで、単純所持規制＝市場枯渇は、目的達成のためのほとんど唯一の手段であるとされた。このことは「犯罪行為を描写した写真・フィルムを鑑賞する自由」を消極的に理解したと考えることも可能で、バーチャル・チャイルド・ポルノが問題になった Ashcroft v. Free Speech Coalition, 535 U.S. 234 (2002) においては、現実に被害者が存在しない以上、単純所持を規制することはできないとした。

第2節　強制的言論

1. 政策の受入れ

思想の自由は、沈黙の自由をも含むとされるが、「意に反する」言論等を強制されることがある。West Virginia State Bd. of Educ. v. Barnette, 319 U.S.

624（1943）では、公立学校の生徒等に対して、誓いの言葉と共に国旗への敬礼を義務づけることが問題になった。最高裁は、国旗が現政府支持のシンボルとして用いられている場合、これらの行為は、その政治的主張を受け入れることを強制しているとした。

　同様に、Wooley v. Maynard, 430 U.S. 705（1977）では、非商業車を区別するためにナンバープレートに州の標語「自由に生きよ、さもなくば死を」を掲げることを強制することが問題となった。最高裁は、標語掲示の強制が正当化されるためには、「やむにやまれぬ利益」を達成するために、これ以外の「別の手段」が存在するかを検討する、厳格審査を用いて判断されるべきとし、修正1条に違反するとした。しかし、こうした標語の掲示は、その内面における受入れの強制に直結するのかを疑問とする、レンキスト裁判官の反対意見が付されている。

2. 謝罪の強制

　謝罪は、自らの行為を反省し、相手からの許しを求める必要から、表示と内心との一致が強く求められる。では、「意に反する」謝罪を内面への制約を理由として拒否できるか、問題になる。これについて、「謝罪」を保護観察（probation）の条件とすることができるか、見解が対立している。

　消極的な考え方として、例えば Todd v. State, 911 S.W.2d 807（1995）におけるラーセン判事の同意意見は、被告人は心からの後悔を必要とし、これを強制することは賢明でも、実行可能でもなく、相手に不必要な苦痛をも与えるとする。また、State v. K.H.-H., 353 P.3d 661（2015）におけるビョーゲン判事は、謝罪の強制は、誠意ある責任感を育むことを妨げるとしている。

　これに対して、積極的な考え方は、そもそもすべての表現が真意・誠実さに裏打ちされているわけではなく、謝罪に誠意が伴わないことは織り込み済みで（Seana Valentine Shiffrin, *What is Really Wrong with Compelled Association?*, 99 Nw. U. L. Rev. 839（2005））、更に、嫌がる謝罪でも相手には満足を与えることもありうるし（Brent T. White, *Say You're Sorry: Court-Ordered Apologies as Civil Rights Remedy*, 91 Cornell L. Rev. 1261（2006））、強制の契機を含みつつも謝罪させることは、本人の社会復帰にも役立つとの見解が示されている（State v.

K.H.-H, 353 P.3d 661)。

いずれの考え方が正しいか難しい問題であるが、被告人と被害者の事情は様々であり、謝罪を強制すべきかの判断は、所長の広範な合理的裁量にゆだねざるを得ないといえる。

3. 強制加入団体による特別会費の徴収

強制加入団体の活動に関し、会員から徴収した会費から支出され、そのことが会員の思想の自由を侵害するとして問題になることがあるが、最高裁は、団体の目的に合理的に関連する表現活動への支出は許されるとしている。Lathrop v. Donohue, 367 U.S. 820 (1961) においては、弁護士会の目的は「リーガルサービス及び教育・倫理基準の向上」であり、弁護士会が立法案に反対の立場を表明することは、この目的に合理的に関連するとした。Keller v. State Bar of Cal., 496 U.S. 1 (1990) においても、弁護士の倫理規定の提言には弁護士会は支出できるとしたが、他方、銃規制の推奨や核兵器凍結をアピールするために支出を行うことは許されないとして、会員の思想への配慮がなされるべきであるとしている。

公務員のエージェンシーショップが問題となった Abood v. Detroit Bd. of Educ., 431 U.S. 209 (1977) では、公務員は、労組員でなくとも統一労組に組合費相当額の納入を求められるが、その政治活動等への支援は、これを支持する公務員によってのみなされなければならないとした。更に、Janus v. AFSCME, COUNCIL 31, 201 L. Ed. 2d 924 (2018) においては判例変更がなされ、統一労組への会費納入義務をも否定した。公務員の場合、団体交渉もまた政府を相手とする政治的言論であり、これに反対する公務員に会費による経済支援を強制することは修正1条に違反するとした。

4. 信仰と一般的義務の免除

一般的に課される正当な義務を、信仰を理由に免除することが許されるか、この問題の起点となったのが、Employment Division, Department of Human Resources of Oregon v. Smith, 494 U.S. 872 (1990) である。宗教儀式にペヨーテを用いて薬物リハビリ団体から解雇されたことが「仕事に関連

する違法行為」にあたるとして失業補償請求が拒否されたが、このことは、正当で一般的に適用可能な法律によって信仰に影響をおよぼすもので、修正1条には違反しないとされた。

　この判決を受けた連邦議会は、信教の自由制約立法への憲法判断は厳格な審査基準に基づいてなされるべきことを定めるRFRAを制定した。Burwell v. Hobby Lobby Stores, Inc., 573 U.S. 682（2014）では、経営者は、従業員の避妊の費用をカバーする保険への加入を義務づけられていたが、最高裁はRFRAを適用して、信仰に反する避妊の費用を経営者に負担させるよりも、より制限的でない手段の存在を指摘し、違憲とした。その結果、経営者は、保険料の負担を免除され、世俗的な利益を得ることになったが、このことはRFRA制定以前の判例法理と比べると対照的である。例えば、社会保険税の免除（United States v. Lee, 455 U.S. 252（1982））、生活保護等を申請するための社会保険番号の拒否（Bowen v. Roy, 476 U.S. 693（1986））が問題になった事件において最高裁は、いずれも厳格審査によることなく違憲の主張を退けていた。このような判例法理の流れをRFRAが断ち切ることが正しいのか、問われるところであろう。

<h2 style="text-align:center">む　す　び</h2>

　内面は絶対的自由とされるが、社会の中でその実現をはかるためには、何らかの制約が問題にならざるを得ない。まず、内面形成のためには情報の自由な流れが不可欠であるが、情報自体が現実・具体的な犯罪行為を描写したものであるとき、その取得への制限は可能である。

　次に、一定の表現の強制は沈黙の自由への重大な脅威となり、それが政府による政策受入れの強制である場合には禁止されるが、表示行為がそのまま内容の受入れ強制となり内面への保障を侵害することになるのか、見解が分かれるところである。

　強制加入団体及びこれに準ずる労働組合において、団体による表現と会員の思想との調和が求められる。団体の目的に合理的に関連する範囲での表現に会費が用いられることは許されるが、なお、会員の思想への配慮をどのように行

うか問題が残されている。

　最後に、信仰を理由とする一般的義務の免除に関し、一般的適用可能な法律による信仰への制約を積極的に解する判例法理と、信仰への負担を重視し厳格審査を求める連邦法理とをいかに調和させるかが課題となっている。

第1章

思想の自由とわいせつ表現の規制

序　論

1. 内心の絶対的保障とその社会生活における意義

　日本国憲法 19 条は「思想及び良心の自由は、これを侵してはならない。」と規定し、この自由には、絶対的保障が及ぶとされる。その内面に懐いている思想等（以下、「内心」という。）が、たとえ社会常識や多数派の支持しているところとは異なっていても、国家権力がこれに立ち入り、その内容自体を理由として不利益を及ぼし、あるいは、強制的にこれを変更することはできない[(1)]。個人の尊厳を究極の価値とする日本国憲法にあって、個人の内心は人格の核心として、これへの介入は許されず[(2)]、更には、内心が内面にとどまっている限りにおいては、他者や社会に影響が及ぶことはない、というのがその主な理由である[(3)]。

　もっとも、このような一般論については疑問の余地はないとしても、その保障が現実・具体的にいかなる範囲に及び、いかなる内容を有するかについては、なお、検討の余地があるように思われる[(4)]。

　まず、内心が内面にとどまっているならば、その内容は本人以外が知ることはできず[(5)]、これを他者が認識できるようにするためには、言語を中心とする表現行為を媒介としなければならない[(6)]。内心への干渉の第一歩は、その内容を引き出すために、何らかの表現を強制することからはじめられる[(7)]。こうした強制は、精神の領域におけるプライバシー、また、消極的表現として沈黙の自由への侵害という問題を提起することになろう（この意味で、思想・良心の自由（憲法 19 条）と表現の自由（同法 21 条）は密接な関係がある）。

2. 内心の絶対と情報提供・行為の義務づけ

しかしながら、他者・社会との密接な関わりを必要とされる現代社会におい
て、個人が、その内心を一切開示することなく生活することはほとんど不可能
であろう。現実の法制度においても、例えば、公正な裁判の実現のための証言
義務（民事訴訟法 190 条以下、刑事訴訟法 143 条以下）、あるいは行政の円滑・公正な
遂行のための報告義務等（道路交通法 72 条 1 項）が規定されている。もしも、思
想の自由の絶対性を貫徹しようとすれば、これらの義務は違憲・無効とされよ
う。そこで、内心の開示を求める現実の必要性に鑑み、その強制にはいかなる
方法が用いられるべきか、その妥当性について議論がなされている[8]。

更に、内心への干渉及びその正当化については、こうした内心の強制的な開
示だけでなく、意に反する一定の行為の強制、又は一定行為に対する制裁、と
いう形でも問題になる[9]。前者の例としては、国旗への敬礼や国歌の斉唱等の
例を挙げることができ、これらの行為の強制は、これを拒否する内心との軋轢
をもたらし、又はその行為の肯定を内心へ強制することになるのではないか等
の問題が提起される[10]。

3. 表現的行為と物理的行為との区別

ところで、内心と結びつく外部的行為には様々なものがあるが、大きく言っ
て、物理的行為と表現的行為の 2 つに分けられるように思われる。前者には、
殺人、傷害、放火等の、他者・社会に対して、直接に、現実・物理的に影響す
るものも含まれる。後者は、一定の思想・思考を表示する行為、通常、表現の
自由としてカバーされるものである[11]。両者ともに、内心によって支えられ、
行為への規制が内心に影響する点では共通しているが、前者の場合、いかなる
内心に支えられようとも、その物理的な実行行為によって他人を不当に害する
場合には、これを自由に許すことはできない[12]。

他方、後者は、個人の内心を外部に表示する行為であり、物理的に外部に影
響するというよりも、その思想・思考の表示にとどまるのが通常である[13]。そ
こで、憲法 19 条の保障を絶対と考えるならば、その及ぶ範囲は外部への物理
的作用ではなく、個人の内心の表示行為に限定されるように思われる。そのた
めの通常の手段である表現行為については、憲法 21 条が「一切の表現の自由」

を保障すると規定しているところからも、平仄が合うところであろう[14]。これに対して、物理的な外部行為については、その規制によって、これを支える思想等に間接的、付随的に制約は及ぶものの、憲法19条の解釈に関する限りは、少なくともその絶対的保障という観点からは、保障の対象外となろう（こう考えたからといって、表現行為に絶対的な保障が及ぶとはいえない。侮辱や名誉毀損等は、物理的ではないが精神的に直接に他者を害している点を考えれば、その規制は当然といえよう）。

4. 物理的行為に基づく表現行為

　このように、内心への間接的影響という点では共通するものの、行為を、表現的行為と物理的行為との2つに区別して考察することには、憲法19条との関係では大いに意味があるといえる。しかしながら、事はそれほど単純ではない。表現行為には様々な形態のものがあり、単なる言論によるばかりでなく、これ以外の物理的作用を用いて内心をアピールする場合がある。象徴的行為（シンボリック・アクション又はスピーチ・プラス）といわれる行為である[15]。

　この場合、物理的行為ではあっても、その目的とするところは、一定の思想を外部に鮮烈に印象づけることであり、したがって、行為のもたらす一般公衆への危険性等に着目してこれへの規制・制裁を行った場合にも、内心そのものへの影響は大きい。この場合、物理的行為に着目して規制がなされているのか、それともその行為を手段とした、政策批判等の思想に着目して規制がなされているのか、検討することが必要になろう[16]。

5. わいせつ表現物の単純所持と内心の自由

　以上、憲法19条に基づく内心の絶対的保障とこれと密接に結びつく行為への規制に関する問題点を指摘したが、同様の問題はアメリカにおいても生じている。合衆国憲法においては、内心の自由を保障する直接の規定は存在しないが、言論の自由を保障する修正1条の解釈として、思想・思考といった内心の自由が保護されていると理解されている[17]。そして、日本におけるのと同様に、内心と外部的行為への規制の問題として検討されている。

　その1つとして、わいせつ表現規制の問題がある。その表現がわいせつとさ

れ、一般公衆に伝達することが犯罪となっている場合でも、その表現物を、自宅のプライバシーにおいて個人的に鑑賞する限りにおいては、その自由が保障されるという考え方がある（プライバシーという言葉は多義的な意味をもつと思われるが、本章においては、住居等空間に関する個人の領域、という意味で用いている。別の意味が適当である場合には、その都度確認する）。その根拠の1つとして挙げられるのが、「思考」の自由である。個人は自由な思考によって内心を形成し、そのためには、いかなる書籍等の表現物に接するかは、自らが自由に決定できなければならない。それにもかかわらず、その選択された表現物をわいせつであるとして規制するならば、何を鑑賞すべきかを国家権力が決定し、ひいては人民に対する洗脳を許すことになるというのである（Stanley v. Georgia, 394 U.S. 557（1969））。

このような、わいせつ表現物の単純所持規制（販売目的によらない所持の意味でこの言葉を用いる）について、合衆国最高裁判所（最高裁）は、合衆国憲法修正第1条（修正1条）の解釈として、個人の内心と外部的行為がもたらす影響を考慮しながら検討してきた。当初は、単純所持・自己鑑賞によって形成される内心への保護を重視してきたが、次第に、その行為が、個人の内面にとどまらず、社会にもたらす影響について認識されるようになり、その規制をいかなる理由からどのように行うか、模索されるようになった。そして、この問題は更に発展して、わいせつ表現から派生してはいるものの、これとは区別されるべきチャイルド・ポルノの規制の問題に発展しているのである。

そこで本章では、主としてわいせつ表現物の規制をめぐって展開された内心と行為に関する最高裁の判例の流れをフォローし、内心の自由とその外部的行為との関連性を明らかにし、内心の自由の範囲を考察したい。そこで、まず、この問題を最初に提起したと思われるスタンレー事件（1969年）（Stanley v. Georgia, 394 U.S. 557（1969））を紹介しよう。この事件では、わいせつ表現物の単純所持を規制することが、州による個人の内心への立入、洗脳につながるとして、修正1条等を根拠に違憲と判断された。

第 1 節　わいせつ表現物の単純所持規制と内心の自由の保障

1.　わいせつ表現物の単純所持規制と政府による内心のコントロール

Stanley v. Georgia, 394 U.S. 557（1969）

事実の概要

　ノミ行為の証拠収集のために令状に基づく捜索がなされたが、その際に被告人の自宅 2 階にあった机の引き出しから 8 ミリフィルム 3 巻が発見された。捜査官が、それらを 2 階の寝室にあったプロジェクターを用いて閲覧したところ、わいせつ表現物であった。ジョージア州法（本法）は、故意にわいせつ表現物を所持することを禁止・処罰しており、被告人はこの規定に基づき起訴された。州は、Roth v. United States, 354 U.S. 476（1957）を根拠として、わいせつ表現物は憲法上の保護の範囲外であると主張し、原審は、被告人の有罪を支持した[(18)]。しかし、最高裁は、対象となる表現物の内容の妥当性と、その私的所持を処罰することとは別問題であるとした[(19)]。

　判　　旨

　幸福追求と内心の保護

　「憲法の創設者は、幸福追求のためにふさわしい状況を確保しようとした。彼らが認識したのは、人間の有する精神、感覚、知性の重要性である…彼らがアメリカ人に保障しようとしたのは、その信条、思考、感情そして感覚である。彼らが、政府に対抗するものとして与えたのは、1 人で放っておいてもらう権利であり、この権利は、最も包括的で、文明人にとっては最も価値のある権利である」。*Stanley*, 394 U.S. at 564.

　わいせつ表現物の規制と自宅における表現物鑑賞の自由

　「本件のフィルムをわいせつ表現物としてひと括りにできるとしても、修正 1 条…によって保障された個人の自由への過激な侵入を正当化するには十分ではない…自宅に 1 人でいる間に、いかなる本を読み、又はいかなるフィルムを鑑賞すべきかを決定するのは、州の役割ではない…公衆のモラルに反する考え方を世間一般に伝播させないようにする、いかなる権限が州において存在しよ

うとも、個人が私的に懐く思想をコントロールすることが望ましいとの前提に
基づく立法は、憲法上認められない」。*Id.* at 565-66.

　この事件では、わいせつ表現物の単純所持は、憲法による保護を受けるのか
が問題となった[20]。この点について直接保障する、憲法の明文規定は存在しな
いが、最高裁は、憲法の創設者は、幸福追求の前提として、思想・思考・感情
等の個人の内心に価値を置いており、その保護のためには「1人で放っておい
てもらう権利」が認められることが重要であるとした。
　その結果、州には、個人が自宅でいかなる表現物を鑑賞するかを決定し、そ
の者の心をコントロールする権限は認められない、たとえ、鑑賞されている表
現物が、公衆のモラルに反し、その伝播を防止するための措置をとる権限が認
められているとしても、とした[21]。すなわち「書籍又は動画の単純所持は、た
とえそれらがわいせつであろうとなかろうと、州によって犯罪とすることは修
正1条に反して許されない」としたのである。*Id.* at 568-69 (Black, J.,
concurring).
　このように、最高裁は、個人の内心は州によって侵害されてはならず、内心
の自由は、個人が鑑賞する表現物の選択等を個人に委ねることによって、保障
されるとした。しかしながら、表現物の単純所持といっても、自宅で制作しな
い限りは、それらは何らかの形で外部から自宅に入ってくるはずである。全く
同じ表現物であっても、自宅外での伝播や流通過程においては規制の対象とな
り、いったん自宅に入り、そこに有りさえすれば規制を免れる、とする点はど
うであろうか。また、この判旨の力点は、内心の自由一般についての保障に置
かれているのか、それとも自宅という空間のプライバシーの保護にあるのか[22]、
前者のように見えるが、後者を重視しているようにも見える[23]。
　この点については、わいせつ表現物の単純所持への保護は、それらが自己鑑
賞目的において、輸入され又は郵送する等、社会と接点を生じた場合において
も同様に考えられるのか、という形で検討されていくことになる（同様の問題は
日本においても提起されている。最一判平成7年4月13日刑集49巻4号619頁、この事件
の判評として常本照樹「もぎたて判例紹介―憲法」法学セミナー40巻11号81頁（1995年））。
最高裁は、内心の自由を自宅というプライバシーの空間に限定して保障する方

向を示していくことになる。まず、税関検査の場面で生じた事件を紹介しよう。

2. 自宅におけるわいせつ表現物の単純所持と輸入との区別 (1)

United States v. Thirty-Seven (37) Photographs, 402 U.S. 363 (1971)

事実の概要

　Aはヨーロッパから帰国した際に、バックの中に37枚の写真を所持していた（この写真は、多くの性的体位を描写するハードカバー本、カーマ・スートラの中に取り込まれることが意図されていた）。合衆国の税関職員は、それらをわいせつ表現物であるとして押収し、ディストリクト・コートにおいて没収の手続がとられたが、Aは、これらの写真はわいせつ表現物に該当せず、19 U.S.C. §1350 (a)（本法）は、文面上及び適用上違憲であると主張した。すなわち、本法においては、いかなる者も、外国から合衆国にわいせつな書籍、フィルム等をもちこむことが禁止され、ただし、文学や科学的価値が認められた古典で、かつ非営利目的である場合には、財務長官の裁量により、持込みを認めることができる、とされていた。

　原審は、本法は違憲であると宣言し、37枚の写真の返還を命じたが、最高裁は、破棄・差戻しの判断をした。

　判　旨

「事実審裁判所は、スタンレー事件（1969年）において、自宅のプライバシーでは、わいせつ表現物に接し、及びその目的でわいせつ表現物を受け取る権利は少なくとも保護されていると理解した。それ故に、商業的な頒布と共に、自己鑑賞目的でわいせつ表現物の海外からの持込みを禁止している本法は、過度に広範で違憲であると判断した…［しかしながら］スタンレー事件（1969年）においては、自宅におけるわいせつ表現物の所持を理由とする起訴は認められなかったが、このことは有害な物資を商業活動から排除しようとする議会権限の行使に対して、外国からそれを自由に輸入する権利が有るということを意味しない。スタンレー事件（1969年）で強調されたことは、自宅のプライバシーにおける思考と信条の自由についてである。税関は、旅行者の自宅ではない」。
Thirty-Seven, 402 U.S. at 375-76.

この事件では、スタンレー事件 (1969 年) の判断が限定的にとらえられている。結論からいえば、わいせつ表現物の単純所持の問題は、自宅という空間のプライバシーを重視して考察されるべきとした[24]。このことは、「税関は、旅行者の自宅ではない」との判旨において、明確に示されている。

　このように、自宅の内・外という観点から、わいせつ表現物の憲法上の取扱いを区別することは、非常に明快でわかりやすい[25]。しかしその反面、スタンレー事件 (1969 年) で提起された、より根底にある問題はやや置き去りにされているように思われる。すなわち、自らの内心を形成し、そのために何を鑑賞するかの決定は個人に委ねられるべきで、この決定への干渉は州による洗脳をもたらすとの指摘に関しては、十分には答えられていないように思われる。わいせつ表現物の単純所持が許されるならば、これを目的とする自宅への持込みは、その重要な手段として憲法上の保護を受けるのではないか、問われるところであろう。

　この点を指摘しているのが、ブラック裁判官である。「修正 1 条によって、連邦議会が検閲者として活動し、市民がどのような本を読み、いかなるフィルムを鑑賞するかを決定する権限は認められていない…そうした表現物は、海外において適法に購入されたならば、税関通過後、自宅で読むことができるのは当然である。自己鑑賞目的で持ち込む行為は、自宅で個人的に読むことと同様に、他者にとってほとんど害をなさない。自宅において読み、鑑賞する権利の中に、入国時にカバンの中において私的にそれらを運ぶことが含まれないならば、その権利は空疎なものになってしまう」. *Id*. at 379-81 (Black, J., dissenting).

　ブラック裁判官の意見は、自己鑑賞という目的のための手段として、自宅等への表現物の持込みの重要性を指摘し、後者を規制すれば、前者の内容は空疎化するとしている（ブラック裁判官は端的に「市民が、自宅のプライバシーにおいてわいせつ表現物を所持する権利があるならば、郵便により任意にわいせつ表現物を受け取る権利があるはずである」と述べている。*Id*. at 381.）。しかしながら、持込みの段階で有していた目的—単純所持・自己鑑賞目的—は、その後も堅持されるのかという疑問が生じる。容易に商業目的に転化されうるし、又これを阻止することも困

難である[26]。そこで、本法は、その持込みの段階では若干の抗弁事由はあるものの、一律にこれを規制し、最高裁も憲法上の保護は、単純所持そのものに限定されるとしたと考えられる。

　しかし、ブラック裁判官は、こうした多数意見の考え方に対して、手段の広範さ、いわゆる overbreadth 理論の観点から、批判している。「自己鑑賞を目的とするわいせつ表現物の国内持込みを禁止しても憲法に違反しないのは、それらが最終的に商業的に頒布されてしまうことを防止するために規制が必要であるということが、相対多数意見によって暗黙のうちに認められているからである。商業的頒布の意図を証明することは大変に困難である…商業的頒布の可能性を阻止するために、国内への持込みをすべて禁止できるとする考え方は、当裁判所の多くの判断を無視している。すなわち、修正 1 条の自由に関わる法律は、修正 1 条が保護しようとしている表現を窒息させないように、正確に、限定的に規定されなければならない」。*Id.* 381-82.　このブラック裁判官の意見は、表現の自由規制立法には厳格な審査基準が用いられるべきということであり、手段は、目的達成のために最小限度であるべきとの考え方に通じるものと理解できる。

　しかしながら、審査基準を含めた審査方法という観点については、別の見解も示されている。すなわち、具体的審査制において、訴訟当事者はどのような憲法上の争点を提起できるのかが問われる。本件の訴訟当事者 A は、商業目的で写真を持ち込もうとしたのであり、その結果、自己鑑賞目的で持ち込もうとした者が訴えを提起した場面を想定して、本法に修正 1 条違反があるかを裁判所に判断させることはできないのではないかということである。「［本法は］少なくとも商業目的でのわいせつ表現物の国内持込みを規制対象としていることは争いがない…本件の表現物が、商業目的で持ち込まれたことについては、当事者双方が認めている。そこで、［A は］自分の行為が、法律の規制の範囲に該当することを意図していなかったと主張することはできない…現に存在する事件の判断にとって必要ではないならば、憲法問題の解決は回避されるべきとの政策の方が明らかに上回っているように思われる」。*Id.* at 377-78（Harlan, J., *concurring in the judgment*）.

　この見解は、いわゆる争点適格（standing to issue）の問題として、第三者の

権利援用が認められるかという観点から、消極的な判断を示したものと考えられる[27]。同様の見解はスチュワート裁判官の意見においても示されている。「修正1条は、商業的な頒布を目的に持ち込もうとしたわいせつ表現物を、税関のところで押収することを妨げていない…しかし、本件においては…私は、政府が純粋に自己鑑賞目的を意図した文書を押収することが適法であるかに関しては判断しようとは思わない」。*Id.* at 378-79 (Stewart, J., *concurring in the judgment*).

　以上のように、この事件においては、内心の自由及びその形成のための手段としての書籍選択の自由等については、十分に検討されていない。その理由は、本件の当事者が、商業目的により、わいせつ表現物を持ち込もうとした事例であったため、事件解決に必要な限りでの憲法判断という観点からすると、単純所持を目的とする持込みが修正1条によって保障されているかについては必ずしも十分に明確にされていない、と見ることもできよう。その意味で、自己鑑賞目的・単純所持に関して下したスタンレー事件（1969年）の考え方をこの事件にあてはめることが適切であったのか、という問題点も残る[28]。
　しかしながら、最高裁はその後の判決の中で、自己鑑賞目的でのわいせつ表現物の保護は、あくまで自宅というプライバシーにおいて限定されるとの考え方を明確にしていくようになる。これについて、動画フィルムをメキシコから持ち込もうとしたことが問題となった12,200フィート・リール事件（1973年）(United States v. 12200-Ft. Reels of Super 8 mm Film, 413 U.S. 123 (1973)) を紹介しよう[29]。

3.　自宅におけるわいせつ表現物の単純所持と輸入との区別（2）
　United States v. 12200-Ft. Reels of Super 8 mm Film, 413 U.S. 123 (1973)
　事実の概要
　原告は、動画フィルムなどをメキシコから持ち込もうとしたが、税関職員によってこれらはわいせつ表現物であるとされ、押収・没収の対象となった。19 U.S.C.§1350 (a)（本法）は、いかなる外国からも、合衆国にわいせつな書籍

やフィルムを持ち込むことを禁止すると規定していたが、原審は、本法が文面上違憲であるとして、没収の申立てを棄却した。

判　旨

「国境における輸入の規制…は、国内規制とは異なる考慮、及び異なる憲法上のルールに基づかれている。連邦議会は、憲法によって、外国との通商について規制を行う広範で包括的な権限を与えられている」*Id.* at 125.

「スタンレー事件（1969年）が根拠としているのは、わいせつ表現物を購入し、又はこれを所持する権利が修正1条によって認められているということではなく、自宅のプライバシーに関する権利である…自宅のプライバシーにおいてわいせつ表現物を所持する権利が認められ、その結果、そうした表現物を外国から入手し、又は輸入する権利が創設されたとする原告の見解は、スタンレー事件（1969年）において、その輪郭が正確に限定的に示されたプライバシーの権利について、誤解するものである」。*Id.* at 126-27.

「スタンレー事件（1969年）の…考え方を、それが、もっぱら私的な鑑賞を目的とするからといって、わいせつ表現物の輸入行為を許容することまで及ぼそうとは考えない。もしもそのような主張を許すことがあれば、禁止されている、又は管理されているドラッグの輸入を、それが一般公衆への頒布又は販売ではないならば、政府はその許容を強いられうることになる」。*Id.* at 128.

「スタンレー事件（1969年）においては、外国に行き、自己鑑賞目的でわいせつ表現物を輸入することは認められていない。そこで強調されているのは、自宅におけるプライバシーにおける思考及び心の自由である。税関は旅行者の自宅ではない」。*Id.* at 128-29.

この事件で最高裁は、スタンレー事件（1969年）においては、自宅という場所に関するプライバシーを重視した上で、何を鑑賞するかについて政府が干渉することは許されない、とした。自宅の中での鑑賞行為と、その対象となる表現物の輸入行為との間には、厳然たる境界線が存在することを示した判決といえよう。その結論自体は明確である。

しかしながら、スタンレー事件（1969年）において提起された問題、すなわ

ち何を鑑賞するかの決定は個人に委ねられ、それによって内心の自由な形成が可能になる、については必ずしも十分には検討されていないように思われる。自宅であろうと、外国からの輸入品であろうと、それを鑑賞することが妨げられる点においては変わりがないからである。しかしながら、最高裁はその後の判例においても、スタンレー事件（1969年）において保護されたのはわいせつ表現物の単純所持に限定されたとし、自宅のプライバシー外での輸送や郵送にはこの保護は及ばないとの考え方を維持していった。次に、わいせつ表現物の郵送が問題になったライデル事件（1971年）（United States v. Reidel, 402 U.S. 351 (1971)）を紹介しよう。

4. 自己鑑賞目的と郵送

United States v. Reidel, 402 U.S. 351（1971）

事実の概要

18 U.S.C. §1461（本法）は、わいせつ表現物の郵送を禁止していたが、希望する成年者へのわいせつ表現物の郵送に適用された場合、本法は違憲となるかということであった。被上告人は「輸入されたポルノグラフィについての真実」と題するブックレット1部を郵送したことを理由として起訴された。原審は、被上告人の行為は憲法上保護されており、本法は被上告人に適用される限りにおいて、違憲であるとした。最高裁はこれを破棄した。

判　旨

「［ロス事件（1957年）（Roth v. United States, 354 U.S. 476 (1957)）において］最高裁は、わいせつ表現物は、憲法上保護された言論又は出版の範囲にないと判示した…ロス事件（1957年）は判例変更されてこなかったし、依然として当裁判所の法として本件を支配している…［スタンレー事件（1969年）において］最高裁は…わいせつ表現物の私的な所持というだけでは犯罪とすることは憲法上許されないと判断したが、ロス事件（1957年）の判断を変更していないし、混乱させてもいない…州は、わいせつ表現物を規制する広範な権限を有するが、この権限は、自宅のプライバシーにおける個人の所持には及んでいない」。*Id.* at 354.

「［原審は］その社会的価値を考慮することなく、情報や思想を…受け取り、所持する権利が保障されているならば、その表現物を伝達してもらう権利も有していなければならず…わいせつ表現物が、未成年者にも、これを希望していない公衆にも向けられていないならば…本法の適用は正当ではないとした…［しかし］スタンレー事件（1969年）において言及されている、情報を受領する自由の範囲がいかなるものであるにせよ、わいせつ表現物のやり取りを免責するほどまでは広くはない…スタンレー事件（1969年）で主張されていた権利は、自分の希望する表現物を読み、鑑賞する権利であるが、この権利は、自宅のプライバシーにおいて、知的及び感情的な需要を満たす権利である」*Id.* at 355.

　「我々の憲法上の全財産は、人の心をコントロールする権限を政府に認めてしまうことに反対するということである。この文言の中心は、心と思考の自由及び自宅のプライバシーにあり…わいせつ表現物を伝達し、又は販売する憲法上の権利を創設し、又は認識することではない」*Id.* at 356.

　この事件ではわいせつ表現物の郵送が問題になっているが、郵送先においてそれらが単純所持されるのか、それほど明確になっていない。しかしながら、最高裁は、スタンレー事件（1969年）の射程範囲と郵送との関係について詳細に論じている。まず、一般論として、わいせつ表現を規制する権限が州にあり、わいせつ表現物には憲法上の保護は及んでいないことを確認した。次に、たとえその表現物に憲法上の保護が及んでいないとしても、それを、自宅におけるプライバシーにおいて所持することには、憲法上の保障が及ぶとしたのがスタンレー事件（1969年）であるとした。更に、スタンレー事件（1969年）においては、その社会的価値に関わりなく、情報を自宅で受け取る権利について言及されているが、その権利は、少なくとも情報を伝達してもらう権利を含むものではないとした[30]。

　最高裁は、原審で示された考え方に丁寧に答える形で判断を示している。原審は、スタンレー事件（1969年）において、わいせつ表現物の単純所持に憲法上の保護が及ぶとしたが、その前提にあるのは、情報を受け取る自由（仮に情報受領権とする）であるとし、その自由が意味をもつためには、情報伝達の自由

が表裏となっていなければならず、この意味で郵送は憲法上の根拠を有すると判断した[31]。しかし、最高裁は、この考え方はスタンレー事件（1969 年）の範囲を超えているとした。

まず、この情報受領権について、スタンレー事件（1969 年）では次のように言及されている。「憲法は、情報及び思想を受け取る権利を保護している…この権利は、情報等の有する社会的価値いかんに関わりなく、我々の自由社会にとって基本的なものである。更に、本件のように、表現物を個人の自宅のプライバシーにおいて所持していたことだけを理由に起訴されている場合に、この権利には更に付け加えられるべき方向性が認められる」。*Stanley*, 394 U.S. at 564.

原審は、その社会的価値を考慮することなく、情報や思想を受け取り、所持する権利が保障されているならば、その表現物を伝達してもらう権利もあわせて保障される必要があるとした。しかしながら、最高裁は、自宅というプライバシーにおいて、自分の希望する書籍等をその社会的、法的評価を懸念することなく、鑑賞する自由を保障するにとどまり、それらを自宅外でやり取りすることまでは保障されていないとした[32]。最高裁の懸念するところが、個人の鑑賞の対象を州が決定することによってもたらされる内心のコントロールから、個人の自宅におけるプライバシーへの干渉、という観点に力点が置かれるようになってきたことがうかがえる。

同様の判断は、わいせつ表現物を飛行機により州際を移動させる場合にもあてはまるとされたのが、オリート事件（1973 年）（United States v. Orito, 413 U.S. 139（1973））である。

5. わいせつ表現物の航空機輸送

United States v. Orito, 413 U.S. 139（1973）

事実の概要

被告人は、サンフランシスコからミルウォーキーまで、公共の飛行機を利用して 83 巻のわいせつフィルムを故意に輸送したとして、18 U.S.C.§1462(本法)に基づいて起訴された。原審は、本法は、わいせつ表現物の輸送に関し、その目的を区別することなく規制しており、過度に広範であると判断した。

最高裁は破棄・差戻した。

判　旨

「憲法は自宅のプライバシーに特別の保護を及ぼしている…しかしながら、成人向けに一般公開している商業劇場でわいせつフィルムを鑑賞すること…又は州際通商において公共運送人 common carriers によりそうしたフィルムを輸送することに対しては、特別な配慮はなされない…最高裁は、一貫して自宅の外でのわいせつ表現物の憲法上の保護を拒否してきた」。*Id.* at 142-43.

「（a）わいせつ表現物は修正１条の下では保護されていないこと…（b）わいせつ表現物の商業的流通を防止し、商業環境を保護しようとすることは政府の正当な利益であること…（c）憲法上保護されたプライバシーが問題になっていないこと…これらの条件が整っている場合には、わいせつ表現物の輸送が、私的な輸送方法 private carriage によりなされ、又は輸送者が私的な鑑賞を意図しているからといって、それらの州際輸送を連邦が包括的に規制することを憲法が禁止しているとはいえない」。*Id.* at 143.

「自宅にある表現物は、通常は私的なままに維持される傾向があるが、いったんその場を移されると、輸送者の明示した意図にかかわらず、これとは逆の傾向をもつこと…に基づいて議会が規制を行うことは許される」。*Ibid.*

　この事件では、自家用飛行機ではなく、公共の飛行機を用いて、わいせつ表現物を州際において移動させたことが問題になっている。最高裁は、これまでの判例の考え方を修正することなく、この行為を規制することは憲法に違反しないとした。すなわち、わいせつ表現物は憲法によって保護されていないことを前提に、商業環境の保護という観点からその流通を規制する権限が政府に認められること、ただしその規制はプライバシーを侵害しないこと、とした。

　このプライバシーが何を意味するのかは直接示されていないようであるが、自己鑑賞目的により、州際を輸送している場合でも、政府による規制権限が及ぶとしていることから、わいせつ表現物の自宅における鑑賞とそれらの飛行機による移動とを対比したものと考えられ、憲法のプライバシーの保障は前者に限定されることを再度確認したものと考えられる。

しかしながら、この判断には4名の裁判官による反対意見がある。ダグラス裁判官は、読書等への制約が人の心をコントロールすることを懸念し、バス等の移動手段の中で、個人的に楽しむ表現物への干渉は許されないとする。「憲法のもたらす遺産は、政府がその権限により、人の心をコントロールできるとの考え方に抵抗してきた、ということである。これからすれば、飛行機、バス、列車でわいせつな本を読む者は保護される。この場合、個人的な楽しみのために旅行する際に、こうした本をポケットに入れて運んでいる…しかし、本法は、こうした州際の移動を不法とし…個人鑑賞目的のわいせつ表現物を規制する限りにおいて、広範に過ぎる」。*Id.* at 146 (Douglas, J., *dissenting*).

　同様に、ブレナン裁判官も、本法におけるわいせつ表現物の移動制限は過度に広範な規制であるとしている。「本法は、わいせつ表現物の輸送を禁止しており、格別の政府利益が存在しないのに公共的な輸送にまで適用されている…わいせつとされる表現物を未成年者に頒布し、又はそうした表現物を、同意のない成人に不快にも曝せさせることを禁止することが、連邦政府の権限としてどこまで認められるのかは別として、本法は明らかに過度に広範で文面上違憲である」。*Id.* at 147-48 (Brennan, J., *dissenting*).

　以上、わいせつ表現物の単純所持について、スタンレー事件（1969年）及びその後の判例法の形成について紹介してきたが、最高裁は、自宅というプライバシーにおける自己鑑賞に限定して、わいせつ表現物に接する憲法上の自由を認めた[33]。この考え方が示される前提には、一方で、わいせつ表現物には本来、憲法上の保護は及んでいないこと、他方、鑑賞の対象への規制は、人の心のコントロール、洗脳を政府に許すことになる、との2つの対立する要素があった。判例の流れは、その鑑賞の自由を、自宅のプライバシーに限定し、自宅外での移動や流通等には憲法の保障は及ばないとした。

　しかしながら、この考え方には、いくつかの問題点が残されている。まずは、自宅での鑑賞をプライバシーの観点から重視しているが、同じわいせつ表現物の鑑賞に関して、自宅の内と外とを区別することにどのような意味があるのか、特に、これらの鑑賞等による内心形成の自由を考えた場合、最高裁の判断は妥当であるのかということである。

次に、わいせつ表現物の鑑賞を自宅に限定した根拠のひとつに、わいせつ表現物は、本来、憲法による保護を受けていないということがあった。ところが、わいせつ表現物のジャンルとしてチャイルド・ポルノの問題が生じてきた[34]。これには、未成年者の性的な行為が描写されているが、必ずしもわいせつとはいえないものも含まれている。では、わいせつに至らない、チャイルド・ポルノの問題を、スタンレー事件（1969 年）で示された考え方に基づいて判断することは可能であるか、問われることになってきた。この場合、2 つの正反対の方向に進むことが考えられる。

　ひとつは、表現そのものは、憲法上の保護を受けうるので、単純所持に限定されていた保護を、より拡大する方向、例えば自己鑑賞目的であれば、税関や州際での移動などへの保護も認める方向である（もっとも、わいせつにあたらないからといって、それが言論の自由として保護されているとは限らない。後に紹介するように、最高裁は、チャイルド・ポルノは憲法上の保護に値する価値を有しないとしている）。もう一方は、チャイルド・ポルノがもたらす、従来のポルノグラフィとは異なる害悪に着目し、その規制を強化する方向、例えば、単純所持にまで規制を及ぼすことが考えられる。最高裁は、後者の方向をたどることになるが、そこにはまたいくつかの問題が生じている。

　まずは、チャイルド・ポルノの問題を、その販売・頒布の観点からはじめて扱ったとされるファーバー事件（1982 年）（New York v. Ferber, 458 U.S. 747 (1982)）から紹介しよう（この事件の判評として江橋崇「アメリカ憲法判例研究 28」ジュリスト 828 号 218 頁（有斐閣、1985 年）、藤田浩「最近の判例」アメリカ法 1983-2、372 頁（1984 年））。

第 2 節　チャイルド・ポルノの単純所持への規制

1. 未成年者の福祉とチャイルド・ポルノの憲法上の価値

New York v. Ferber, 458 U.S. 747 (1982)

事実の概要

　近年、ポルノグラフィ制作において、子どもが搾取されることが認識され、これに対処するために、連邦及び 47 州ではチャイルド・ポルノの制作に特化した法律を制定した。20 州は、性的行為を行う子どもを描写する表現物の頒

布を、それが法的にわいせつであることを要件とすることなく禁止し、ニューヨーク州もそのひとつである。

被告人は、専ら性的な商品を扱う書店の経営者であるが、覆面捜査官に2巻のフィルムを販売したところ、それには専ら少年の自慰行為が描写されており、チャイルド・ポルノの蔓延を規制するニューヨーク州法（本法）に違反したことを理由に起訴された。被告人は、フィルムがわいせつであるとの証明を必要としていない本法に該当するとして有罪とされた。

しかし、原審は、未成年者の福祉を保護するのは州の正当な利益であり、この利益は修正1条の利益を上回るが、本法には2つの致命的な欠陥があるとした。まず、本法は過小包摂 underinclusive である。性的行為の描写のみを処罰対象とし、他の危険な行為の描写は処罰しておらず差別的である。他方、過度に広範 overbreadth でもある。本法は、医学書や教育書籍において、わいせつ的ではない方法によって未成年者の性を扱ったものも規制しているとし、本法は修正1条に違反していると判断した。

その結果、最高裁において問題になったのは、子どもへの性的虐待行為が商業目的からなされるのを防止するために、その表現物がわいせつにあたるか否かに関わりなく、性的行為を行う子どもを描写した表現物の頒布を禁止することが修正1条に違反するか、ということである。

判　旨

「州は、チャイルド・ポルノの規制に関しては、比較的広範な権限を有していると判断する。第1に、未成年者の心身の福祉を保護する州の利益は、やむにやまれぬものである…したがって、憲法上保護されたセンシティブな権利の領域に法が介入している場合であっても、これらを保護することを目的とする立法が支持されてきた…ポルノグラフィの対象として子どもを利用することは、子どもの心理・感情・精神の健康にとって有害であるとの立法府の判断は、修正1条の審査を容易にクリアすると考えられる。第2に、未成年者の性的行為を描写する写真やフィルムの頒布は、次の少なくとも2つの点で、子どもの性的虐待に本質的に結びついている。ひとつには、制作された作品は、その子どもの出演について永久に記録され、その作品が出回ることによって子どもに

もたらされる害悪は増幅されるのである。もうひとつは、チャイルド・ポルノの頒布のネットワークは閉鎖されなければならない…唯一とはいえないにせよ、最も効果的な方法は、販売し、広告し、その他販促行為を行う者に対して厳しい刑罰を科し、これによってこうした表現物の市場を枯渇させることである…第3に、チャイルド・ポルノの広告及び販売は、全土にわたって違法行為がなされるための経済的な動機を与え、そうした表現物の制作にとって不可欠な部分である…第4に…性的行為を行う…子どもを描写する映像が、文学作品、科学又は教育素材にとって重要かつ必要な部分であるとは考えられない…第5に、チャイルド・ポルノは修正1条の保護の及ぶ表現物の範疇にないと認識することは、先例の考え方に反しない…言論を内容に基づきグループ分けすることが受け入れられたことは稀ではない。なぜならば、次のことは適切にも一般化されているからである。すなわち、一定のグループ分けされた範囲内において、制限されるべき害悪が、表現がもたらす利益…よりも圧倒的に大きいため、個別事例ごとに判断するというプロセスが必要とされないのである」。*Id.* at 756-64.

　この事件では、わいせつにはあたらないが、未成年者による性的行為の場面を描写するチャイルド・ポルノの販売を禁止・処罰することが、修正1条に違反するかが問題となった[35]。最高裁は、主として5つの理由から、これに違反しないとした。要約すると、未成年者の心身の福祉を守ることは、州にとってのやむにやまれぬ利益であり、未成年者による性的行為をフィルムに収めることは、彼らに対する性的搾取・虐待行為にあたるとし、更に、こうした虐待を防止するためには、その頒布を行うネットワークの閉鎖が必要であるとした。すなわち、その市場の枯渇が重要であり、そのためには、販売・広告・その他販促行為を行う者の厳罰化が必要であるとした。また、チャイルド・ポルノをカテゴリーとして、内容に基づく言論規制を行うことも許されると判断した[36]。

　この判断で注目すべきは、未成年者に性的行為を行わせ、それをフィルムに収めることが性的搾取・虐待にあたるならば、その防止のための手段として、本来は、その制作を規制するべきであるが、本法はそれを超えて、頒布・広告・販促等の流通過程にも規制を加え、最高裁もこれを支持したということである。

その理由は、未成年者を虐待から守るためには、直接的な性的虐待行為のみならず、これを助長する市場の撲滅が重要であることが認識されたからである。チャイルド・ポルノが経済的利益をもたらしている以上は、その制作への規制のみによっては十分に目的を達成することができないからである。そして、チャイルド・ポルノという、ひとつのカテゴリーに該当する表現には、未成年者にもたらす不利益を上回るだけの、文学、科学、教育等の価値は存在しない、としたのである。

　このような法廷意見に、各裁判官の意見も基本的には同意している。まず、表現を規制するために必要とされる、やむにやまれぬ利益に、未成年者の性的虐待の防止が該当し、その規制の正当性を認めるのがオコナー裁判官である。「今日の多数意見の中で確認された、やむにやまれぬ利益によって示唆されているのは、その描写に社会的価値があるか否かにかかわりなく、あからさまな性的な行為を行う未成年者を描写する作品を、故意に頒布することをニューヨーク州が禁止することを、憲法は、事実上認めたということである」。*Id.* at 774 (O'connor, J., *concurring*).

　同様に、ブレナン裁判官も未成年者に悪影響をもたらすチャイルド・ポルノの流通を制限することが州に認められるとする。「州は、未成年者の福祉を守る具体的な利益を有している…未成年者が特に脆弱であることとあいまって、州には、その普及が彼らにとって有害であるポルノグラフィを規制する権限が与えられている」。*Id.* at 776 (Brennen, J., *concurring in the judgment*).

　両裁判官は、チャイルド・ポルノが未成年者に悪影響を及ぼすことを理由に、頒布等の流通過程に規制を加えることができるとする点においては共通している。しかしながら、チャイルド・ポルノの中に、文学、思想、医学等の社会的な価値を有する部分が含まれうることに関しては見解が分かれている。オコナー裁判官は、そうした社会的価値の有無にかかわらずチャイルド・ポルノには規制がなされるべきとしているが、ブレナン裁判官はこれとは異なり、修正1条違反の問題を提起するとしている。「子どもの描写であっても、そこに重大な文学、芸術…的価値を有する場合、これに［本法が］適用されるならば、修正1条に違反する…芸術…に大いに貢献する子どもの描写は、修正1条の価値を最低限にしか有しないとはいえない…こうした表現物を弾圧する州の利益

は、やむにやまれぬというよりも、はるかに小さいと思われる」。*Ibid.*

　この点について法廷意見は、上述のとおり、チャイルド・ポルノにこれら社会的価値はないとし、それ故にカテゴリカルに修正１条の保障を受けないとした。１本の作品において規制可能な部分とそうでない部分とが含まれうるとし、この点についていかに判断するかは、わいせつ表現の規制において議論され、本件もその延長として位置づけることは可能であろう。ブレナン裁判官は、チャイルド・ポルノにおいても社会的価値ある表現は含まれうるとし、これを規制する場合には修正１条違反となる可能性があるとするが、法廷意見は、そもそもそうした価値が含まれることを想定せずに、カテゴリカルにその流通を規制できるとしている。オコナー裁判官は、そうした価値が含まれる可能性を認めつつも、未成年者への性的虐待を守る利益を上回ることはないとしている。

　わいせつ表現物規制に関する判例法理の展開を考えると、法廷意見の考え方はやや未成年者の福祉保護に傾斜しているようにも見える。しかしながら、結論に関して反対意見が示されなかったのは、この事件で問題となったチャイルド・ポルノにおいては、そうした社会的価値が含まれていなかったことにも原因があると思われる。この点についてスチーブンス裁判官は次のように指摘している。「被上告人が販売していた…フィルムに文学、芸術…的価値があるとの主張は一切なされていない。被上告人は、自らの意思により、ニューヨーク州が規制を加えることについて正当な利益を有する商業市場に参加していた。性的虐待から子どもを保護する州の利益の性質からすれば、こうしたフィルムを助長させることによって、直接・間接に利益を得ている者に対して、刑事上の制裁を科すことは正当である」。*Ferber*, 458 U.S. at 777-78 (Stevens, J., *concurring in the judgment*).

　以上のとおり、最高裁は、チャイルド・ポルノというジャンルを新たに認識し、未成年者に対する性的虐待・搾取を防止するという、やむにやまれぬ利益を守るために、販売・頒布等の商業的な流通過程への制約を行っても修正１条に違反しないと判断した[(37)]。この判断で注目すべきは、未成年者に対する性的虐待行為そのもの（フィルムの撮影・制作）の直接規制ではなく、こうした行為を助長させる商業市場の存在を考慮し、その撲滅を図ることによって未成年者

の福祉を擁護しようとしたことである。

　こうした流れにあって、単に販売・頒布の流通過程のみを規制することで足りるのか、この表現物に対する需要を断つためには、むしろ鑑賞者を処罰することが、市場を枯渇させるためには有効ではないかとの議論が起こってきた。これに応えた州のひとつにオハイオ州があるが、この規制を行うことによって、前節までで展開された、自宅と内心への侵害の問題が、再度、提起されてきたのである。これについて検討されたオズボーン事件（1990 年）（Osborne v. Ohio, 495 U.S. 103（1990））を紹介しよう（この事件については、柳川重規「判評」比較法雑誌 27 巻 3 号 13 頁（1993 年））。

2. チャイルド・ポルノの単純所持規制と市場の撲滅

　Osborne v. Ohio, 495 U.S. 103（1990）

　事実の概要

　上告人は、自宅において、性的なポーズをとっている裸体の少年が映っている写真を所持し、これを禁止するオハイオ州法に違反したとして有罪とされた。原審はこれを支持したが、チャイルド・ポルノの私的所持を規制することは修正 1 条によって禁止されているとして上告がなされた。

　判　旨

　鑑賞者へのパターナリスティックな規制と未成年者保護

　「本件はスタンレー事件（1969 年）とは区別される。その理由は、チャイルド・ポルノを禁止する利益は、スタンレー事件(1969年)において問題となったジョージア州法を正当化していた利益をはるかに上回っているからである…スタンレー事件（1969 年）では、わいせつ表現物がそれを目にする者の精神を害することを懸念し、その私的な所持を規制しようとしたが…個人の私的な思考をコントロールしようとすることを前提とする法律は、憲法上許されないとした。この事件と本件との違いは明らかである。オハイオ州は、パターナリスティックに、［上告人の］心を規制しようとする利益に基づいているのではなく…チャイルド・ポルノの犠牲者を保護することを目的とし、子どもを搾取する市場を撲滅しようとしているのである」。*Id.* at 108-09.

鑑賞者の規制による市場枯渇

「未成年者の心身の福祉を守る政府利益は、やむにやまれぬものである…未成年者をポルノグラフィの対象として利用することは、彼らの心理・感情・身体の健康に害を与え、その表現を規制しようとする場合に、修正1条の下での審査を容易にクリアさせる。更に、そうした表現物を所持し、鑑賞する者を処罰すれば、チャイルド・ポルノの制作を減らすことになろうと州が判断したことは合理的である…チャイルド・ポルノの宣伝及びその販売は、全土において違法行為を行わせるための経済的な動機…を与える」。*Id.* at 109-110.

鑑賞者への規制とチャイルド・ポルノ市場の地下化

「チャイルド・ポルノの市場を枯渇させるためには、単純所持を規制する以外の別の手段を用いるべきとの主張がなされている［が］…チャイルド・ポルノの犠牲者を保護することの重要性を考慮すると、頒布のプロセスのあらゆるレベルにおいて、この害悪を打ち砕こうとしたオハイオ州の判断が誤りであったとはいえない。州によれば、ファーバー事件（1982年）以来、チャイルド・ポルノの市場の多くは地下に潜ったとされ、その結果、現在では制作と頒布とを規制するだけでは、この問題の解決が不可能ではないにせよ、困難である…加えて、オハイオ州法が支持される理由は、第1に…作品は被害者への虐待を永久に記録し、その継続的な存在によって、被害にあった子どもは、繰り返して害悪をもたらされる…第2に…小児性愛者は、別の子どもに性的行為をさせようとする場合にチャイルド・ポルノを利用する、ということが証拠上、示唆されているからである」。*Id.* at 110-11.

　この事件で最高裁は、チャイルド・ポルノの規制を、その単純所持にまで及ぼしても修正1条に違反しないことを確認した。すなわち、未成年者の心身の福祉を守ることは州にとってのやむにやまれぬ利益であり、そのための手段として、単純所持を規制する必要性があるとした[38]。この考え方を支えているのは、やはり市場枯渇論である。未成年者への直接の性的虐待・搾取をもたらすのは、チャイルド・ポルノの制作であるが、ファーバー事件（1982年）では、これを防止するためには、販売・頒布の全流通過程の規制が必要であるとされた。しかし、この判決以来、チャイルド・ポルノの市場の多くは地下に潜り、

制作と頒布の規制のみによっては、性的虐待から未成年者を保護するとの目的を達成するのが困難になった。そこで、チャイルド・ポルノの需要自体を減らし、制作・販売への経済的動機を失わせるためには、単純所持の規制を行う必要性があるとした[39]。

　この考え方について、まず、「目的」の正当性については問題がなく、更には「目的」と「手段」との間に合理的関連性が存在することについても、争いはないと思われる。しかしながら、修正1条の自由が問題となっているため、「手段」に関しては、その相当性、最小限度、LRA等の観点からの分析も必要であると思われる。ブレナン裁判官は、「確かに、子どもの性的搾取は深刻な問題であるが、オハイオ州にはこれに対処するための別の手段がある。既に、チャイルド・ポルノの制作、販売、頒布…を禁止する一連の法律が定められているが…州は、これらの法律では不十分であることを証明していない」としている。*Id.* at 141 (Brennen, J., *dissenting*). この見解は、LRA、あるいは overbreadth 理論が考慮されるべきことを指摘したものといえよう。

　この「手段」の相当性を考える上で重要な要素となったのは、自宅のプライバシーにおける表現物の鑑賞の自由である。最高裁はこの点について、本件とスタンレー事件（1969年）とは区別されるとする。すなわち、後者においては、わいせつ表現に接することによって精神が歪められ、これを防止するために、州がパターナリスティックに介入することが規制の目的であった。ところが本件は、未成年者の福祉の保護が「目的」である、としている。「手段」は、両者ともに自宅のプライバシーにおけるフィルム鑑賞の自由への制約であるが、「目的」の違いが結論を左右している。

　しかしながら、この最高裁の説明には若干の問題があるように思われる。まず、スタンレー事件（1969年）で問題になった法律の「目的」が「パターナリスティックな配慮からする心のコントロール」にあったと割り切れるのか疑問であるが、この点は措く。しかし、オズボーン事件（1990年）において、市場枯渇が目的であったとしても、結果として「自宅のプライバシーにおける自己鑑賞」に規制が加えられている点については同じである。未成年者への性的虐待・搾取がいかに非難され、その取締りの必要性が高いとしても、現実にはこれを行ってはおらず、それらを素材とする表現物を自宅において鑑賞している、

つまりその行為自体は内心にとどまっている者を処罰することは許されるのか、という点である。

　チャイルド・ポルノはわいせつ表現のアナロジーとして派生し、わいせつ表現物の規制に関する判例法の展開は参考になる。この点については、前節で紹介したとおり、憲法上保護されていないわいせつ表現物であっても、その自己鑑賞への規制が許されるのは、国外からの輸入など、外部的な、社会と接する行為への規制に伴う、間接的な影響にとどまるため、と説明されてきた。では、わいせつ表現物の規制において展開してきた判例法理は、チャイルド・ポルノ規制の場合にはどこまで妥当するのであろうか。

　本件においては、チャイルド・ポルノについて、外部的行為に対してではなく、内部的な自己鑑賞行為そのものに規制が加えられている。最高裁は、自己鑑賞行為が、外部的行為である販売・頒布を活性化させ、そのことが未成年者の性的虐待につながっていることを重視している。その意味で、単純所持規制という「手段」と性的虐待防止の「目的」との関連性は、直接的ではなく間接的であるにすぎない。

　では、「目的」の達成のために直接的ではなく、間接的にしか機能しない「手段」までも法律の中に取り入れることが正当化される理由は何か、それは「チャイルド・ポルノの地下活動化」である。この現象により、地上に現れた制作・販売・頒布への規制では「目的」を達成するために十分ではなく、その結果、個人の自由の牙城ともいうべき、表現物の単純所持への規制も許される、としたのである。目的達成のための、他の手段—おそらくは LRA と考えられる販売・頒布規制—によっては「目的」が達成されないとの判断に基づいていると思われる。

　しかし、こうした考え方は、スタンレー事件（1969 年）において提起された問題—表現物を鑑賞することによる内心形成の自由及び州による洗脳防止—の再検討を迫ることになると思われる。最高裁は、販売・頒布への規制にとどまっている場合には、内心の自由への制約は間接的、付随的なものとしてこれを肯定したが、自己鑑賞の自由そのものについては、自宅のプライバシーにとどまることに限定しつつも、その規制自体は肯定していない。はたして、市場枯渇の目的のためであれば、外部行為である販売・頒布規制を超えて、内部的な、

個人の精神に直結する単純所持を規制できるのか、十分な説明が必要であるように思われる。

　このことが問われたのが、次に紹介するアシュクロフト事件（2002年）（Ashcroft v. Free Speech Coalition, 535 U.S. 234（2002））である。この事件では、実在の未成年者が出演していないチャイルド・ポルノの単純所持規制が問題になっている[40]。単純所持規制の正当化を支えていたのは市場枯渇論であるが、その前提となっていた未成年者への性的虐待は、そのフィルムの中では実際には行われていない。この場合、これを鑑賞し、自らの内心を形成する自由の保護はどのように考えられるべきか。まずは、この事件の紹介を行おう。

3.　バーチャル・チャイルド・ポルノの自己鑑賞と現実の性的虐待の関連性

Ashcroft v. Free Speech Coalition, 535 U.S. 234（2002）

　事実の概要

　本件においては、連邦法律である、チャイルド・ポルノ防止法（18 U.S.C. § 2256（8））（1996年）（本法）が問題になっている。本法制定以前において連邦議会は、規制の対象となるチャイルド・ポルノについて、ファーバー事件（1982年）で議論されたと同様のもの、すなわち実在の未成年者が映っている表現物と考えていた（18 U.S.C. § 2252（1994 ed.））。本法では、この考え方を（A）項において維持すると同時に、3つの場合を規制対象に加え（B）（C）（D）項とした。本件では（B）項と（D）項が争われている[41]。

　（B）項によって禁止されるのは、「ビジュアルの表現物すべて、これには写真、フィルム、ビデオ、絵画、コンピューター、コンピューターによって生み出された画像で、未成年者が、あからさまに性的行為を行い、又はそのように見えるもの―イタリックは筆者」が禁止されている。この規定は、その映像がどのようにして作成されたかを問うことなく、要件を満たすビジュアルによる表現物が禁止の対象になっている。その結果、コンピューターを用いて作成された、いわゆるバーチャル・チャイルド・ポルノも、ルネッサンス期の名画も、更には、未成年者に似せた成人の俳優が演じているハリウッド映画も、規制の対象になりうる。

　これら規制の対象物は、その制作過程においては未成年者に被害をもたらし

ていないが、より間接的な方法で、彼らに脅威を与えていると考えられた。その理由として、小児性愛者は、性的行為を嫌がる未成年者に、他の子どもが楽しそうに、そうした行為を行っているようにみえる画像を見せて、自分もやってみたくなるように仕向けるための道具として、それらを用いることができる。また、小児性愛者は、そうした画像を見ることによって性的欲望をそそられ、チャイルド・ポルノの制作と頒布の意欲をかきたてられ、未成年者への性的虐待・搾取を行うようになる、とされた。

連邦議会は、コンピューターが生み出した画像であっても、それが実在の未成年者を用いて制作されたかどうかを判断することが困難であることを重視した。そこで、後者のポルノグラフィを所持する者が処罰を免れないようにするため、バーチャル・チャイルド・ポルノにまで禁止を広げたのである。

(D) 項は、チャイルド・ポルノを定義して、「未成年者による、あからさまな性的行為が描写されている*との印象が与えられる*ように、宣伝、販促、提示、記述、頒布が行われているもの―イタリックは筆者」としている[42]。しかし、いったん、チャイルド・ポルノと判断されれば、宣伝等に加わっていないにもかかわらず、後にこれを所持するに至ったにすぎない者にも違法性は引き継がれ、処罰の対象となるのである[43]。

本件において訴えを提起したのは、大人向け娯楽産業の事業者団体（その他、書籍出版社、画家、写真家も含まれている）であり、そのメンバーは、あからさまな性的行為を描写する作品を扱っているが、未成年者は出演させていない。それにもかかわらず本法によって拡張されたチャイルド・ポルノの定義に該当すると思われる作品も制作しているとした。すなわち、本法の「*見える*」「*印象を与える*」との文言は、過度に広範、漠然であり、本来、修正１条によって保護されるべき作品の制作に対して萎縮的効果を及ぼしているとした。

第７巡回区控訴裁は、その鑑賞者による犯罪行為を助長する傾向があるからといって、その表現物を禁止することはできない。本法は、わいせつでもなければ、実在の未成年者も出演していない表現物を禁止している点において、相当程度に過度に広範であるとし、文面無効とした[44]。

最高裁はこれを支持した。

判　旨

わいせつ表現とチャイルド・ポルノとの区別

「ミラー事件（1973 年）（Miller v. California, 413 U.S. 15 (1973)）で、政府が証明
しなければならなかったのは、その作品が全体として好色的な興味に訴え、コ
ミュニティ・スタンダードに照らして明らかに攻撃的であり、重要な文学、芸
術…的価値が欠けているということである。しかしながら、本法は、ミラー事
件（1973 年）の要件を考慮することなく、あからさまに性的行為を行っている
未成年者を描写しているように見える映像を規制対象としている」。*Ashcroft*,
535 U.S. at 246.

性的虐待の記録とバーチャル・チャイルド・ポルノ

「ファーバー事件（1982 年）における言論は、それ自体が性的虐待の記録であっ
たが…［本法が］禁止しているのはこの言論とは異なって、何らかの犯罪を記
録したものではないし、犠牲者を生じているものでもない…政府は、バーチャ
ル・チャイルド・ポルノも子どもの虐待を生じさせる可能性があると主張する
が、その因果関係は…間接的である。害悪は、その言論から必然的にもたらさ
れるわけではなく、その後に引き続いて犯罪行為が行われるかもしれないとの、
数値化されない、何らかの可能性に基づいている」。*Id.* at 250.

違法行為の助長と思考の自由

「バーチャル・チャイルド・ポルノは、小児性愛者の欲望をそそり、違法行
為を行わせることを助長する、との主張がなされている…単に不法行為を助長
する傾向があるというだけでは、禁止の理由としては不十分である。政府は、
個人の私的な思考をコントロールしようとして立法することは、憲法上認めら
れない…政府が思考をコントロールし、又はその許されざる目的のための法律
を正当化しようとする場合に、修正 1 条は最も危険にさらされるのである…本
件においては…思考又は刺激を助長しうる言論と、それが惹き起こす子どもへ
の虐待行為、その両者の結びつきは希薄であるにすぎない。より強固な、より
直接的な両者の結びつきが存在しなければ、小児性愛者が違法行為を行うこと
を助長しているとの理由により、その言論を禁止することは許されない」。*Id.*
at 253-54.

実在画像とバーチャル画像の区別の困難性

「実在の子どもを出演させて制作されたポルノグラフィの市場を消滅させるためには、バーチャル映像も同じく規制する必要があると主張される。すなわち、バーチャル画像は…実在画像と区別がつかないし、同一のマーケットの一部であり、相互に互換性がある…コンピューター画像を用いて画像処理することが禁止されないならば、実在の子どもを出演させてポルノグラフィを制作している者を起訴することが大変に難しくなる…専門家でも実在の子どもなのか、それとも、コンピューター画像を用いて制作されたのかを区別することは難しいとされ、その結果、双方の画像を禁止することが解決策として必要であると主張されている。[しかし、] この議論は、保護されない言論を規制するために、保護されている言論の規制も可能であるということになり、修正1条の自由を本末転倒させる」。*Id.* at 254-55.

判旨の確認
バーチャル・チャイルド・ポルノがもたらす実在未成年者の性的虐待
　本件においては、実在の未成年者への性的虐待行為ではなく、非現実のチャイルド・ポルノ、すなわち「違法行為の場面」は描写されていない作品への規制が問題になっている。ファーバー事件（1982年）では、わいせつに至らないにもかかわらず、チャイルド・ポルノの頒布・販売・制作を禁止することが支持されたが、その理由は、これらが継続的に循環することによって、出演した実在の未成年者に害を及ぼし、また、その制作への経済的動機を生じさせるため、頒布のネットワークを遮断する必要性があったからである。また、オズボーン事件（1990年）では、チャイルド・ポルノの地下化を重視し、単純所持も含めた規制も許されるとした。

　これら先例の根底にあるのは、出演し、性的虐待を受けた未成年者への配慮である。ところが、本件のバーチャル・チャイルド・ポルノの場合には、実在の未成年者への性的虐待は行われておらず、その単純所持への規制は正当化できないとした[45]。すなわち、その単純所持を許すことによって、具体的な犯罪行為が行われるかもしれないが[46]、このことは数値化もされていない何らかの可能性があるにとどまり、これを理由に、自己鑑賞の自由を制限することはできないとした[47]。

単純所持規制と「思考の自由」への侵害

　もっとも最高裁は、単純所持が許されないとした理由は、この「数値化されない可能性」のみを考慮したのではなく、単純所持への規制そのものが、「思考の自由」という憲法上の自由への重大な侵害をもたらしていると判断したからである[48]。すなわち、バーチャル・チャイルド・ポルノの単純所持自体は実在未成年者への性的虐待をもたらさず、その規制は、性的虐待行為の妄想という「思考」への侵害であり、このことは修正1条に最も重大な危険をもたらすとする。バーチャル・チャイルド・ポルノの鑑賞によって、「思考」が刺激・助長され、未成年者への現実の性的虐待が行われるおそれは否定できないが、その両者の結びつきは、希薄であり、もしも、単純所持を規制して、思考の自由に制約を及ぼそうとするならば、より強固な、より直接的な結びつきが必要であるとした[49]。

本法と overbreadth 理論

　最高裁は、実在とバーチャルとを区別することが困難であるので、双方のチャイルド・ポルノの単純所持を規制することも許されるとの主張は、修正1条の自由についての考え方を本末転倒させるものとして退けている。一定の目的を達成するために、憲法上保護されていない言論のみならず、保護されている言論までも規制する法律は文面無効となる。いわゆる overbreadth 理論が適用されているが、本件に、この理論を純粋に適用することに反対する裁判官の意見もみられる[50]。トーマス裁判官は、実在・チャイルド・ポルノの単純所持とは異なってバーチャル・チャイルド・ポルノの単純所持自体は適法であっても、この両者を共に規制することは許されるとした。その理由はテクノロジーの発達により両者の区別が困難であり、未成年者保護という目的を達成するためにはこうした行為への規制も必要であるとしている。「多数意見は…違法な言論を禁止するための手段として、適法な言論をも抑圧することはできないとした…しかしながら、テクノロジーの発展によって違法な言論を起訴することが妨げられるならば、適法な言論についても、狭い範囲で禁止または規制することが、政府にとってやむにやまれぬ利益をもつこともあり得る」とする。*Ashcroft*, 535 U.S. at 259 (Thomas, J., *concurring in the judgment*).

　同様にオコナー裁判官も「多数意見が、［本法による］バーチャル・チャイル

ド・ポルノの禁止は過度に広範であるとしている点には反対である…コン
ピューター・グラフィックスの急速な進歩を考えると、政府の懸念するところ
は合理的である」としている[51]。Id. at 263-64 (O'connor, J., *concurring in the*
judgment in part and dissenting in part).

　その行為自体は憲法上の自由であっても、やむにやまれぬ利益を守るために、
それらもあわせて規制する場合がある。2つの意見は、テクノロジーの発達に
より、性的な行為を行っている未成年者が現実のものか仮想のものかを画面の
上からはほとんど区別できないという状況に照らし、それ自体は害悪をもたら
さない後者についても制約しうると考えたと思われる。overbreadth 理論の
発展を考える上で参考になると思われる[52]。

　以上、本判決の要旨を3点にわたって確認したが、本章においては、2つ目
の「思考の自由」侵害についての判旨が重要である。繰り返しになるが、実在・
チャイルド・ポルノの場合には、実際に「犯罪行為」が行われ、それを描写し
た表現物の単純所持も、それ自体は「自宅というプライバシー」における精神
的な作用であるが、チャイルド・ポルノの「制作・頒布の地下化」という現象
に鑑み、「犯罪行為」の助長に密接なつながりがあるとし、その規制は憲法上
許されるとした。

　これに対して、バーチャル・チャイルド・ポルノの場合には、鑑賞の対象で
ある作品の中では「犯罪行為」は行われていない。その鑑賞は通常は犯罪行為
を「妄想」させるだけであるが、場合によっては、現実に「犯罪行為」を助長
する可能性はある[53]。しかし、最高裁は、その可能性はいまだ数値化されてい
ない、希薄なものにとどまっているとして、単純所持への規制は修正1条に違
反するとした[54]。では、「妄想」と「犯罪行為」との結びつきが希薄とはいえ
なくなる場合はあるのか、その結びつきを理由に「妄想」の原因となる行為を
規制することが許されるのか問題になる。この点について、表現物の鑑賞行為
ではなく、公園への立入行為への規制と「妄想」との関係が問題になった事件
ではあるが、第7巡回区控訴裁の示した判断がある (Doe v. City of Lafayette,
Ind., 334 F.3d 606 (7th Cir. 2003) (Doe II))。この事件では、未成年者に対する性
的行為を理由として有罪判決を受け、刑の執行も終えた者が、公園で遊ぶ未成
年者を、彼らとの行為を「妄想」しながら見ていたところ、事態を把握した当

局により、市内の一切の公園への立入を禁止されたということが問題になった。本章においては直接の関連性はないが、参考までに紹介しておこう。

4. 「妄想」に基づく行為への規制と「思考の自由」

Doe v. City of Lafayette, Ind., 334 F.3d 606（7th Cir. 2003）（Doe Ⅱ）

事実の概要

　上訴人には未成年者への性的ないたずら、のぞき、露出等の犯罪歴があり、これらは学校やコンビニ等で実行された。1986 年以来、積極的心理治療を受け、更に、性犯罪者のための自助グループに参加してきた。上訴人は、依然として子どもに対する妄想 fantasies を抱いていることを認めており、精神科医は、彼はこうした衝動を一生涯受け続けるとしていた。上訴人が最後に有罪とされたのは 10 年前であるが、彼は 2000 年 1 月、仕事からの帰りに、とある公園に車で通りかかり、そこで野球をやっていた 10 歳くらいの少年たちを見ていた。およそ 15 分から 30 分間、上訴人は彼らとの性的な接触を「妄想」していたが、彼らとは何らの接触もなく、公園を後にした。彼は動揺し、精神科医及び自助グループに、この状況を報告した。

　ところが、この公園での状況については、かつて上訴人の保護観察官であった者に匿名の通報があり、この保護観察官から警察に情報が提供され、更に、警察署長、公園管理長、検察官による協議がなされた。上訴人は、この時点では刑の執行及び保護観察も受けていなかったが、協議の結果、上告人は、いつ、いかなる目的においても、市の公園に入園することを永久に禁止され、違反した場合には不法侵入を理由として逮捕するとの命令（本件禁止命令）が、市公園管理局により発せられ、上訴人は、その取消しを求めて訴えを提起した（なお、本件禁止命令については、事前の見直し及び処分に対する不服申立ての機会は与えられなかった）。

　　判　　旨

　「思考それ自体が、行為を促すことが懸念されるとの理由では、思考への保護を制限するには十分ではない…例えば、バーチャル・チャイルド・ポルノは、小児性愛者の欲望をそそることが、その禁止のための理由として主張されたが、

最高裁は、正面からこれを否定した。私的な思考をコントロールするために立法することは、憲法上許されていない…思考と思考に基づく行為とをはっきりと区別すべきことは、修正1条の法律学によって堅持されている」。*Id.* at 610.

「本件禁止命令は、上訴人が子どもたちに対して妄想を抱いたことを問題として発せられていることは、状況からして明らかである［が］、公園にいた子どもたちからは何らの苦情も寄せられておらず、上訴人がその場にいたことによって不利益を被った者もない。数えきれない程多くの…住民が、毎日公園を散策し、彼らの中にはよからぬことを頭に浮かべている者も少なくないと思われる…にもかかわらず、こうした思考を理由に上訴人だけが公園に立ち入ることが禁止されているのである」。*Id.* at 611-12.

「［上訴人の］行為は、未遂 attempt の理論の下で、可罰的と認識されているものにもあたらないと考えられる。インディアナ州法において、未遂として処罰されるのは、犯罪を行ったというに値する行為、すなわち、犯罪に向けて相当程度のステップを踏み出す行為を行った場合である。本件では…［上訴人は］公園に車で訪れ子どもたちを見ていた。この時に、彼らにいたずらをしようと考えていたと考えるのが当然としても、その場にいたというだけでは…相当程度のステップを踏み出したとはいえない」。*Id.* at 612.

この事件で多数意見を執筆したウィリアムス裁判官は、「思考」と「行為」の区別を重視している。そして「思考」が「犯罪行為」に結びつく可能性については肯定するものの、「思考」にとどまり、行為へのおそれがあるというだけでは、不利益を及ぼすことはできないとしている[55]。「おそれ」に過剰に反応することは、「思考」への侵入をもたらし、修正1条によって禁止されているとしている[56]。

この問題は、未遂犯の処罰や実行行為の着手の時点を何時に定めるか、という刑事政策上の問題とも関連する重大な問題ではあるが[57]、「思考」を安易に「犯罪行為」と結びつけ刑事責任等を問うことを、修正1条の観点から批判していると思われる[58]。しかしながら、「思考」と「犯罪行為」との関連性は、一般論では把握できない難しさがあることも事実である。一般論としては「思

考」「妄想」だけで処罰されることはあり得ない。しかし、過去の状況から、これを看過することが危険である特定の者がいることも確かである。本件はまさにこのケースであり、この点に着目するのが、リプル裁判官の反対意見である。

　少し長くなるが引用しよう。「本件においては［上訴人の］思考については問題になっていない。その思考のゆえに、公園に行って、子どもたちに近づき、性的な行為を成し遂げるという、彼らに危害を及ぼすことを問題としているのである…彼は単に自宅で妄想にふけっているわけではない…公園に行くのは、そこで遊ぶ子どもたちによってもたらされる性的満足感を得ようとしているのである…違法で重大な害悪をもたらすことを思考しているだけでなく、それに向けられた活動を行っていたのである。本件禁止命令を下すにあたり、市は、［上訴人の］行為、すなわち危険で違法な害悪をもたらす目的に向けられた活動に対して、焦点を絞っているのである…市は、［上訴人の］思考を制限しようとしていない…子どもに対する性的妄想をもつことを禁止する法律を定めているわけではない…こうした思考に基づいて行われる行為、すなわち、管理下にない子どもたちに彼が接近すること…を問題としているのであり、正当である」。*Id.* at 614-15.

　リプル裁判官は、本件においては、公園立入という「行為」を規制しているのであって、「思考」そのものを規制しているわけではないことを強調している。上訴人は「思考」を自宅のプライバシーにおいて行っているのではなく、「思考」を実践する「公園」に赴いていることが問題なのである[59]。公園への立入は、「思考」の場としてではなく、「行為」の場として上訴人に認識されている。これを禁止することは「思考」への制約ではないとしている[60]。

　以上のように、第7巡回区控訴裁においては見解が対立し、更に別訴においては両裁判官の意見が、法廷意見と反対意見とに入れ替わりながらも議論が展開している[61]。しかしながら、「思考」そのものを直接に制約することが許されないとする点では争いはない。問題は、「思考」への間接的な影響をもたらす「行為」への規制を、いかなる理由からどこまで行うことが認められるかということである[62]。

ま　と　め

　以上、外部的行為への規制を内心への影響という観点から検討してきた。内心は個人の尊厳、人格の核でありこれに立ち入ることはできない。その意味で絶対的保障が及んでいるはずである。しかし、行為は内心と密接な関係があり、行為への規制は内心に影響し、これを制約する。内心の保障の絶対性を強調し、又はその保障の意味の理解の仕方によっては、行為への規制は尽く内心への侵害として許されないことになろう[63]。しかしこれでは社会が成り立たないのは明白である。そこで、本章では、主として、アメリカにおけるチャイルド・ポルノ規制を素材に、この問題を考察してきた。

　最高裁は、当初、わいせつ表現物に関して、作品の鑑賞行為が内心を形成するのであるから、何を鑑賞するか・してはならないかを政府が決定することは、洗脳につながるとして許されないとの立場をとった。しかしながらこの考え方は、やや限定的な形で発展していくことになった。鑑賞の自由を強調するならば、表現物を受け取ること、ひいてはそれを流通させることもできるだけ自由であるべきとの結論が導き出されうる。しかし、最高裁はこの方向には進まず、自宅のプライバシーにおける自己鑑賞に保障を限定することとなった。この考え方は、わいせつ表現物の販売・頒布への規制が憲法に違反しないとの判例法の考え方が、単純所持規制をめぐる問題にも反映されたといえよう。

　ところが、わいせつ表現物のひとつの範疇としてチャイルド・ポルノが出現し、その規制が問題になった。チャイルド・ポルノでは未成年者による性的行為の描写がなされているが、わいせつ表現物とまではいえず、したがって、わいせつ表現物への規制に関する判例法理をそのまま適用することはできない。最高裁は、チャイルド・ポルノをわいせつ表現物から切り離し、別の観点からその規制の範囲を考察する方向を選んだ。すなわち、チャイルド・ポルノ規制の「目的」は、作品中で行われている未成年者への性的虐待行為の防止であり、そのための「手段」として、作品の販売・頒布を超えて個人のプライバシーの領域である自己鑑賞・単純所持をも規制できるとしたのである。

　このことは、「市場の地下化」という現象に対処するために、「目的」を達成

するための「手段」として憲法上許容されるとした。しかしながら、バーチャル・チャイルド・ポルノの問題も提起されてきた。この場合、鑑賞の対象である作品中においては、違法行為は行われていない。その意味で、鑑賞行為そのものは害悪を生じさせていない。他方、実在チャイルド・ポルノの場合には、鑑賞者はフィルムを鑑賞しているだけであるが、作品を支持することによって、その制作に経済的なインセンティブを与えている。鑑賞行為は、未成年者の虐待行為には直接は関わっていないが、両者には密接な関連性があるとされたのである。

　これに対してバーチャル・チャイルド・ポルノの場合には、非現実で、それ自体は未成年者に実害を与えていない。しかし、バーチャルであっても、実在の作品との区別が困難であること、その作品は、実在未成年者に対し、性的虐待行為を描写する別の作品への出演のための「好餌」となること、実在チャイルド・ポルノの制作者の意欲をかきたてること、を理由としてこれを規制する立法がなされた。しかし、最高裁はこれを無効とした。自己鑑賞と、それがもたらす害悪との関連性が一層間接的であり、鑑賞が未成年者へ現実の性的虐待をもたらす蓋然性は低い、と判断したからである。鑑賞がもたらす内心の形成の自由への制約は、外部的行為との密接性を基準に検討されることになる、との判例法の流れが確認されたと思われる。

【注】
(1)「思想・良心」が何を意味するかについては争いがある。名誉毀損謝罪広告事件（最大判昭和31年7月4日民集10巻7号785頁）においては、各裁判官の意見のなかで議論が展開された。栗山茂裁判官は、「良心の自由」は英語のフリーダム・オブ・コンシャンスの邦訳であり、信仰選択の自由を意味し、倫理的内心の自由を意味しないとした。これに対して田中耕太郎裁判官は、沿革的には「良心」と「信仰」は同義的に用いられていたが、今日ではより広く世界観や思想や主張をもつことも含まれるとした。本章においても、田中説に基づき、その内面でのはたらき、内心という意味で用いている。「思想」については、日常用語では一定のまとまった主義・主張等を指すことが多いと思われるが、本章では、より機能的に、何を、いかに考え、支持するか、という意味で用いている。アメリカでは、freedom of mind とりわけ freedom of thought という言葉を用いて議論することが多いが、本章では「思考の自由」という訳語

を与えている。「思考の自由」に関して、個人は単に多数派の嫌悪する事柄を思考したというだけで不利益を与えられてはならない、とされる。しかし、何をもって「思考」といえるのか。ほとんどの場合、言葉やその他によって伝達された内部的な思想や感情は、思考という言葉の厳格な意味からすれば、もはや思考とはいえない。この時点で、思想や感情は思考ではなく、言論その他でありうる。そういうものとして、これらは、修正1条の下においても、他のコミュニケーションと同じ制限を受ける。*See* Jacob D. Mahle, *We don't need no Thought Control: Doe v. City of Lafayette*, 74 U. CIN. L. REV. 235, 254（2005）[hereinafter *Mahle*]. では、表現と思考の関係及び言論の自由の保障が思考の自由にいかに及んでいくのか、それが本章の課題でもある。これについてホームズ裁判官は、思想と表現の関係について「思想の自由市場」という考え方を示している。その考え方はモルナーによって次のようにまとめられている。すなわち、真実についての最良のテストは、市場における競争の中で、その考え方が受け入れられるための力を有しているかどうか、である。したがって、思想の表現を抑制できるのは、国家を維持していくために早急なチェックを必要とする、切迫した脅威をその思想がもたらしている場合のみである。このような修正1条の価値を説明するための根拠としては、まず、民主主義が挙げられ、すなわち、民主的な政府は、市民が政治問題について自由に意見を表明できる場合にのみ成り立つ。また、自己実現、個人の自由と自己理解にとって言論の自由が必要である。言論の自由はこれらを備えるための手助けをする。*See* Isaac Molnar, *Resurrecting the Bad Tendency Test to Combat Instructional Speech: Militias Beware: Rice v. Paladin Enterprises, Inc., 128 F.3d 233 (4th Cir. 1997)*, 59 OHIO ST. L. J. 1333, 1335-36（1998）[hereinafter *Molnar*].

(2) 思想の自由を人格の核心、アイデンティティの認識という、より深い価値に結びつけた場合、薬物使用の問題が提起される。再犯者の矯正のために、一定の薬物を投与して、そのストレスや性格の改善を図ることが考えられる。社会防衛の観点からは望ましいとしても、果たして思考の自由、個人の尊厳という観点から許されることなのか、議論される必要がある。ブリッツは次のように批判的に見解を述べている。薬物の使用は、自分が何になりたいのかを判断する自己をも変更しうる。この場合、よりよいパーソナリティを獲得したとしても、所詮、自分のものではなく、自律した自分の昂揚ではない。なぜなら、精神をコントロールしようとしていた、オリジナルの自我が掘り崩されているからである。幸福の条件が、その過程において自分のアイデンティティを失い、だれか別の人間になっていることであるならば、その幸福を得ようとは思わない。*See* Marc Jonathan Blitz, *Freedom of Thought for the Extended Mind: Cognitive Enhancement and the Constitution*, 2010 WIS. L. REV. 1049, 1081（2010）[hereinafter *Blitz*]. 更には、刑事手続における薬物と思考の

自由への侵害が問われうる。Washington v. Harper, 494 U.S. 210（1990）において、強盗犯に対して精神に影響するドラッグの服用を強制することは合衆国憲法修正 14 条のデュープロセスに違反すると判断された。Sell v. United States, 539 U.S. 166（2003）において、最高裁はトライアルに耐える能力を維持するためになされたドラッグの服用命令は無効であるとした。これを命ずることが許されるのは、服薬が医療上適切であり、トライアルの公正を害する副作用がないこと、より制限的な手段が考慮されたこと、とした。最高裁は、今のところ、この種の事件に思考の自由をもちだすことには消極的であり、デュープロセスの問題として扱っているが、下級審や学説には思考の自由の問題として扱っているものもあると指摘されている。*See Blitz,* at 1096-97.

(3) 佐藤功『ポケット註釈全書　憲法（上）［新版］』（1983 年、有斐閣）293 頁。なお、わが国における憲法 19 条をめぐる議論を総合的に整理・分析したものとして、芦部信喜編『大学双書　憲法Ⅱ人権（1）』（1978 年、有斐閣）（種谷春洋担当）254 頁以下。思想・良心の自由及び信教の自由に関する現代日本の問題点を検討するものとして、土屋英雄『思想の自由と信教の自由　憲法解釈および判例法理〔増補版〕』（2008 年、尚学社）、渡辺康行『「内心の自由」の法理』（2019 年、岩波書店）。

(4) 思考の自由は、思考から生じ、又は思考に影響を及ぼすすべての活動に対して保護することはできない。保護の対象となるのは、思考そのものと機能的にみて同等のもの、又はその思考を行う自身のいずれかである。換言すれば、思考の自由は外界におけるある種の道具や文化的なリソースを使って考える自由である。*See Blitz, supra* note 2, at 1072.　このように、思考は極めて個人的な作業であり、突き詰めていくと本人すらも把握できない神秘的な現象ともいえる。このことは、作曲などの芸術活動において顕著であろう。しかしながら、神経科学、精神医学、認識昂揚 cognitive enhancement の発展により、思考することは、もはや、隠されたメカニズムから神秘的に生じてくるプロセスとはいえなくなった。*See id.* at 1052.

(5) 真の意味で、内心が内面にとどまっていれば、これを憲法上の保護の対象とする意味はない。何が内心であるかは、本人しか知ることができないからである。この保障が現実に意味をもつのは、何が内心であるかを外部に伝達させ、それに社会的な評価を加え、不利益を課し、または、意に反する思想やそれに基づく行為を強制されるという場面であろう。アメリカにおいても、思考の自由は絶対であるが、この意味での思考が問題になる状況はほとんど考えられない、個人の内部の思考を我々が感知することはまずあり得ないからである。*See Mahle, supra* note 1, at 251.　政府は、内面 mind をその内側から操ることはできない。精神的な活動を制約するための唯一の方法は、精神の活動を具体化しているコミュニケーション、又はその他の表現行為をターゲットとすることである。*See Blitz, supra* note 2, at 1052.

(6) 個人の思考が法的に意味をもつのは、それらがプライベートでなくなったとき、すなわち、思考が一定の行為と結びつき、他者の、法的に認識されている利益に影響した場合である。犯罪行為についてプライベートに考えをめぐらせることには保護が及び、犯罪が行われた場合に、その処罰を行うに際しては、行為者の意図及び動機について法的な考慮が払われるのはこの理由からである。*See Recent Case: Constitutional Law ― Freedom of Thought - Seventh Circuit Upholds City's Order Banning Former Sex Offender from Public Parks - Doe v. City of Lafayette, 377 F.3d 757 (7th Cir. 2004) (en banc).*, 118 HARV L. REV. 1054, 1060 (2005) [hereinafter *CASE*].

(7) この点について、思想調査が修正 1 条に違反することを主張した、ダグラス裁判官の意見を紹介しておく。「思想は、政府が侵入することが許されていない聖域であると考えられてきた…私は、思想の問題はすべて、サピーナや調査官による調査の対象にはならないと考える。調査委員会によってなされるプライバシーへの侵害が違憲であることはよく知られているからである…1947 年にトルーマン大統領がはじめた、悪名高き忠誠心確保のためのヒアリング…は、主として思考・思想・信条・信念に関心をもつものであった。これらは、かつてなされた最も露骨な修正 1 条違反であった」。Brandenburg v. Ohio, 395 U.S. 444, 456 (1969).

(8) 情報の開示を強制することは、思想の自由・沈黙の自由(憲法 19 条)において問題となるだけでなく、刑事手続における自己負罪拒否特権(憲法 38 条 1 項「何人も、自己に不利益な供述を強要されない」)との関係でも議論されている。交通事故の報告義務が問題になった最大判昭和 37 年 5 月 2 日刑集 16 巻 5 号 495 頁においては、報告義務の内容は、「交通事故の態様に関する事項」であり、「刑事責任を問われる虞のある事故の原因その他の事項」は含まれない、とし憲法 38 条 1 項に違反しないとした。同様に、所得税に関する調査について、収税官吏は、必要があれば事業に関する帳簿書類を検査できるとする旧所得税法 63 条が問題になった最大判昭和 47 年 11 月 22 日刑集 26 巻 9 号 554 頁においては、検査は「所得税の公平確実な賦課徴収のために必要な資料を収集すること」を目的としており、「所得税の逋脱その他の刑事責任」追及を目的とするものではないとした。これに対して、国税犯則取締法に基づく調査手続は、国税の公平確実な賦課徴収という行政目的を実現するためのものであるが、この手続より得られた資料等は、捜査及び刑事訴追の証拠資料として利用されることが予定されている、として憲法 38 条 1 項の保障が及ぶとした(最三判昭和 59 年 3 月 27 日刑集 38 巻 5 号 2037 頁)。もっともこの事件では、この手続に自己負罪拒否特権が及ぶことを、相手方国民に事前に通知する義務を課すところまでは保障されていないとした。これらの事件では、その手続が刑事手続であるか否か、刑事責任を追及するものであるかどうかの観点から検討され、やや形式的な議論になっている。しかし、麻薬取扱者の記帳義務が問題になっ

た最二判昭和 29 年 7 月 16 日刑集 8 巻 7 号 1151 頁では、営業上の免許を受ける等の利益を得ることの見返りとして、自己負罪拒否特権を放棄しているとの指摘がなされている。すなわち、麻薬の取扱いに関する事実を帳簿に記載することは、違反行為発覚の端緒となりうるが、「麻薬取扱者たることを自ら申請して免許された者は…当然麻薬取扱法規…の命ずる一切の義務に服することを受諾している」とされた。更には、表現・報道の自由を保障する憲法 21 条に関して、報道機関の取材源の秘匿と公正な裁判の実現を目的とする証言義務との調整が問題となった事件がある。民事裁判と刑事裁判とで結論においては違いが生じているが、これらを紹介するものとして、拙著『日米比較　憲法判例を考える〔人権編・改訂第三版〕』（八千代出版、2022 年）202 頁以下。

(9) マールは、刑事法の目的は、個人の行為に影響を及ぼすことであるが、思考が、これら行為に決定的な役割を演じている。したがって、犯罪行為を抑制しようとする立法は、個人の思考プロセスに必然的に影響していると指摘する。*See Mahle, supra* note 1, at 252. また、ブリッツは意図的な行為すべては、思考から生じ、その行為を目にした者に更に別の思考を生じさせる。そこで、意図的行為への制約は、情報の流れを滞らせ、思考を制約することになる、としている。See *Blitz, supra* note 2, at 1072.

(10) わが国においては、この問題は「君が代」ピアノ伴奏拒否事件（最三判平成 19 年 2 月 27 日民集 61 巻 1 号 291 頁）や謝罪広告拒否事件（最大判昭和 31 年 7 月 4 日民集 10 巻 7 号 785 頁）等において議論されてきた。これらについては、拙著・前掲注（8）117 頁、拙稿「思想・良心の自由と一般的義務の免除」『日本法の論点第 3 巻』笠原俊宏編（文眞堂、2013 年）17 頁参照。アメリカにおいても、意に反して国旗への敬礼や表示を強制することが、修正 1 条によって保障されている言論の自由を侵害するか、問題になっている。判例の流れについては本書第 2 章参照。

(11) 例えば、強盗を行うときに用いられる言語、手を挙げろ、財布を出せ、は何かを表現するというよりも目的が限定された一定の事を行わせることを意図している。この言語は強盗の機能的な要素であり、それ以上のものとは聞き手に理解されず、犯罪を行うための付随的・第二次的な作用である。*See* Benjamin Means, *Criminal Speech and the First Amendment*, 86 MARQ. L. REV. 501, 528 (2002) [hereinafter *Means*]. また、表現が、違法な行為にどのように関わるかによって、その表現への保護のあり方も異なってくる。一連の犯罪行為の一部を表現が担っているような場合、行為の処罰と同様に表現を規制することは可能であるとの考え方がある。これらの言論、すなわちスピーチ・アクトに対しては、一般の刑事法と同様に、裁判所は政府に対して明らかに敬譲を示す、合理的根拠の審査という最も寛容な審査を行うとの指摘がある。*See* Michal Buchhandler-Raphael, *Overcriminalizing Speech*, 36 CARDOZO L. REV. 1667, 1672 (2015) [hereinafter *Buchhandler*].

(12)合衆国最高裁判所においても、古くから内心の自由は、これに支えられている行為の自由に必ずしも結びつかないと判断してきた。信教の自由が問題になった事件においてであるが、社会秩序を害するとして一定の行為が規制された場合、信仰を理由として処罰等を免れることはできない。これを許せば特定宗教を国家の上位に位置づけることになると指摘されている。「その行為が、社会の平和、秩序、モラルにとって害悪をもたらす場合、これを処罰する法律の適用を免れるために修正 1 条の援用が意図されたことは一度としてなかった…宗教行為の自由がいかなるものであったとしても、その国の刑事法の下になければならない」。Davis v. Beason, 133 U.S. 333, 342-43 (1890). 「信仰を理由に…自分の行為に言い訳をすることができることを許してしまったならば、告白された信仰の教義を、国家の法よりも上位に位置づけることになり、事実上、全ての者が…法になることを認めてしまうことになる。こうした状況では、政府は名目だけの存在になり下がる可能性がある」。*Id.* at 344. 更に、思想の絶対的自由は行為への絶対的保障を意味しないことを確認したのが、Cantwell v. Conn., 310 U.S. 296 (1940) である。「修正 1 条には 2 つの概念が含まれる。信仰の自由と行動の自由である。前者は絶対的であるが、後者は、事柄の性質上、絶対であることは許されない。行動は、依然として社会を保護するための規制に服している…州は立法により、宗教上の見解を広める…権利を完全に否定することはできない」。*Id.* at 303-04.

(13)最二判平成 2 年 9 月 28 日刑集 44 巻 6 号 463 頁は、破壊活動防止法 39 条及び 40 条は、現住建造物放火などの重大な犯罪を引き起こすようにせん動する行為を処罰しているが、その行為の基礎となった思想・信条を処罰するものではなく、その行為は表現の自由の保護を受けるに値しないとした。

(14)思考に基づくという点では、表現行為も物理的行為も共通しているが、思想そのものの交換、あるいは思想の形成といった、思想との関係性から表現の自由の優越的地位が説明されている。すなわち、言論の自由を保護する判決が強調している価値は、思想の交換ということであるが、他方、思考の自由については、意識についての私的な領域を守ることの必要性が指摘されているとされる (*see CASE, supra* note 6, at 1060)。また、ブリッツは、スモーラの見解を引用して、言論の自由に優越的地位が認められるのは、言論が他の自由とは異なって思考に結びついているからであるとする。最高裁も同様に、言論が憲法の中心を成しているのは、思考に向けて表現を行うのみならず、思考を開始させるからであるとする。思考は自由のはじまりであり、言論が思考の始まりであるがゆえに、言論を保護するとしている。*See Blitz, supra* note 2, at 1091-92.

(15)ミーンズによれば、象徴的言論は次のように説明されている。修正 1 条は、ある種の行為については、象徴的言論としてその保護の対象としている。行進、国旗の焼毀、選挙寄付等がそれである。行為には、修正 1 条の保護に値する表

現的な価値があることが一般論として認められている。表現的要素をもつ行為に対して修正1条の適用を考える場合、考慮されるポイントとして、① コミュニケートする意思、② その意思の受け手への伝達、③ 政府規制における言論中立理由の存在、④ 言論行為がなされた社会的なコンテクストが挙げられる。①・②については、特定のメッセージを伝える意図が存在し、その状況下において、メッセージが伝わる可能性が大であるかどうかが問題になる。③については、州が、一定の行為を制約する根拠として、言論とは無関係な利益の保護を提示できれば、行為には修正1条の保護は及ばない、たとえ、行為者に何らかのメッセージを伝える意図があったとしても、とした。④については、言論は常に社会的なスペースで行われるから、言論によって公共財への損失を防止する必要性が考慮される。*See Means, supra* note 11, at 514-23. これらのポイントについて、更にコービンは、行為には表現的な要素が含まれているとされるためには、言論者が特定のメッセージを伝達することを意図しており、聴衆がそのメッセージを理解したことが必要であり、この2つを判断するためにはコンテクストが重要であることが強調されている。一定のシンボルが表現のために用いられている場合、そのコンテクストこそが、そのシンボルに意味を与えることができるからである。*See* Caroline Mala Corbin, *Speech or Conduct? The Free Speech Claims of Wedding Vendors*, 65 EMORY L. J. 241, 246（2015）[hereinafter *Corbin*].

(16) この象徴言論に関して合衆国最高裁は、徴兵カードを焼毀する行為を処罰することが修正1条に違反するか問題になった事件において、その行為が、一定の思想を伝えるためであれば常に「言論」として修正1条の保障が及ぶとすることはできないとした。*See* United States v. O'Brien, 391 U.S. 367 (1968)（この事件については、榎原猛「判評」伊藤正己ほか編『英米判例百選1 公法』（有斐閣、1978年）114頁）。以下、この事件の判旨についてやや詳しく紹介しておこう。まず、言論と非言論の2つの要素が、ひとつの行為となっている場合、非言論の要素について規制を及ぼすことに正当な理由があるならば、その規制によって言論に付随的な制限が及んだとしても許されるとした。「その行為が、一定の思想を伝えるためになされているならば、常に、無限定に『言論』とのラベルを張ることが許されるとの見解は、受け入れることはできない。[被告人の] 行為に含まれるコミュニケーションの要素が、修正1条を適用するのに十分であるとしても、登録証明書を破壊した行為が、当然に、憲法上保護された行為になるとはいえない。言論と非言論の2つの要素が、ひとつの行為のプロセスに混在している場合には、非言論の要素について規制を及ぼすのに十分な利益が政府にあるならば、修正1条の自由に付随的な制限を及ぼすことは正当化される」。*Id.* at 376. このように一般論を述べた後で、徴兵を募る権限が議会にあることを前提に、その登録と適性を証明するカードの毀損を禁止することは許されるとした。「軍役のために連邦議会が…徴兵を行う権限を有す

ることは疑問の余地がない…この権限に従い、議会は訓練と奉仕活動の義務を負担させるための登録制度を創設することができる…登録と適性の証明書の発行は、このシステムを機能させるために正当で、相当程度において行政上の助けとなるものである。証明書の継続的利用を可能とする立法は、このシステムが機能するための、正当な目的に役立つのである」。*Id.* at 377-78. 徴兵への反対という言論と、徴兵カード焼毀という非言論において、後者への規制は、徴兵制度とその所持者の登録・適性証明という正当な政府利益にとって役立ち、前者に付随的に影響しても修正1条には違反しないとした。更に、被告人には、その思想を伝えるために別の手段が利用できたか、ということも重要である。「表現への制約が付随的であっても…発信者のコミュニケーションが、相当程度の聴衆に対して妨げられるという、例外的な場合があり、この場合には修正1条が配慮される…[しかし]本件はこのような場合ではない。なぜならば、[被告人は]徴兵カードを焼毀すること以外の別の方法により、自分のメッセージを伝えることができたからである」。*Id.* at 388-89 (Harlan, J., *concurring*). なお、コービンは、この事件を言論への内容中立規制という観点から審査基準に結びつけて論じている。すなわち、最初に検討されるのは、規制が実際に内容中立的なのかどうか、それとも真の目的は言論を規制することであるのかである。もしも後者であるならば、厳格な基準が適用される。規制の目的が言論の制約と無関係であるならば、そして、言論に及ぶ効果が意図的なものでなく付随的であるならば、中間的な審査が適用される。中間的な審査を行うことに加えて裁判所は、規制を受けた言論者が自分のメッセージを伝えるための別の手段を有しているかについて検討する。規制が中間的な審査をクリアできず、言論者に別の手段がなければ、規制は言論の自由を侵害していることになるとする。*See Corbin, supra* note 15, at 245. 更にブッチハンドラー・ラファエルはこの事件においては、言論規制が許されるための3つの要素が示されているとした。すなわち、法律が、政府の重要な相当程度の利益を促進していること、政府利益は言論の自由の抑制に無関係であること、修正1条の自由への付随的制約が、政府利益の促進にとって不可欠であることを上回っていないこと、である。これにより、表現的な行為に基づく言論は、思想的要素からもたらされる害悪を理由として制限することは許されないとしたが、この判決に基づき、裁判例及び学説は言論規制を行う政府の動機に着目するようになった、と指摘されている。*See Buchhandler, supra* note 11, at 1710.

(17)コルバーは、思考の自由は、修正1条の中に明示的には言及されていないが、憲法創設にかかわった世代にとっては、この概念について知られていたとする。1778年、トマス・ジェファーソンは、権利章典の採用を促進するために、政府に譲渡すれば元も子もなくなり、政府が常に侵害しようとしているのは、思考の自由であり、言論と著述によって思考をあきらかにしようとすることに対

してである、としている。思考の自由は、列記されていた言論の自由に既にして深く根ざしていたと考えられていた。*See* Adam J. Kolber, *Two Views of First Amendment Thought Privacy*, 18 U. PA. J. CONST. L. 1381, 1388 (2016) [hereinafter *Kolber*]. 思考の自由と表現の自由の関係について、コルバーは学説を次のように要約整理している。シフリンは、言論の自由は、思考の自由を保護するものとして理解され、表現の自由への保護は、思考の自由という、より深い原理を発展させるためである、としている。言論の自由は、自己及び他者との関係を発展させ、思考を行う者の機能にとって不可欠であるとする。同様に、ニール・リチャーズは、憲法上絶対とされる権利があるとすれば、それは思考の自由であり、あらゆる政治及び宗教上の権利の前提条件である。たとえ完全にプライベートで共有されないものであったとしても、個人の分別及び自律という理由から、意識活動は修正１条によって保護されているのである。他方、ボロクは、修正１条が現実にコミュニケーションを促進しているならば、思考の自由は、補足的な役割を担うだけである。思想の自由市場にとってコミュニケーションが不可欠であるならば、表現と結びついた思考だけが保護される。なぜならば、思考は表現されなければ市場に並べられることは決してないからである。*See id.* at 1389-91. 更に、最高裁の裁判官も両者の関係について言及し、ブランダイス、カードーゾ、バーガーは、思考の自由について広範な権利を支持している。しかしながら、この自由が最高裁によって保護されたのは、常に、表現又は表現行為への規制が問題となっていた事件においてであり、思考が保護されるためには、表現との密接な関連性が必要であるかについては、最高裁は、その立場を明らかにしていない、とする。*See id.* at 1391. このように、学説も判例も、思考 thought の自由が、憲法上の自由の中で中心的な位置を占めていることについて認めているが、その自由の正確な意味についての言及は最高裁においてなされておらず（*see Blitz, supra* note 2, at 1051）、また、最高裁の多くの判決の中で、修正１条は内心又は思考 mind or thought の自由を保障しているとされているが、その多くは傍論であり、思考の自由に基づいてなされた判断はごくわずかであるとの指摘がある。*See CASE, supra* note 6, at 1054.

(18) Roth v. United States, 354 U.S. 476（1957）の簡単な紹介に続き、わいせつ表現物と修正１条の関係について、コフランは最高裁の判例の流れを次のようにまとめている（なお、アメリカにおけるわいせつ概念について判例法を詳細に分析したものとして、加藤隆之『性表現規制の限界―「わいせつ」概念とその規制根拠―』（ミネルヴァ書房、2008年））。すなわち、修正１条とわいせつ表現に関する最高裁の考え方が示された最初の事件は、ロス事件（1957年）であり、わいせつ言論に修正１条の保護は及ばず、わいせつ表現によって埋め合わされるべき社会的価値はないとした。しかしこの基準の実務的な困難さが明らかになり、レドラップ事件（1967年）（Redrup v. New York, 386 U.S.

767（1967））で最高裁は、コミュニティ・スタンダードを新しい基準として示し、問題となったわいせつ表現物に埋め合わせるべき社会的価値が存在するかを判断しようとした。しかし、この基準も主観的であるとして、ガイドラインとしてそれほど役に立たなかった。そこで、ミラー事件（1973 年）（Miller v. California, 413 U.S. 15（1973））において（この事件について、金井光生「判評」樋口ほか編『アメリカ法判例百選』（有斐閣、2012 年）66 頁）、重大な芸術、科学、政治、文学価値を有するならば、その表現物は保護されるとした。こうした流れの中で、スタンレー事件（1969 年）で最高裁は、これら一般ルールの例外として、わいせつと表現物の所持を違法とする判断を破棄した。修正 1 条は、自宅において何を読み、鑑賞するかについて州が定めることは許されないとした。すなわち、その社会的価値にかかわらず、情報や思想を受領する権利を認めたのである。しかし、これによって、わいせつ表現物を伝達する権利、輸入する権利が認められたわけではないことに注意する必要がある。また、パリス・アダルト・シアター事件（1973 年）（Paris Adult Theatre Ⅰ v. Slaton, 413 U.S. 49（1973））では、スタンレー事件（1969 年）の考え方を更に限定して、成人向け映画館のプライバシーにおいて上映されるわいせつ表現物には、修正 1 条は及ばないとした。商業的な映画館は私的な自宅とは同じではない、自宅の外にはスタンレー事件（1969 年）の保護は認められないとした。生活の質、及びコミュニティ全体の環境という公共の利益により、制約は認められるとの根拠が示された。*See* Susan G. Caughlan, *Private Possession of Child Pornography: The Tensions between Stanley v. Georgia and New York v. Ferber*, 29 Wм. & Mary L. Rev. 187, 189-92（1987）[hereinafter Caughlan].

(19)最高裁が内容に基づく制約を言論に認めているのはごく狭い領域である。ファイティングワード、わいせつ、商業言論、切迫した違法行為へのあおりである。*See Means, supra* note 11, at 507.

(20)最高裁は、この事件がわいせつ表現に関わる事件であるため、先例としてロス事件（1957 年）に言及しているが、この事件と本件が区別されることを強調している。ロス事件（1957 年）では、わいせつ表現の規制には、その表現に接することにより、反社会的な行為を行う明白かつ現在の危険を生じていることまでの証明は必要ないとしたが、問題とされていたのは、わいせつ表現物の自己鑑賞ではなく公衆への伝達行為であったことが強調されている。*See Stanley*, 394 U.S. at 567.

(21)本法を制定するにあたりジョージア州は、わいせつ表現物に接することにより、異常な性的行為又は性的暴力の犯罪へと駆り立てられることを懸念していたようである。しかしながら、最高裁は、この主張には経験則からする根拠はほとんど存在しないとして退け、更に、犯罪防止のために通常用いられるべき手段は教育であり、また、法律違反を犯した者に対しては制裁を行うことである、

とした。*See Stanley*, U.S. at 566-67.

(22) スタンレー事件（1969 年）については、修正 1 条の問題というよりも、プライバシーの事件として理解されるべきとの考え方がある。保護された言論、又は情報の受領という領域で検討するよりも、自宅等の特定の場所の問題とするのである。しかしながら、最近のコンピューターやインターネットの普及を考えると、個人はすぐさま表現物を自宅で見ることができ、多くの文化的な活動は自宅で行うことができる。いわゆるデジタル・ホームという概念が登場し、プライバシーを自宅という物理的空間を中心に理解することは困難になり、伝播・流通といった概念は相対化されてくると思われる。*See* Marc Jonathan Blitz, *Stanley in Cyberspace: Why the Privacy Protection of the First Amendment Should Be More Like That of the Fourth*, 62 HASTINGS L. J. 357, 361 (2010) [hereinafter *Blitz II*].

(23) この事件について、修正 1 条よりも、修正 4 条の令状主義の観点から検討しているのがスチュワート裁判官である。本件の令状は、賭博行為の証拠を収集することを目的に発付されているので、これに基づいてわいせつ表現物の単純所持の証拠を収集したことは問題であるとする。「捜査官には、被告人の住居に適法に侵入し、令状に具体的に示された証拠物すべてを捜索し、押収する権限が認められているのは明らかである。その結果、捜査官が、被告人の寝室に行き机の引出しを開けたことは、令状によって認められている範囲の活動である。しかしながら、引出しの中に、賭博に関する物品ではなく、動画フィルムを発見した場合には、その令状によってそのフィルムを押収する権限は捜査官にはあたえられていない」。*Stanley*, 394 U.S. at 570-71 (Stewart, J., *concurring in the result*). また、ブリッツは、修正 4 条と修正 1 条の重なりについて言及している。修正 4 条は単に物理的な作用だけでなく、機能的にみてこれと同等の作用に対しても保護が及ぶ。同様に、修正 1 条も書籍を自宅から物理的に押収することを禁止するだけでなく、このような押収による規制と機能的にみて同等といえる行為もまた禁止しているとしている。*See Blitz II*, *supra* note 22, at 367.

(24) スタンレー事件（1969 年）に関して、プライバシーという空間への保護がなされたことを強調し、それ自体は憲法上保護されていないわいせつ表現物の所持も許される、と理解するならば、麻薬や火器等違法な物品の自宅での所持を規制できなくなるのではないかとの指摘がある。ブリッツは、スタンレー事件（1969 年）で示された思考の自由は、鑑賞されている表現物がいかなるものであったかによって左右されず、何らかの表現物を私的に鑑賞する自由が憲法によって保障されているが、他方、麻薬や火器、盗品等を所持することを犯罪とする州の権限を否定するものではないとした。ドラッグ等の所持が、自宅という壁によって違法と認定されることを阻まれないのであれば、違法なわいせつフィルム等の所持も同様に、自宅の壁によって違法活動とされることを阻まれ

ることはない。*See Blitz II, supra* note 22, at 393.

(25) わいせつ表現物の規制に関し、最高裁の立場を明らかにしたのがパリス・アダルト・シアター事件（1973 年）（Paris Adult Theatre Ⅰ v. Slaton, 413 U.S. 49（1973））である。最高裁は、わいせつ表現物は修正 1 条によって保護されておらず、自宅での鑑賞とは異なり、公衆への伝達過程においては、品位ある社会の維持のためこれら表現を規制する権限が州に認められるとした。「当裁判所は一貫して、わいせつ表現物は、州のポリスパワーに基づく限界として、修正 1 条によって保護されないと判断してきた…わいせつな、ポルノグラフィックなフィルムは、それに同意している成人のみによって鑑賞可能であるという理由から…州の規制から憲法上免除されるとの理論は、カテゴリカルには承認されてこなかった」。*Id.* at 54-57. 「州には、商業的なわいせつ表現物の流通を防止するという正当な利益が存在する…これらには、生活の質の維持、及びコミュニティの環境全体という公共の利益が含まれている…個人は、自分の部屋でわいせつな本を読むことができる…しかし、書店において、自分の望むままに本や写真を入手できる権利…が認められたならば…他者のプライバシーを侵害することになる…品位ある社会を維持するのは国家と州の権限である」。*Id.* at 57-59. このように最高裁がわいせつ表現を規制する理由は、上述の品位ある社会の維持と共に、性の問題は個人の人格にとって不可欠であり、その下品な形での商業利用は人間関係の土台を侵害するとしている。「家族生活、コミュニティの福祉、そして個人の人格の発展にとって中心的であるのは、センシティブで重要な人間関係であるが、これは、性を下品な形で、商業的に利用することによって、その土台が失われ、破壊されるのである」。*Id.* at 63. こう述べた上で最高裁は、わいせつ表現物の規制を議会は憲法上命ぜられてはいないとしつつも、わいせつ表現物のもたらす害悪について決定的な証拠がないからといって、その規制が修正 1 条に違反することはないとした。「州は…商業化されたわいせつ表現物への規制を一切行わないことも可能であるが…憲法は州に対してそうすることを強制してはいない…立法者は、経済、ビジネス、社会問題に関わる法律について、その賢明さ、必要性、妥当性について判断するが、その上位に裁判所が位置しているわけではない」。*Id.* at 64. 「成人一般に開放された商業施設において、わいせつな行為の描写を…商業的に利用することの規制は、通商を規制して、公共の環境を保護する州の広範な権限の範囲内である…わいせつ表現物の公衆への陳列が…コミュニティ全体に害を及ぼし、公共の安全を危険に曝し…上品な社会を維持する州の権限を危うくする傾向があることについて、州は、道徳的に中立的な判断を下す権限を有している」。*Id.* at 68-69. その結果「何らの決定的証拠や経験的なデータが存在しないからといって、この結論に達し、この結論に基づいて立法することを、立法者は憲法上禁止されているとは一切いえない」とした。*Id.* at 63. 更に、最高裁は、スタンレー事件（1969 年）判決を踏まえ、映画館におけるわいせつ表現物の

上映に規制を加えることは、個人の思考をコントロールするとの主張に対して、自宅というプライバシーが問題になっていない場合には、その規制が付随的に思考に影響したとしても、州の正当な利益を守る妨げにはならないとした。「州は、人民の思考の道徳的内容をコントロールする正当な利益を有しない、との主張…について我々は争う必要はない。しかしながら、本件においては、州が、映画館をひいきする人々の思考をコントロールしようとしている、との主張は受け入れられない。その定義上、コミュニケーションにおける重大な文学・芸術・政治・科学の価値に欠けているとされる、わいせつ表現物を、無制限に陳列し、又は頒布することを妨げること、そのことと理性及び知性をコントロールすることとは異なるのである…修正１条によって保護された思想のコミュニケーション、スタンレー事件（1969年）で保護された特定のプライバシー、又はその他憲法上保護されたプライバシーのエリア若しくはゾーンが問題となっていない場合、人によって発せられた何らかの言葉又は思考が、結果として付随的に影響を受ける可能性があるというだけでは、州が正当な州利益を保護することの妨げとはならないのである」*Id.* at 67.

(26) その所持の目的が、自己鑑賞か、それとも販売・頒布かを区別することは困難であり、また、当初は単純所持であったものが、後に、販売目的に容易に転ずることが考えられる。この点についてはスタンレー事件（1969年）においても指摘されていたが、最高裁は、所持の目的を判断することが困難であるからといって、自己鑑賞の自由を制約する理由にはならないとしてこれを退けていた。「わいせつ表現物の所持を禁止することは、その頒布を禁止する法律にとって必要であり、付随的なものであるとの主張がある…これらは、頒布の意図を証明することが困難であることに基づいている［が］…たとえそうした困難が存在したとしても、自分が希望するものを読み、鑑賞する個人の権利への侵害を正当化することにはならない。この権利は、個人の自由という体系にとって非常に根本的なものであり、正当な刑事法の執行を容易にするとの必要性によっては、その制約は正当化され得ない」*Stanley*, 394 U.S. at 567-68.

(27) この問題については、拙稿「アメリカにおけるスタンディングの研究—第三者の権利援用—」中央大学大学院研究年報14号Ⅰ-1、83頁（1985年）。また、文面審査を内容とする overbreadth 理論を、仮定的第三者の権利を援用するスタンディングの観点から分析したものとして、拙稿「オーバーブレドス［overbreadth］理論の新展開」法学新報93巻3・4・5号77頁（1986年）。文面審査を具体的審査制の下で説明するものとして、拙稿「法令の憲法判断を求める当事者適格—アメリカにおける宣言判決と憲法3条の要件を中心に—」東洋法学57巻3号1頁（2014年）。

(28) もっとも、スタンレー事件（1969年）においては、わいせつ表現物を受け取る自由までは保障されておらず、このことはその所持の目的いかんにかかわらない、というのが多数意見の認識である、との指摘がある。*See* United

States v. Thirty-Seven（37）Photographs, 402 U.S. 363, 376（1971）.

(29) 日本においても、わいせつ表現物を単純所持目的で国内に持ち込むことを禁止することが、憲法 31 条、憲法 13 条に違反するか問題になったのが、最一判平成 7 年 4 月 13 日刑集 49 巻 4 号 619 頁である。原審・東京高裁は、わいせつ表現物の規制が許されるのは「それが個人の領域を越えて社会との間に接点を生じ、健全な精神的社会環境秩序に対する侵害となる場合のみ」である。「単純所持までも規制の対象とすることは、明らかに本来個人の自由に委ねられるべき領域と、法律を以て規制すべき領域との境界線を踏み越えるものである」とした。最高裁は破棄・差戻しの判決を下した。目的の認定が困難であること、目的は容易に変化すること、その流入を一般的に、水際で阻止することの必要性を指摘した。「わいせつ表現物がいかなる目的で輸入されるかはたやすく識別され難いだけではなく、流入したわいせつ表現物を頒布、販売の過程に置くことは容易であるから…その流入を一般的に、いわば水際で阻止することもやむを得ない」。この事件について、拙稿「判批」法学新報 103 巻 8 号 147 頁（1997年）。

(30) ライデル事件（1971 年）（United States v. Reidel, 402 U.S. 351（1971））が、スタンレー事件（1969 年）と区別されるのは、自分自身が鑑賞するためにわいせつ表現物を所持していたからではなく、他者にそれを送ろうとした点である。換言すれば、内から外へと伝播させ、自分自身に留め置こうとしなかったことである。スタンレー事件（1969 年）のもともとの考え方にはなかった方法で、公的問題となるように拡散しようとしたのである。*See Blitz II, supra* note 22, at 388-89.

(31) この事件では、自己鑑賞の前提として、情報を郵送という手段によって受け取る自由が認められるか問題になっている。この場合、情報の選別能力が十分でない未成年者に成年者と同程度の自由が認められるかという問題が生じる。この点について、マーシャル裁判官は未成年者への制約について一層厳格な手段をとることは許されるとしている。「郵送による頒布は、わいせつ表現物が未成年者の手にわたる危険性をもたらし…これを防ぐ唯一の方法は、購入者に自分の年齢を申告させるということであった…わいせつ表現物の販売者に対して、未成年者がこうした表現物を入手できないようにするため、一層厳格な手段をとるように求めることは許されると考える」。*Reidel*, 402 U.S. at 361-62 (Marshall, J., *dissenting*).

(32) この点について、わいせつ表現物を規制して、未成年者やそれを嫌悪する成年者には伝達されないようにすることは認められるとしても、自己鑑賞の自由が保障されているならば、それが実際に伝達されたときに規制するのが筋であるとするのがマーシャル裁判官の意見である。「法廷意見は…わいせつと考えられる表現物に、未成年者及びそれを望まない成年者が曝されることから保護するための規制は正当であることを認めた…［本件において］問題の表現物は、

上訴人がヨーロッパ旅行から合衆国に帰国した際に、そのバッグの中から押収されたが、その時点では、その表現物は純粋に、私的な所持にとどまっており…政府は、商業的な頒布がなされたときに、その正当な利益を守るためにこれを規制するための十分な機会を有している」。*Id.* at 360-61.

(33) ブリッツは、スタンレー事件（1969年）とその後の判例法の流れについて次のようにまとめている。スタンレー事件（1969年）では、どのような本を読み、フィルムを鑑賞するかを州が規制できるとすれば、内面のコントロールを許し、修正1条の思考の自由に反するとした。この判断は、その後、数多くの裁判所において引用されるが、一連の判決において、自宅の内部において保護される表現物も、自宅に入るまでのルートにはその保護は及ばないとされ、この判決の有する意義は、かなり限定的である。ライデル事件（1971年）では、わいせつ表現物によりビジネスを行うこと、そのために郵送手段を用いることまで、スタンレー事件（1969年）で示された情報受領権は及ばないとした。37枚写真事件(1971年)(Unite States v. Thirty-Seven (37) Photographs, 402 U.S. 363 (1971)) では、税関は旅行者の自宅ではない、たとえ表現物を自己鑑賞目的で持ち込もうとしていたとしても、としている。一連の判決の中でバーガー首席裁判官は、スタンレー事件（1969年）で保護された思想の自由は、通商のための公的手段のみならず、公的生活がなされるいかなる場所においても、及ばないとした。*See Blitz II, supra* note 22, at 359-60.

(34) 連邦議会は、性的搾取から子どもを保護する法律を1977年に制定し、アメリカ全土においてチャイルド・ポルノの取引を禁止した。しかしながら、これによっては、自己観賞を目的とする制作を規制することができず、また、わいせつにあたらなければ、その頒布も禁止できなかった。そこで、1984年に連邦議会は、ファーバー事件(1982年)(New York v. Ferber, 458 U.S. 747 (1982))判決の後押しも受けて、1977年法律では規定されていたわいせつ要件を外し、州際の取引、受領、郵送の禁止に関し付されていた商業目的という要件も削除した。この法律により、連邦での起訴件数が劇的に増加したとされている。*See Caughlan, supra* note 19, at 198-99.

(35) 最高裁は、チャイルド・ポルノ問題を考えるにあたり、わいせつ表現への規制に関する先例を次のように整理している。「未成年者による性的行為…を描写する作品を規制するにあたり、州には一層の規制権限が認められるのかを検討することから始められた…ロス事件（1957年）では…わいせつ表現は、憲法上保護された領域には含まれないとされ…15年間にわたり支持されてきた[が]…この間、我々が認識してきたのは、いかなる表現もその規制を行うことに本質的な危険が存在しているということである…ミラー事件（1973年）では…州によって責任を追及することが可能な作品は次のような限定されたものでなければならない。すなわち、全体として性に関する好色的な関心に訴えるもの、明らかに不快な方法で性を描写するもの、全体として、重要な文学、芸術…的

価値を有していないものである、としている」。New York v. Ferber, 458 U.S. at 753-55（1982）.

(36) この点についてコフランは以下のとおりに要約している。ポルノ規制に関して、鑑賞の対象物に未成年者が含まれている場合、憲法上許容される規制の範囲は一層広がっていく。その理由として5つ挙げられ、①未成年者の身体・精神の福祉を守ることは、やむにやまれぬ利益であること。②チャイルド・ポルノの頒布と子どもの性的虐待との間には関連性があること。子どもの性的虐待のシーンは永久に記録され、その拡散によりもたらされる害悪は増大するため、頒布のネットワークは断たれねばならないこと。③チャイルド・ポルノの宣伝・販売は、経済的な動機をもたらす。こうした動機こそが制作が行われる際の不可欠な部分である。頒布が制作への経済的なインセンティブを生じ、子どもの虐待が永続化する。④その価値は最小といわないまでも極めてわずかであること。⑤制約されるべき害悪が、表現の利益を圧倒的に上回っている場合には、言論の内容に基づく制約を課すことは正当とされる。*See Caughlan, supra* note 18, at 193-95.

(37) コフランはこの事件の判旨を次のようにまとめている。最高裁は、法的にはわいせつといえないチャイルド・ポルノを規制する州法の合憲性に取り組み、バランシング・テストを適用し、子どもの福祉を守る州権限の範囲で立法されていると判断した。コミュニティへの新しいレベルの侵害、すなわち子どもの身体及び精神への虐待を認識し、チャイルド・ポルノの製造及び頒布を禁止することを認めた。*See id.* at 188.

(38) チャイルド・ポルノの所持は、危険を生じさせる行為である、それには3つあり、①視聴者の妄想をかきたて、未成年者への性的犯罪の実行を煽る。②小児愛好者が、成年者との性的行為を行うことを未成年者に説得するための道具として利用すること、③市場の創設とサポートにつながるということである。*See Buchhandler, supra* note 11, at 1704-05.

(39) ブレナン裁判官は、多数意見は、チャイルド・ポルノの単純所持とその流通・市場とを結びつけて議論しているが、本件においては、市場とは関係がない純然たる私的所持のケースであり、ファーバー事件（1982年）というよりもスタンレー事件（1969年）の考え方に基づいて判断されるべきことを主張している。「本件写真が、商業的に制作又は頒布されたとの証拠は存在しない。すべての写真は、上告人が数年間、自己観賞のために個人的に所持していたアルバムの中におさめられていた。この状況の中で、多数意見がスタンレー事件（1969年）ではなく、ファーバー事件（1982年）に焦点を絞ったことは誤りである…スタンレー事件（1969年）では…州は、わいせつ表現物を規制する広範な権限を維持しているが…この権限は、自宅のプライバシーにおいて個人が所持しているにすぎない場合には及ばない…何を、そしてそれをどのように規制することが許されるかを判断する場合に、スタンレー事件（1969年）にお

いて示された区別は、依然として有効である」。Osborne v. Ohio, 495 U.S. 103, 139-40（1990）（Brennen, J., *dissenting*）.

(40) インターネットの普及は、小児性愛者のような、危険な嗜好を潜在的に有する個人に対して便利なフォーラムを提供している。このフォーラムにおいて、こうした嗜好を論じ、時として行動に移す。更に、1 対 1 のみならず、無限定の特定できない個人間で効果的に情報をやり取りすることを可能にするのである。See Buchhandler, *supra* note 11, at 1676.

(41)（C）項において禁止されているのは、コンピューター・モーフィングといわれる方法によって制作されたチャイルド・ポルノである。これは、コンピューターによって一から作成するのではなく、実在の未成年者の、それ自体は犯罪とかかわりのない写真に修正を加え、性的行為を行っているように見える映像に変えていくのである。この画像においては、実在の未成年者の利益が侵害されることになるので、本件においては、その規制が違憲であるとの主張はなされていない。

(42) この規定の意味についてレンキスト裁判官は「あからさまに性的行為」は「実際の…性的行為…の『視覚的描写』のみに適用されることは明らかである…したがって、性的行為を連想させるだけの行為、例えば幼い顔立ちの成人俳優が、毛布の下で何やらもぞもぞと動いている場合には…法律の射程の範囲外である」とする。Ashcroft v. Free Speech Coalition, 535 U.S. 234, 268-69（2002）（Rehnquist, J., *dissening*）.

(43) なお、本法には 2 つの積極的抗弁事由が規定されている。ひとつは、被告人は禁止された画像を 2 本以下しか所持しておらず、それらを即座に廃棄するか、法執行官に報告する場合、もうひとつは、画像は成年者のみを用いて制作され、未成年者による、あからさまな性的行為は描写されないようにしている場合である。この抗弁事由を踏まえ、多数意見は、幼い顔の成年者が演じたポルノグラフィを禁止することは、過度に広範な規制であるとした。オコナー裁判官はこの点については多数意見を支持しているが、バーチャル・チャイルド・ポルノの禁止も過度に広範であるとする点に疑問を呈し、このことを証明するに足りる証拠は提示されていない、と判断した。See id. at 260-61（O'connor, J., *concurring in the judgment and dissenting in part*）.

(44) この最高裁判決が下されるに先立って、第 7 巡回区控訴裁判所以外に、3 つの巡回区控訴裁判所において本法が争われ、いずれもその合憲性が支持されていた。主として、未成年者に見える成年者を出演させてのチャイルド・ポルノに関し、これを含めて規制対象とすることは過度に広範の規制とはいえないとしていた。その判旨をごく簡単に紹介しておこう。United States v. Hilton, 167 F.3d 61（1st Cir. 1999）では、制作過程において実際の未成年者は出演していないが、そう見える表現物を規制することは許される。まず、チャイルド・ポルノは実際の未成年者が演じようとそうでなかろうと社会的価値はほとんど

ないこと。そうした表現物はチャイルド・ポルノの取引を助長し、未成年者への虐待を促すことになる。「コンピューターで作成され又は画質を高められた表現物は他のやり方で制作されたチャイルド・ポルノと同じように売買され取引の対象となり、地下に潜ったチャイルド・ポルノの産業に燃料を供給することになっている。これらの表現物は実際の未成年者が出演するものと同じく、未成年者を潜在的な未成年者虐待者に協力させるべく、誘い又はこれを強要すべく用いられるのである。更には…これらは加工され、実際の未成年者が作成に加わっていたのかどうかを判断することが不可能になるのである…もしも、議会が実際の未成年者に「見える」あからさまな性的行為を規制対象とすることができないならば、チャイルド・ポルノ産業を撲滅しようとの試みは挫折することになろう」。*Id.* at 73. 次に United States v. Acheson, 195 F.3d 645 (11th Cir. 1999) においては、本法の文言からすれば、違憲的な適用が相当程度においてなされることはなく、文面上過度に広範として無効となることはないとしている。すなわち、成人を用いてその性的な行為がなされていることを、その作品の制作者に積極的に証明させる抗弁事由が規定されていること、チャイルド・ポルノについて、故意に、所持していることの証明は検察側にあること、チャイルド・ポルノは小児性愛者の求めに応じて調達されるのが通常であるとの議会の結論は、本法が不適切な適用がなされることの歯止めになること、とした。*See id.* at 651-52. 更に United States v. Mento, 231 F.3d 912(4th Cir. 2000) において被告人は、チャイルド・ポルノの映像をインターネットからダウンロードしたとして起訴された。その主張するところは、本法は、言論内容に基づく規制を行っており、厳格審査がなされるべきである。また、チャイルド・ポルノであるように見える、またはチャイルド・ポルノである印象を伝える方法で伝達するビジュアルの表現物を犯罪としているが、過度に広範であり漠然としているとした。これに対して控訴裁は「最高裁は、所持も含めてチャイルド・ポルノの禁止は狭く規定されていることを認めたが、その理由はチャイルド・ポルノと未成年者の性的虐待と搾取との間の因果関係が存在するからである。そこで、問題なのは、伝統的な意味でのチャイルド・ポルノと未成年者がバーチャルであるチャイルド・ポルノとの間に違いが存在するかどうかである…これを鑑賞する者にとっては、実際の未成年者と未成年者に『見える』画像との間に違いはない。同様に、未成年者に見せられる画像は、いかなるチャイルド・ポルノを見せられた場合であっても同じように有害なのである…チャイルド・ポルノであるように見える、又はその印象を伝える表現物を禁止することは、成人が未成年者を装っているだけのポルノグラフィにも何らかの影響を与えることはあり得る。しかしながら、政府はこうした表現物を禁止するにあたり、やはり、やむにやまれぬ利益を有している。なぜならばこの表現物によってもチャイルド・ポルノの視聴者は満足を得ることができ、結果として未成年者にマイナスな影響を及ぼすことに違いはないからである」とした。

Id. at 920-21.

(45)単純所持者の立場からすると、その処罰を免れるための主張立証は容易ではない。自分が制作したのではないフィルムの登場人物が成年者であること、又はバーチャルであることを立証することの負担は大きいとの指摘がある。「自分の言論が不法なものではないことを被告人に証明させようとすることは、深刻な憲法上の問題を提起する…［本件の場合］証拠上の負担はごくわずかとはいえない。被告人は作品の制作者ではないので、出演者が誰であるのか、はたして実在者であるのかさえも証明する術をもたない」。*Ashcroft*, 535 U.S. at 255.

(46)わいせつ表現物がその鑑賞者の精神にはたらきかけ、犯罪行為を引き起こすことを理由に、その表現物の販売頒布及び単純所持を禁止することが考えられる。この場合、鑑賞と犯罪行為との因果関係が問われるが、この点についての確定的な証明はなされていない。そこで、この証明がない以上、規制は許されないとの考え方が成り立つ。しかし、最高裁はこれを否定した。「わいせつ表現物に曝されることによって、男女又は社会に悪影響が及ぶことを証明する決定的な社会的データは存在せず…この点についての証明がない以上、州による規制は不可能である、とする主張を受け入れることはできない。州の立法に経験則上、何らかの不確かさが潜んでいても、憲法それ自体によって明らかに保護している権利を侵害するという例外的な場合を除いては、この問題についての解決を行うことは我々の役割ではない…立法者は、科学的に全く正確な根拠に基づいて立法することを求められていない…反社会的な行為とわいせつ表現物との間の因果関係について、決定的な証明がない場合にも…その因果関係が存在し、又は存在しうると判断することは、全くもって合理的である。その結論に基づいて、社会的な価値である、秩序と道徳を保護するために立法することは正当である…社会が文明化されて以来、立法府と司法府は、証明されていない様々な推定の下に活動し、こうした推定は、商業及びビジネスに関する多くの州の規制の根底を成しているのである」。*Paris Adult*, 413 U.S. at 60-61.

(47)本法においては、非実在の未成年者だけでなく、実在の成人であるが、幼い顔のために未成年者が演じているように見える作品も規制対象にしている。こうした作品によっても、実在未成年者への性的虐待を助長することが問題になるが、オコナー裁判官の個別意見は「多数意見は、未成年者が出演しているように見えるポルノグラフィの映像によって、現実の未成年者への虐待がなされることについての因果関係は十分には証明されておらず、したがって、その表現への修正１条の保護を失わせることは正当化されないとしているが、これに同意する」としている。*Ashcroft*, 535 U.S. at 262.

(48)思考の自由について憲法上、明文の保障は存在しない。しかし、最高裁は、思考の自由は自由の起点であり、言論が思考の起点であるがゆえに、言論は政府から保護されねばならない、とする。*See Ashcroft*, 535 U.S. at 253. この

ように「思考」と「言論」の相互の関連性を確認した上で、修正1条は、言葉と行為、並びに思想と行為とを截然と区別して議論を展開し、不確定な将来において不法な行為がなされる機会が増えるとの理由によっては、言論を禁止することはできないとしている。*See Ashcroft*, 535 U.S. at 253-54. コルバーはアシュクロフト事件（2002年）では、政府が思考をコントロールしようとすれば、修正1条の自由は最も危険にさらされる、思考の自由は自由の始まりであり、言論は思考の始まりであるがゆえに、言論は保護されなければならないとしている。その言わんとすることは必ずしも明快とは言い難いが、言論の自由は、思考の自由に仕えていることを示唆していると理解することは可能であろうとしている。*See Kolber, supra* note 17, at 1393-95.

(49) 暴力行為を行うことを示唆している表現行為の禁止・処罰をめぐって争われた事件がブランデンバーグ事件（1969年）（Brandenburg v. Ohio, 395 U.S. 444 (1969)）である（この事件については、浦部法穂「判評」伊藤正己ほか編『英米判例百選I 公法』（有斐閣、1978年）110頁）。最高裁は、表現行為を禁止できるのは、切迫した違法行為を煽動し、又は生じさせることを指示している場合に限定されるとした。この事件では、KKKの集会の様子がテレビフィルムに収められ、12名のフードを被った人物が、木製の巨大な十字架の周りに集まり、それを燃やし、大統領、連邦議会、最高裁が、このまま白人を弾圧し続けるならば、報復措置もありうる、黒人はアフリカに、ユダヤ人はイスラエルに帰れ、等のスピーチがなされていた。被告人は、サボタージュや暴力行為の必要性や妥当性を唱えることなどを処罰していた、オハイオ州反サンジカリズム法に違反しているとして起訴された。最高裁は違法行為を煽動する表現を規制するためには、その表現により違法行為がなされることが切迫していることが必要であるとした。「[先例が確立してきたのは]言論・出版の自由が憲法上保障されていることにより、州が、暴力の使用又は法律違反の奨励を禁止できるのは、それが、切迫した違法行為を煽動し、又は生じさせることを指示している場合に限定される…暴力に訴えることが道徳的に正しく、道徳的に必要であるということを抽象的に教えるにとどまる限りは、そのことは、団体に暴力行為の意思を固めさせることとは同じではない…このような区別がなされていない法律は、修正1条への侵害を行っているものとして許されない」。*Id.* at 447-48. ところで、いかなる表現が、違法行為を切迫化させるとして規制の対象になるか、これについて、デモ行進に関して、デモ隊に違法行為を促す発言に関して問われたのが Hess v. Indiana, 414 U.S. 105 (1973) である。最高裁は、表現の内容が違法行為を促すものであったとしても、何らかの漠然とした、将来に違法行為を行うように呼びかけているにすぎない場合には規制しえないとした。この事件では、大学のキャンパスでの反戦デモに関して、約100〜150人がストリートに移動し、車両の通行を妨げた。そこで、警察官らは、そのストリートに歩いて近寄ったところ、デモ隊は二手に分かれ、デモを見物

していた多くの群衆と合流した。警察官は、被告人が大きな声で fuck 等と叫んだのを聞いて、秩序違反行為があったとしてすぐさま逮捕した（より正確には、被告人は、このくそったれストリートを後で占拠しようぜ、このくそったれストリートをもう一度占拠しようぜ、と叫んだようである）。しかし、こう叫んだときに被告人は特定の人・グループに向けて叫んでいたようにも見えず、大声ではあったが、その場にいた他の者たちと比べて特に大きい声という程のことはなかった。最高裁は「その言葉は…何らかの漠然とした、将来に違法行為を行うように呼びかけているにすぎない。このことは…［被告人の］言論を処罰することを州に認めるには十分ではない。先例によれば…暴力や法律違反の行為を呼びかけることを禁止し、規制するためには、そうした呼びかけが、切迫した不法行為を煽動し、生じさせるための指示であり、及びそうした行為を支持し、生じさせている場合である」. *Id.* at 108. このような、違法行為を切迫化させる言論とその言論の前提となる思想との関係を、ケースは次のように分析している。ブランデンバーグ事件（1969 年）では、不法行為の実行を切迫化させる言論を規制することができるとしたが、思考が犯罪を行う可能性を高めるからといって、そうした思考は、この事件において保護されないとされた言論と類似しているとはいえない。思考によって確たる意図が形成されてはじめて、犯罪を行わせるように方向づけがなされるのである。不法行為の実行を切迫化させる言論と同等な思考については、既にして企図を処罰する法律によって明確になっている。すなわち、犯罪を行う方向への一歩を相当程度に踏み出させる行為を伴っている場合に、犯罪の意図は処罰されるのである。しかし、この定義に至らない思考及び行為は保護されるべきである。内心の自由によって保護されたプライバシーの領域に未だ止まっているからである。*See CASE, supra* note 6, at 1061. なお、上述の 2 つの判例も含め、モルナーは表現規制の歴史的展開を明白かつ現在の危険の見地から整理している。20 世紀初頭、第 1 次大戦と共産主義に遭遇したアメリカ議会は、社会主義者に対抗するために盗聴法を制定したが、それをめぐって修正 1 条の保障の範囲に関する重要な判例が形成された。シェンク事件（1919 年）(Schenck v. United States, 249 U.S. 47 (1919)) で最高裁は、明白かつ現在の危険理論を示した。言論が実体的な害悪を生じさせる明白かつ現在の危険を生じる性質を有し、及びそうした状況において用いられている場合を除いて、言論は修正 1 条によって保護されている。この事件をより詳細に分析すると、悪性傾向 bad tendency テストに基づかれている。ホームズは、徴兵への現実の妨害があったなら、言論を述べた者は、自分の言葉がもたらした効果に対して責任を負うことになるとした。言論行為、言論傾向、その意図が同じであるならば、成就した結果だけが、行為を犯罪とするのではない。悪性傾向テストを適用する場合、ホームズは言論がもたらしうる結果、及び言論がなされた環境から意図を引き出す。これによってホームズは、被告人は、徴兵を妨害する謀議とい

う犯罪で有罪とされるために必要な犯意を有していたと結論した。1週間後、最高裁は徴兵を妨害することを奨励する言論は、修正1条によって保護されていないとした。自らが用いた言葉が、徴兵を妨害する傾向があるならば、その言葉がその結果を生じさせるべく意図していた、すなわち言葉のもたらす傾向から意図を導き出すことができるとした。その結果、徴兵を妨害するとの傾向を有し、その効果を合理的に生じさせる言葉を用いることについて具体的に意図があったならば有罪となる。*See Molnar, supra* note 1, at 1337-38. 次の発展は、冷戦下において生じ、デニス事件（1951年）(Dennis v. United States, 341 U.S. 494 (1951))では、被告人は共産党を結成し、暴力による政府の転覆、その必要性と義務を唱道した。最高裁は、修正1条の保護が及ぶかどうかは害悪の大きさ、そのことが生じる可能性に左右されるのであるが、そうした危険を避けるために必要とされる制約を言論に対して行うことが正当とされるのかどうかが問題になるとした。有罪を支持するにあたり、最高裁は、共産主義の世界的な拡散と結びつく言論は、修正1条による保護が及ばない程に重大な危険性を有すると考えた。一方、イェーツ事件（1957年）(Yates v. United States, 354 U.S. 298 (1957))では、直接的ではなく抽象的な唱道は、修正1条の保護を受けるとし、明白かつ現在の危険について再び言及されたブランデンバーグ事件（1969年）(Brandenburg v. Ohio, 395 U.S. 444 (1969))では、暴力に訴えることがモラルに照らして正しく又その必要性がある、と抽象的に教示するだけでは、団体に対して暴力行為を準備させその意思を固めさせることにはならないとした。ヘス事件(1973年)(Hess v. Indiana, 414 U.S. 105 (1973))では、被告人の言葉は、不明確な将来において違法行為を行うことを唱道したにすぎないとした。*See id.* at 1337-42. ブランデンバーグ事件（1969年）では過度に広範性の理論により法律を無効とした。言論者が切迫した犯罪を行うように他者を脅し、又はあおってすらいない状況で、不法行為を単に唱道したというだけで処罰することは違憲であると判断した。この判決に従うと、州が個人による不法行為を唱道する権利を制約できるのは、次の2つの要件が満たされた場合のみである。法律違反の可能性と侵害の切迫性である。この切迫性についてヘス事件（1973年）では、何らかの不明確な将来において違法行為を行うように唱道するだけでは、その言論を修正1条の保障の外に置くには十分ではないとした。*See Buchhandler, supra* note 11 at 1677.

(50) overbreadth 理論はいわゆる文面審査であるが、この理論について簡単に説明しておく。具体的審査制における法令の審査は、その適用により当事者の憲法上の自由を侵害しているかどうかという観点からなされるのが通常である。もしその自由を侵害しているとされれば、法令は適用違憲となるが、第三者に適用された場合にその憲法上の自由を侵害するかどうかについては、事件解決にとって必要がないので、争点適格を認められずに事件は終了する。しかし、当事者に適用された場合に合憲である場合にも、第三者の権利侵害を主張し、

なおかつ文面無効を判断させることができるかについては、別途考慮される。overbreadth 理論は、表現の自由への萎縮的効果を考慮して表現規制立法における第三者の表現の自由を主張する適格を認め、又、文面無効の判断を行わせることによって当事者が法令の効力を免れるとの審査方法を認めたものである。しかし、当事者の表現の自由はその法令の適用によっては侵害されない（適用合憲）にもかかわらず、重箱の隅を突くようにして第三者の表現の自由侵害の可能性を指摘して法令違憲・無効とすることには問題があるとして、その違憲適用の範囲が相当程度に及ぶ場合に限定して法令違憲を認めるとしたのが substantial overbreadth である。「当裁判所においては明らかとされてきたことは、法律の適用がされても相当程度の場合に正当であるならば、その法律を文面上無効とすることには躊躇される、ということである」。*Ashcroft*, 535 U.S. at 268.

(51)未成年者保護が、やむにやまれぬ利益であることについては争いがないが、これを達成するための手段については、必要最小限の規制であるべきことが多数意見によって確認されている。すなわち、未成年者がチャイルド・ポルノを鑑賞することによってもたらされる害悪を防止するために、成年者には許されている鑑賞の自由を制限することは認められないとしている。「先例は、子どもに聞かせまいとして、成人には聞く自由がある言論を全面的に規制することはできないとしている…暴力…をかきたてる傾向があるとして、下品な indecent 出版物の頒布を禁止していた法律は無効とされた…子どもを守るという目的があるからといって、その保護が LRA によって達成できるならば、全面禁止を支持するために十分とはいえない…子どもを有害な表現物から保護するとの政府利益は、成人向けの言論を、不必要に、広範に抑制することを正当化しない」。*Id.* at 252. このような、未成年者に限定してその表現物を規制し、成年者の自由をも侵害しないようにすべきことを最高裁は修正1条の自由が問題になった事件において、かなり徹底してきた。その例として、未成年者による、電話回線を利用したポルノ情報へのアクセス規制に関し、立法府と裁判所の間で激しい対立が続いた事例がある。これについては、拙稿「アメリカにおけるダイヤルポルノの規制」国士舘法学24号89頁（1992年）。

(52)チャイルド・ポルノへの規制に関しては、未成年者の性的行為と芸術性等の社会的価値ある描写との関係をどのように考えるかという論点もある。チャイルド・ポルノには社会的価値ある表現は一切含まれることはないのか、たとえそれらが含まれていても、未成年者の性的行為が一箇所でも描写されていれば、すべて規制されるべきかは難しい問題である。多数意見はそうした作品の規制には批判的な考え方を示した。「10代の若者による性的行為、及び未成年者に対する性的虐待という2つのテーマは、数多くの文学作品の中に取り込まれている（シェクスピアの小説『ロミオとジュリエット』、アカデミー賞を受賞した映画作品『トラフィック』及び『アメリカ・ビューティ』等がこの例とし

て挙げられている—筆者注）…こうしたフィルムに…本法の定義にあてはまる性的行為の描写が1箇所でもあれば、そのフィルムの所持者は、その作品の…価値を考慮されることなく、厳しい刑罰を受けることになる（初犯は15年の自由刑、再犯は5年以上30年以下の自由刑という重い罪である—筆者注）」*Ashcroft*, 535 U.S. at 247-49.

(53) スタンレー事件（1969年）とアシュクロフト事件（2002年）の2つの事件で最高裁は、思考の自由侵害が生じるのは、政府が規制を行うという点ではなく、いかなる目的により規制を行っているかであるとし、イマジネーションの自由の保護は、政府がいかなる規制を行ったかではなく、その規制の理由がいかなるものか、であるとした。この自由は、自分の抱くイマジネーションを自分の好きなように行使する権利ではなく、イマジネーションすることを理由として処罰はされないということである。*See Blitz, supra* note 2, at 1085. グラディッシュ事件（2008年）（United States v. Gladish 536 F.3d 646（7th Cir. 2008））では、35歳の男性がインターネットのチャット・ルームにおいて未成年者を自分との性的行為に誘うことを企てたとして起訴された。通常は、この犯罪は同意があって相手と出会おうとしてその場に着いたときに逮捕される。しかし、被告人の場合は、具体的な出会いのプランをたてる前に逮捕された。ポズナー裁判官は、この起訴は、被告人のサイバースペース上でなされた相手とのコミュニケーションにのみ基づいている、とした。*See Buchhandler, supra* note 11, at 1694-95.

(54) 言論そのものが違法である名誉毀損等とは異なって、言論が、別の違法行為を誘発し、助長し、煽動するにとどまる場合がある。この場合、言論を規制し処罰するためには、言論によって違法行為が実行されるとの切迫性が必要であり、バーチャル・チャイルド・ポルノについてはこの点が満たされていないとの指摘がある。「暴力の行使や法律違反を呼びかけるための言論を抑止できるのは、そうした呼びかけによって切迫した違法行為をもたらすことに直結し、又はそうした行為を刺激して行わせうるとの場合に限定されている…本件においては…政府によって示されている、思考又は刺激を助長しうる言論によって未成年者への虐待行為が生じるとされる、その結びつきは希薄であるにすぎない。より強固な、より直接的な両者の結びつきが存在しなければ、小児性愛者が違法行為を行うことを助長しているとの理由により、その言論を禁止することは許されない」。*Ashcroft*, 535 U.S. at 253-54.

(55) 思考と物理的行為を区別することは重要であるが、何が思考内容であるのかについては、結局のところ、表現等によるコミュニケーションがなされて初めて認識可能になる。その認識された思考をどのように評価するか、問われることになるが、そのコミュニケーションはいかなる目的でなされているか、この点にも注意が必要であるとするのがマールである。すなわち、上訴人の思考はコミュニケーションされ、その結果、規制対象となり得る一方で、その目的は医

療上の援助を求めるものであったことが認識されている。その思考は、恐怖等を与えるためではなく、将来の犯罪行為を防止することを目的として伝達されている。また、彼は、子どもには近づいていないし、早急に治療を受けており、こうしたことは軽減理由として考慮されるべきである。こうした点からすれば、公園への立入全面禁止は行き過ぎであるとした。*See Mahle, supra* note 1, at 256.

(56) マールは、多数意見は、軽減されるべき要因を見落としているとした。彼は、公園のところで性的衝動を抑え、即座にこの衝動を抑えるためのアドバイスを求めている。彼の見せたセルフ・コントロールは、彼が性的犯罪の瀬戸際のゲームに興じているとする多数意見の考え方が偽りであることを示している。*See id*. at 253.

(57) バレ事件（2014年）(United States v. Valle,（S.D.N.Y. 2014)) においては、何人かの女性を誘拐し殺害し解体して食するなどを他3名と共謀したとして、元警察官が起訴された。被告人は、3名と上述の犯罪を行うことを謀議し、その計画を実践するための具体的な意図を有していたとした。その証拠としてメールやチャットが示された。また、被告人のコンピューターには89のフォルダが有り、多くの女性の名前と写真が格納されていた。これら女性の自宅アドレスや職場の所在地に関する情報は、法執行官のデータベースに違法に侵入することによって取得されていた。政府の主張は、これらのインターネットのコミュニケーションは妄想上のロール・プレイにすぎないとしつつも、現実に女性の誘拐に関する謀議であるとした。被告人は、これらの計画のいずれにも従って行動していない、こうした妄想を暴力行為に転ずるための明白な行為をとっていないことを強調した。問題は、謀議が特定されている女性を誘拐するとの真の同意 agreement に至ったか、実際に誘拐する具体的な意図があったのかということである。ディストリクト・コートは、被告人が女性を誘拐する真の同意に至っていたことについて、合理的な疑いを超える証明がなされていないとした。被告人は実際には誘拐するつもりはなかった、このことは、サイバースペース上の計画を現実社会で実行する何らの策をとることは決してなかったこと、特定の日時場所において誘拐を行っていなかったこと、からも明らかである。この事件は、バーチャルと現実の世界が実際に交わることがあるのかどうか、問題を提起している。醜悪な思考をめぐらせていたこと自体は修正1条によって保護されているので、これを理由に被告人を処罰することはできないと主張されている。また、共謀理論の前例なき拡張は共謀罪の洪水をもたらすことに警鐘が鳴らされるべきである、との指摘がある。*See Buchhandler, supra* note 11, at 1688-92.

(58) 多数意見を執筆したウィリアムス裁判官は、犯罪に関する実行の着手時期という観点から次のように述べている。「[上訴人] の行為は、彼に不利益を及ぼすことを正当化するための十分なレベルには至っていない…銀行強盗の犯罪歴を

有する者が、銀行の駐車場に立ち、強盗を頭に浮かべているからといって処罰
されない…麻薬を求めてその売人の家の外に立ち、しかし、その家には入らず、
麻薬も購入しなかった麻薬中毒者を処罰することは、刑事法の限界に関する
我々の理解を超える」。Doe v. City of Lafayette, Ind., 334 F.3d 606, 612(7th
Cir. 2003).

(59) 公園に赴いた行為を問題とし、このことは小児性愛行為が犯される瀬戸際で
あったとする主張に対しては、その妄想も行為も、彼が毎日押さえてきた衝動
よりも大きいとはいえない。公園の子どもに近づかなかったし、接触しようと
もしなかった。彼は性的妄想を抱いて公園を徘徊したが、リプル裁判官が主張
するような危険のレベルの行為ではなく、広範な立入禁止を正当とする程のも
のではない。See Mahle, supra note 1, at 253.

(60) この事件では、直接的には公園への立入行為が規制されているが、この行為を
「思考」と結びつけ、その表現行為とするならば、規制に対する司法審査は厳
格なものとなるとの考え方が成り立つ。しかしこの点については、リプル裁判
官は次のように批判する。「［上訴人は］成年者が未成年者と性的な関係をもつ
ことの合法性を主張するために、公園に行っているわけではない…こうした性
的関係を賛美するための彫刻を展示し、詩を朗読し、演劇を行うためでもなく
…性的な欲求を満たすために、そこで遊ぶ子どもたちを物色することが目的で
ある…自分の性癖を認識しながらも、こうした衝動に突き動かされ、その行為
を行う可能性を相当程度に高める状況に自らを置いている…この行為が、修正
1 条の保護に幾分なりとも値すると考える多数意見に加わることはできない」。
City of Lafayette, Ind., 334 F.3d at 616. 更にリプル裁判官は、「立入行為」
を象徴的言論の観点からも検討している。「最高裁は、不快で価値の薄い表現
すべてを保護してきたが、非表現的行為にまでこの保護を及ぼすことが正しい
とは思われない。保護された表現の要素が全く明らかにされていない行為を規
制しようとする場合には、修正 1 条は問題とされないのである…表現行為を
行っていると主張したいならば、修正 1 条が適用になることを証明する義務を
負担しなければならない。もしもそうでなければ、あらゆる行為は表現である、
とのルールが定められてしまうことになろう」。Id. at 617. なお、一定の行
為への禁止・処罰等が、表現行為への制約に結びつき、修正 1 条に違反するの
ではないかとの主張がなされることがある。「行為」への規制は、表現への付
随的・間接的な影響をもたらすが、これをどのように考えていくべきか、営業
活動への制約と表現の自由が問題になった Arcara v. Cloud Books, Inc., 478
U.S. 697 (1986) を紹介しておこう。経営する書店の中に成人向けのフィルム
を上映するブースが設置され、その中で卑猥な行為等が行われていたことを理
由に書店の営業を中止する処分がなされた。これに対して、この処分は書籍を
販売する等の表現の自由への侵害があるとして争われた事件である。最高裁は、
表現への規制であったとしても常に LDM 等の厳格な審査基準を用いて判断さ

れる必要はない。本件営業停止は書籍販売に影響するが、その規制は表現とは無関係な違法な行為を理由としているとした。「被上告人は、営業規制の法効果によって、修正1条によって保護されている書籍販売行為への許容し難い負担を及ぼすと主張するが…被上告人は、同一の書籍を別の場所で販売する自由を依然として有しており、この負担は軽減されている」。*Id.* at 705.「確かに、本件の営業停止命令によって、書籍販売のビジネスを別の場所に移すことが必要となる。しかしながら、それぞれの具体的な措置が、それを受けた者の修正1条の活動に何らかの効果を及ぼしたからといって…刑事及び民事の責任がLRMでなければならないということにはならない…[本法]書籍又はその他による表現活動とは無関係な違法な行為を対象としている。売春に用いられるスペースでの書籍販売に関し、そのスペースが違法に用いられることを処罰し、禁止することは正当であり、これをさだめる法律を無効とするために、修正1条の保護が及ぶことはない」。*Id.* at 706-07. 本件営業停止は、表現行為への制約を目的としておらず、更には象徴的言論の非表現的要素に着目した規制ですらない。したがって、本件規制が表現にもたらす影響は付随的、間接的であり、厳格な審査で臨む必要はないとするのがオコナー裁判官である。「その規制が言論に対してではなく、また言論に付随する非表現的効果への規制でもない場合に、修正1条の審査基準を用いることは誤りである、とする点に同意する。この結論に至らないならば、例えばニュースキャスターを交通違反で逮捕した場合にも、何らかの言論抑制的な結果を生じさせているとして、修正1条の下での分析が必要になるという不合理な結果を生じることになる」。*Id.* at 708 (O'connor, J., *concurring*). これに対してブラックマン裁判官は、書店の営業停止は結果として表現の自由への相当程度の侵害をもたらしており、この場合には厳格な審査がなされるべきであり、店内で行われた違法行為に対処するためには、書店の営業停止ではなく、その行為者の逮捕・処罰等によるべきであるとしている。「非言論の規制を目的とする、一般的に適用される法律も、それが不当に言論…を処罰している場合には、繰返し無効とされてきた…州による規制が、修正1条にわずかな影響を及ぼすだけでなく…直接及び相当程度に修正1条を侵害する場合、例えば書店の営業停止の場合には、その正当な目的を達成するための手段としてLRMが選ばれていることを、州は、最低限度でも証明しなければならない」。*Id.* at 709-11 (Blackmun, J., *dissenting*).「州は、書店のような公的場所でなされる性的行為を禁止する正当な利益を有する。そうした行為をなくすための明らかな手段は、そうした行為を行う顧客の逮捕である。しかし、本法はそれを定めず、そうした行為が店内で行われているという理由のみで、書店に絶対的な責任を課している。更に1年間の営業停止は、言論への不必要な制約である…州の目的である、公的場所でのみだらな行為の禁止は、修正1条の権利に相当程度の侵害を及ぼすことによって正当化することはできない」。*Id.* at 711.

(61)Doe v. City of Lafayette, 377 F.3d 757（7th Cir. 2004）（Doe Ⅲ）においても両裁判官の見解は変わるところはないが、念のため判旨を掲げておこう。リプル裁判官の法廷意見は「政府は、純粋思考を処罰し得ないとの上訴人の主張を、抽象的には受け入れることはできる。しかしながら、上訴人に対する命令が、彼の純粋思考を理由とする制裁であるとの点については、受け入れることはできない…彼に対する禁止は、子どもに対する性的妄想を抱いたことを理由とするものではない…上訴人は、子どもに対する性的ないたずらを行う限界点までに、自らを追いやったのである…その場所に赴くことによって、自分の欲望を満足させるための危険な一歩を踏み出したのである」. *Id.* at 766-77. ウィリアムス裁判官の反対意見は「この公園で遊んでいた子どもからの苦情は一切なく、上訴人がその公園にいたことによって悪影響を受けたとの主張は一切なされていない…毎日、数えきれない程の住民が、市の公園の周囲を散策し、そのうちの多くの者はよからぬことを考えている可能性がある…上訴人と他の者たちとを区別する唯一の点は、彼が公園にいる間に何を考えていたか、及び過去に何を行ったかについて知られていたということである」. *Id.* at 779.

(62)思考を理由とする不利益な扱いを禁止する、といっても、結局は、思考が他者に伝わっていることが前提である。このことは、沈黙の自由の問題と、もうひとつ、思考を外部に表示したことに対しての制約等が問題になる。いったん外部に表示された以上、それへの制約は絶対的自由を保障されている思考への制限ではなく、表現の自由の問題として把握されるべきとの指摘がある。この点について、マールはラファイエット事件（2003 年）を例に、いったん、思考が言語化されると、単なる思考が言論へと変形される。この事件のウィリアムス裁判官は、純粋な思考を理由に処罰されたとしているが、この両者の違いが見落とされている。上訴人が、セラピストやサポートグループに性的欲求を言葉に出した以上、その表現行為はもはや思考ではなく、言論である。言論の自由には広範な保護が及ぶとはいえ、限界がないとはいえないとしている。*See Mahle, supra* note 1, at 251-52.

(63)思考に影響する規制をどのような場合に行うことができるのか、まず、直接に思考を侵害することは一般に禁止されている。しかし、思考の私的領域に付随的に影響を与えるに止まるならば、政府により広範な規制の権限がある。直接的な攻撃とは、思考をターゲットとしている場合である。付随的な攻撃とは、他の目的を達成するために採られた規制が、意図せず、又はアクシデント的に結果がもたらされる場合である。例えば、運転への制約は、運転行為にいかなる影響を及ぼすかという観点から問題となり、運転者の思考にいかに影響するかを問題とする必要はない。確かに、音楽を聞くとか会話すること等を禁止しようとする規制は、最終的な安全運転という目的を達成するために、その行為に着目した規制であり、正当化される。*See Blitz, supra* note 2, at 1085-86.

第 2 章

謝罪の強制と言論の自由

は じ め に

　日本国憲法 19 条は「思想及び良心の自由は、これを侵してはならない。」と規定している。個人の内面は人格の核心であり、その自由の保障は絶対的とされる。その思想が内面にとどまっているならば、社会や他者に影響を及ぼすことはなく、これを規制する必要もないからである。他方、人の行為は、外部に影響するため、その限りにおいて何らかの規制は必要であり、肯定されうる。

　しかし、行為は思想等によって支えられ、行為への規制は、必然的に内面に影響をもたらす。この場合、行動と内面を切り離し、前者の規制は、後者への間接的、付随的な影響にとどまるとして、これを肯定することは可能であろう。しかしながら、行為と内面の関わり方、及び行為の規制が内面にもたらす影響には様々なものがあり、一律に行為と内面を分離して、前者のみに着目して規制の範囲・限界等を論ずることには若干の疑問がある。

　例えば、信教の自由に関して、信仰する神の命令に反する行為を強制し（剣道実技の強制）、又は神が命ずる行為を禁止する場合（宗教儀式としての動物屠殺の禁止）、いずれも「行為」に着目した規制であるにもかかわらず、その影響は、内面の信仰に深く及んでいる。絶対的に保障されているはずの内面における信仰は、外部的行為の規制によって切り崩されているといえよう。このことは、信教の自由に限定されない。

　「君が代」ピアノ伴奏拒否事件（最三判平成 19 年 2 月 27 日民集 61 巻 1 号 291 頁）においては、音楽担当の教諭が、小学校の入学式において、国歌斉唱時の「君が代」の伴奏を、その思想に基づき拒否したことが問題になった。最高裁は、ピアノ伴奏という「行為」を強制しても、特定の「思想」をもつことを強制し、

又は特定の思想の有無を告白することを強制するものではないとして憲法 19 条には違反しないとした。他方、藤田宙靖裁判官の反対意見は、その信条に反する行為を強制することが多大な苦痛をもたらしていることを問題とする。多数意見が、行為と思想を分離し、前者の強制は後者の保障である 19 条に違反しないとし、藤田反対意見は、前者の強制が、後者に強い影響を及ぼしていることが考慮されるべきであるとして見解が対立している。

　更に、行為と思想の問題は、金銭の出捐行為においても指摘される。税理士会事件（最三判平成 8 年 3 月 19 日民集 50 巻 3 号 615 頁）においては、税理士が、その所属する強制加入団体の税理士会から、特定政党への献金目的で特別会費を請求されたことが問題となった。最高裁は、税理士会の経済的基礎を成す会費の納入とは異なって、特定政党への寄付金を目的とする特別会費の納入を強制することは、思想の支持又は強制にあたるとした（もっとも、税理士会自体が有する思想を表現するため、その一般会費の中からどこまで支出することが許されるのか、という問題は残されているように思われる）。

　このように、一定の行為の規制又は強制が、その内面に反して憲法 19 条に違反するのではないかが問題となった事件として、謝罪広告事件（最大判昭和 31 年 7 月 4 日民集 10 巻 7 号 785 頁）がある。名誉毀損訴訟において敗訴した被告に対して、民法 723 条に基づく原状回復として謝罪広告を命じることが、その意に反する謝罪を強制するものとして憲法 19 条に違反するか、問題となった。最高裁は、謝罪広告の内容が「単に事態の真相を告白し陳謝の意を表明するに止まる程度」であれば許されるとしたが、判旨においては、強制執行の方法の問題として、謝罪広告がその人格を無視するような内容のものであってはならない、とする点に力点が置かれ、意に反する謝罪の強制と憲法 19 条の思想の自由の問題を正面からは論じていないように思われる。

　これに対して、同判決における田中耕太郎裁判官の補足意見は、謝罪広告の強制は、その者の内面に立ち入ってこれを変更させることは期待されておらず、また、不可能であるとする。すなわち、謝罪には道徳性（道義的な反省）を伴うことが求められるが、「行為が内心の状態を離れて外部的に法の命ずるところに適合することを以て一応満足する」。すなわち、謝罪広告は、内面を変更することまでは求めておらず、また、真の内面を映し出させることもできないが

ために、逆に、憲法19条には違反していない、とした。この見解は、名誉毀損の原状回復としての謝罪のもつ意義を確認した上で、その広告された謝罪は真意である必要はないとする点において、謝罪広告のもつ実務的なはたらきと思想の自由への配慮を巧みに説明していると思われる。

　もっとも、本人は、謝罪が真意ではないとの認識があっても、「陳謝」の文字が表示されている以上、心からの謝罪として相手方及び世間一般には受け取られうる。このこと自体が、思想の自由を侵害すると考えるのが入江俊郎裁判官の「意見」である。すなわち、「陳謝」と広告に掲載されれば、本人の「真意とせられてしまう効果」が発生し、内面を誤解されないことまでも保障する思想の自由を侵害する、とされている。

　さらには、「謝罪」とは、そもそも「良心による倫理的判断」であるにもかかわらず（入江裁判官）、「心にもない陳謝の念の発露を判決を以て命ずる」ことには疑問があるとし、思想の自由に反するとの見解も示されている（藤田八郎裁判官の反対意見）。

　このように、意に反する「謝罪」を強制することと、思想の絶対的自由を保障する憲法19条とをいかに調和するかについて困難な問題がある。内面の、道徳・倫理に支えられた真の謝罪と、これらを伴わない外部的な行為としての謝罪とを区別し、その強制は後者にのみ及んでいることをもって憲法19条に違反しないとすることは可能であるが、はたしてこのように割り切って問題を処理してよいのか、疑問が残ることは入江・藤田裁判官の個別意見からも明らかであろう。

　以上、意に反する謝罪の強制には内面の絶対的保障という見地から、困難な問題が提起されていることが分かる。同様の問題は、アメリカ合衆国においても提起されている。合衆国憲法には思想の自由そのものを保障する規定はないが、言論の自由を保障する修正第1条（修正1条）が、その前提となる思想の自由をカバーしているとされている（Wooley v. Maynard, 430 U.S. 705 (1977)）。そこで、謝罪の強制は、意に反する表現の強制との側面を有し、こうした強制言論は特に修正1条の自由を侵害しうるとの議論がある。しかしながら、その一方で、意に反するならば常に謝罪を拒否できるとするのは、謝罪の持つ意義を理解せず、これを不当に軽視しているともいえよう。

確かに、意に反する表現の強制は、内面の絶対的保障という観点からすれば、大いに問題であるが、謝罪を求められるに至った状況、とりわけ自らのなした、先行する行為が何であったのかは重要である。行為に対する後始末を求めることは、内面への干渉とは異なる側面があるはずである。そこで、本章においては、謝罪と修正1条の問題を考えるために、主として生徒らに謝罪を命じた懲戒処分を中心に検討していく。最初に高校生に卒業の要件として謝罪メールを命じたことが問題になったコーダー事件（2009年）（Corder v. Lewis Palmer Sch. Dist. No. 38, 566 F.3d 1219（2009））から紹介していこう。

第1節　高校の卒業認定の条件としての謝罪強制

Corder v. Lewis Palmer Sch. Dist. No. 38, 566 F.3d 1219（2009）
　事実の概要
　上訴人は、A高校の生徒であり、卒業式のクラス代表15名の内の1人に選ばれ、恒例により卒業式において30分ほどのスピーチを行うことになった。その内容については、校長による事前のチェックが必要であったが、特に訂正等がなされることはなかった。また、校則においては、その言論が名誉毀損、冒瀆、敵対その他教育課程の秩序正しい運営を妨げる場合には禁止されていたが、宗教的な言論については禁止されておらず、事前のチェックや承認についての規定もなかった。上訴人は、スピーチの内容について事前のチェックを受けたが、実際の卒業式においては、そこには含まれていなかった、宗教的な文言、すなわち、「私たちが今あるのはイエス・キリストのおかげであり、彼はこれからもずっと私たちと共にある」、を含んだスピーチを行った。

　卒業式後、校長は、卒業式のスピーチに関して上訴人が公に謝罪しなければ、卒業を認めないとしたので、上訴人は、おおよそ次のような内容のメールを作成し、送信した。すなわち、卒業式での自分のスピーチにより不快な思いをさせてしまった生徒がいることを認識し、そのことは自分の意図するところではない。スピーチの内容について事前に、校長等と共有しなかったことは謝罪する。スピーチは自分の個人的な信条beliefsであり、他の代表や教職員の信条を反映するものではなく、事前にチェックを受ければ、許可されないものであ

ることを認識していた、とした。これにより、上訴人は卒業証書を受理された
が、訴えを提起し、このメールは強制されたものであり、修正1条の自由が侵
害されたと主張した（信教の自由侵害も合わせて主張しているがこの点については割愛
する）。

　判　旨
　学校が後援する表現とその規制
　「合衆国最高裁が明らかにしているのは、生徒らは学校の門をくぐると同時
に言論又は表現に関する憲法上の権利を捨て去るわけではない［が］…同時に、
公立学校における生徒の憲法上の権利には、自動的に他の状況における成人の
権利と同等の保障が及んでいるとはいえない…生徒らの権利は、学校という環
境の特殊性に照らして適用されなければならない」。Id. at 1226-27.
　「生徒の表現は、学校の教職員が、その表現により学校の機能及び秩序が実
質的及び相当程度に破壊されていると合理的に判断していない限りは、規制さ
れてはならない…［しかしながら］教育者は、学校が後援している表現活動に関
しては、表現のスタイルや内容について編集上の管理を行っても、その行為が
正当な教育上の配慮に基づくものである限りにおいて、修正1条に違反しな
い」。Id. at 1227.
　「高校の卒業式は…高校に密接に関係しており、そこでのスピーチを高校は
何らかの形で後援しているように見える。学校区が卒業に先立って代表者のス
ピーチにコントロールを及ぼし、これを行う者を指名し…ている場合には、そ
れが教育上の配慮に合理的に関連するならば…学校区は、スピーチに編集上の
管理を行うことができる…卒業式に先立って代表のスピーチをチェックするこ
とは教育 learning に関連している…卒業式は、秩序、品格、権威に対する敬
意についての教育を行うひとつの機会である…学校区は、学校において論争あ
る問題について中立を保つために、スピーチの内容をチェックする権限が認め
られる」。Id. at 1229-30.
　強制言論
　「合衆国最高裁が長らく認識してきたことは、修正1条の目的からすれば、言
論の強制は、言論の事前規制 censor とは異ならないということである…［し

かしながら、上訴人の］スピーチが私的ではなく、学校が後援している場合には規制が許される。同様に、学校が後援している言論の中で、学校区による方針が無視されているならば、その内容について指導することは許される。ただし、この強制が、正当な教育目的に関連していることが必要である」。*Id.* at 1231.

「卒業式の代表者スピーチは、学校が後援している言論に含まれる。この事は［上訴人に対して］強制された謝罪についてもあてはまる…正当な教育上の配慮は学科的なものに限定されず、規律、礼儀、権威への敬意も含まれる…事前のチェックを受けるために先に提出した内容とは異なるスピーチが行われたことに対して、学校区がとった懲戒処分は、卒業証書を受けるためには謝罪しなければならないとすることであった。この処分は、事前チェックという制度に違反したことを理由とするもので、全く合理的である」。*Id.* at 1231-32.

この事件においては、高校の卒業式における生徒のスピーチに関し、事前にチェックを受けたものとは異なる内容のスピーチがなされ、そのことに対して謝罪のメールを強制されたことを不服として訴えが提起されたものである。高校は、スピーチの中の特定宗教に関わる部分を高校が容認していると受け取られ、政教分離違反を疑われることを懸念していたようである[1]。そのために、謝罪文の内容は、特定宗教にかかわる部分については事前チェックを受けていないこと、及び、事前チェックを受けていればこの部分については許可されなかったことについての説明が中心であり、次いで、スピーチによって異なる宗教を信仰する他の生徒に不快な思いをさせたことについての謝罪が加えられている。いずれにせよ、A は、卒業認定の条件として、意に反する謝罪を強制されたことによって、修正 1 条の自由が侵害されたとの主張を展開した。

この主張に対して控訴裁は主として 2 つの観点から検討を加えている[2]。ひとつは、そもそも、高校において、生徒に修正 1 条の言論の自由は及ぶのか、及ぶとしてその範囲や限界はいかなる理由から、どこまでであるのか、もうひとつは、本件のような謝罪の強制は修正 1 条の保障において、いかなる特徴を有し、いかなる位置づけを与えられるのか、ということである。以下、この 2 点について、合衆国最高裁の判例法理に基づいて検討していく。

そこで、まず、生徒の表現の自由に関する最高裁の判例法理の概要について

紹介しておこう[3]。

第2節　生徒の表現への修正1条の保障

1.　最高裁の判例法理の概要

　学校という特殊な環境における生徒の言論の自由について検討したリーディング・ケースは、ティンカー事件（1969年）（Tinker v. Des Moines Independent Sch. Dist. 393 U.S. 503（1969））とされている。高校生と中学生が、ベトナム戦争参戦への反対及びその休止をアピールするため、黒腕章を着用したまま登校したことを理由に停学処分を受け、これを不服としてその差止めと損害賠償を求めて訴えを提起した、という事件である。

　最高裁は、生徒にも修正1条の保障は及ぶことについて、コーダー事件（2009年）においても引用されている文言により、これを肯定した。すなわち「生徒や教師は、校門のところで憲法上の言論又は表現の自由を捨て去っているとの議論がされたことはほとんどない」（*id.* at 506）。教育の場こそ「思想の自由市場」「思想の活発な交換」が必要であるとの前提に基づく判断である。

　しかしながらこの判決では、言論の自由が生徒に及ぶとしている一方で、修正1条は「学校という特殊な性質を有する環境に照らして」適用される（*see id.* at 506）、としていることにも注意が必要である。もっとも、「特殊な環境」においては、いかなる理由から、どのような範囲で生徒の表現が保障されるかについては、それほど明確になっておらず、最高裁内部においても見解が対立している。多数意見は、本件の「黒腕章着用」は「沈黙による、消極的な意見表明」であり、「学校運営上必要とされる適切な規律を、実質的かつ相当程度に侵害」しているとはいえないとして、修正1条の保護が及ぶとした（*see id.* at 508）。

　これに対して、ブラック裁判官の反対意見は、教室は生徒の意見表明のための演壇ではなく、学びの場であることを強調し（*see id.* at 517）、規律への実質的かつ相当程度の侵害に至らない、授業への集中を何となく妨げる行為についても規制することは許されるとし（*see id.* at 518）、本件の黒腕章はこれにあたるとして修正1条の保障は及ばないとした[4]。

このように、最高裁の内部では見解が対立していたが、表現が「規律に対する実質かつ相当程度の侵害」をもたらした場合にはじめてこれを規制することが許される、とする考え方が多数意見を形成し、これがその後の判例法において発展するかにみえた。しかし、むしろ「特殊な環境」を重視し、生徒の表現には一般社会とは異なる制約が及びうることを積極的に認めていこうとする方向に、最高裁は向かうことになった。その例として、フレイザー事件（1986年）(Bethel Sch. Dist. No. 403 v. Fraser, 478 U.S. 675 (1986)) が挙げられる。

　この事件においては、高校の教育の一環として自治会の立会演説会が開催され、その応援演説の内容が、性的なたとえを用いたものだったことを理由に、3日間の停学と卒業スピーチの候補者から外すとの処分がなされたところ、処分を受けた生徒により、その差止め及び損害賠償の請求がなされた。最高裁は、「学校の特殊性」により、生徒の言論に対しては一般社会とは異なる制約が可能であるとし、例えば、表現方法が不快 offensive form というだけでは、一般社会においては規制されないが、正しい言葉づかいを教える学校の役割により、生徒に対してはこれを規制することができる、とした (see id. at 683)。

　このように、生徒の表現に対しては、一般社会における成人とは異なる制約が可能であるとの考え方は、次のクールマイヤー事件（1988年）(Hazelwood Sch. Dist. v. Kuhlmeier, 484 U.S. 260 (1988)) においても引き継がれていく。この事件では、学校新聞において、生徒の妊娠及び両親の離婚を扱った記事が、校正段階で校長によって削除され、これが検閲にあたるとして、修正1条の侵害を理由に、高校生のスタッフが、その差止めと損害賠償を求めて訴えを提起した。

　最高裁は、生徒の表現を、学校が積極的に後援している表現と、そうでない表現との2つに分け、ティンカー事件（1969年）で示された「実質的かつ相当程度の侵害」に基づく表現規制は、後者の表現についてのみ適用される基準であるとした。そして、本件の学校新聞は、カリキュラムの一部として教員による指導がなされ、生徒に知識や技能を身につけさせることを目的にしており、学校が積極的に後援している表現にあたるとする。そしてこの場合には、その表現が、学校運営を相当程度に侵害していなくとも「文法間違い、下手な、調査不十分な、偏見に基づいた、粗野で、下品で、未熟な受け手にとって不適切な」

言論を規制することは可能であり（*id.* at 271）、「教育者は、生徒の表現の内容について編集上のコントロールを及ぼしても、そのことが教育上の配慮に合理的に関連している限りは修正 1 条を侵害することはない」とした（*id.* at 272-73）[5]。

　このように、生徒の表現を二分して、学校が後援している言論については、その規制が教育上の配慮に合理的に関連している限り、修正 1 条に違反しないとする最高裁の考え方は、下級審においても支持されている。高校の立会演説会における演説が問題になった事件があるので紹介しよう[6]。

2.　立会演説会における生徒の表現の自由

Poling v. Murphy, 872 F.2d 757（1989）

　事実の概要

　テネシー州のある公立高校では、生徒会役員選挙が毎年の春に行われていたが、選挙の少し前に立会演説会が行われ、全校生徒は出席が義務づけられていた。演説に先立って、その内容を担当の教員にチェックしてもらうことが慣習となっており、上訴人の予定稿も提出されていたが、担当教員はその中のジョーク sick-baby joke が気になった。「お前らみたいなのろま」「ひどくだまされやすいやつら」などである。しかし、この点については特に指摘せずに、文法とその他、意味が通じやすいように表現方法を一部手直しするように指導した。

　しかしながら当日の演説では、予定稿にはなかった、副校長で、懲戒に関する責任者である教員の吃音について名指しで取上げ、生徒からの喝さいを受けた。校長はこの演説で学内が混乱し、その秩序が乱されたとし、上訴人を選挙における候補者からはずし、彼への投票は無効としたところ、上訴人は損害賠償を求めて訴えを提起した。

　判　旨

　「選挙と選挙演説会は、ヘーゼルウッド事件（クールマイヤー事件（1988 年）―筆者注）にいう、学校が後援している活動である…学校の職員が、学校の時間内に、その施設における開催の段取りを行い、すべての生徒に出席を強制して

いる…スピーチの内容は事前に審査し、文法の誤りを訂正し、不適切な内容を削除し、手直ししている…唯一の問題は、こうした職員の行為が正当な教育上の配慮に合理的に関連しているかどうかであるが、その有無は…法律上の問題である。正当な教育上の配慮の範囲が学科に限定されることは決してない…［上訴人］の言論は、学校の後援をうけており、その保護の下に伝達されていた…後援を受けていない生徒の言論への懲戒の可否を判断する修正1条の基準は、後援を受けている言論…が問題になっている場合には適用されない、ということを合衆国最高裁は明らかにしている」。*Id.* at 762-64.

　この事件では、立会演説会は、学校が後援している表現といえるか、教員を侮辱する表現等を訂正することが教育上の配慮に合理的に関連しているか、問題となったが、いずれの点についても肯定的に判断された。こうした考え方は、大学生に対する、言論の強制の場面においても適用されている。

3. 大学の俳優演劇コースにおける学生の表現の自由

Axson-Flynn v. Jonson, 356 F.3d 1277（10th Cir. 2004）

事実の概要

　上訴人は、大学の俳優養成コース（Actor Training Program）に入学したが、モルモン教徒であったために、fuck 等の下品な単語や神の名を無意味に授業の中で発することを拒否した。しかしながら、教員らは、これらの言葉を使わないならば俳優としての成長は止まってしまうので、これを克服するようにと、第1セメスターから指導を行ってきた。しかし、上訴人はこれに従わず、第2セメスターの終わりまでに退学し、その上で、台本に従って演ずる際に、一定の下品な言葉を使わせようとしたことは、言論の強制にあたるとして 42 U.S.C. §1983 に基づいて訴えを提起した[7]。

　判　旨

　「本件においては、教育方法のひとつとして…［下品な］言葉を含んでいる特定の演劇が、学校によって具体的に選択され、正式なカリキュラムの一部として取り込まれている」。*Id.* at 1286.

「教員が授業の中で学生の言論を制限し、評価する場合、それが、その人種や性別…を理由とする懲戒のための口実ではなく、教育の名においてなされている限り、連邦裁判所はこれに干渉すべきではない…教師は、日常において、関連性があるのはどの議論か、どの計算が正しいのか、その推論は正しいのか間違っているのかについて…判断しなければならない…この目的のために、教員は言論の内容について指示をしなければならない…ヘーゼルウッド事件（クールマイヤー事件（1988年）―筆者注）の判断枠組みは、カリキュラムの一部として大学の授業の中で用いられた言論についても適用される」。*Id.* at 1287-89.

「本件において、被上訴人が［上訴人］に対して発言を強制しようとしたことは確かである…［しかしながら］その言葉は、定められた学校のカリキュラムの一部として授業の中で用いられうるもので、明らかに、学校からの承認があり…そういう意味で、学校が後援している言論である」。*Id.* at 1290.

「学生に対して、下品な台本を読ませようとすることによって、演技指導を行う学校の教育上の利益として、少なくとも次の3つが得られると主張されている。① 自分の価値観及び性格という殻の外に踏み出し、全く異なるキャラクターを受けとめさせるために、下品な対話を強制する。② 作家の作品の全体を見失わないようにする。③ 下品な役どころもそれらしく見えるように演じることができる、真の演技力が備わっているかを測定する…このような学校の方法は、その目的とするところにとって不可避とはいえず、最も効果的な教育方法ですらないかもしれない。しかしながら、依然として、教育的な配慮に合理的に関連しているということはできる」。*Id.* at 1291-92.

　この事件で、裁判所は、大学生の表現規制に関しても、クールマイヤー事件（1988年）で示された「表現二分基準」を用いた。すなわち、カリキュラムの一環として演劇において一定の台詞を述べることは、学校が後援している表現であり、本人の意に沿わない下品な言葉を述べさせることも、教育的配慮に合理的に関連していることを理由に認められるとした[8]。
　このように、「表現二分基準」が大学においても適用されているが、注目されるべきは、この基準が、学生による積極的な表現に対する規制ではなく、特

定表現を強制することの是非を判断する場合にも適用されているということである。クールマイヤー事件（1988 年）では、応援演説という、生徒の積極的な表現への事前規制が、本件では、一定の表現を強制することにより、沈黙ないし消極的表現行為に対する規制が、それぞれ問題になっていた。ともに、表現への規制ではあるが、本件の意に反する表現の強制と、表現に対する事前・事後の制限とは異なる問題であることを前提に、合衆国最高裁は、前者を修正 1 条への強度の侵害であると位置づけている[9]。そこで次節においては、この強制言論に関する判例法理の展開を確認しておこう。

第 3 節　強制言論と修正 1 条

　個人は、その内面において様々な思想や信仰を有している。そこで、国家権力がそれら内面に反する内容の言論を強制することは、個人の人格を著しく傷つけることになる。合衆国憲法においては、思想の自由を保障する明文規定は存在しないが、修正 1 条の保障する言論の自由はその内面の表出行為であり、内面と言論は不可分一体であるとし、表現の保障は思考 thought の自由や沈黙の自由を含み、その意に反する言論を強制されない自由も保障されていると考えられている（See Wooley v. Maynard, 430 U.S. 705, 714-15 (1977)）。そこでこうした自由の確立とその範囲について、判例法理の展開をフォローしよう。まずは、良心的戦争拒否と大学における科目の履修について問題になったハミルトン事件（1934 年）（Hamilton v. Regents of University of California, 293 U.S. 245 (1934)）から紹介しよう。

1.　大学への自由意思に基づく入学と特定科目の履修拒否
Hamilton v. Regents of University of California, 293 U.S. 245（1934）
　事実の概要
　上告人らは、大学生であるが、入学時において、大学の示すカリキュラム等に同意したが、軍事科学と戦術のコースの履修については同意しなかった。このコースの目的は、軍役につくにあたっての適性を確保することであり、ライフルの使い方の指導もなされていた。上告人らは、ある宗教団体のメンバーで

あるが、他の宗教団体には良心的戦争拒否が認められているので、本団体のメンバーにもこれが認められるべきであるとして、上述のコースの履修は免除されるべきと主張した。

判　旨
「連邦にせよ、州にせよ、政府はそれぞれの領域においてその人民に対して平和と秩序を維持し、法の適正な執行を行うために必要とされる権力を維持する義務がある。全ての市民もまた、その能力に応じて、すべての敵に対して政府を援助し、防御する互恵的な義務を負担する」。*Id.* at 262-63.
「良心的兵役拒否者が、銃をとる義務から免除されているのは、明示、黙示の憲法上の規定を遵守しているからではない。単に、議会の政策によって認められているだけである…憲法に由来するのではなく、議会の立法によるのである」。*Id.* at 264.

　この事件では、大学の指定する科目の履修を、内面（信仰）の自由を理由として免除されるかが問われている。そこで、修正1条が関わるものの、thought よりも religion が、また、特定の言論に対するというよりも、科目の履修に関する強制が問題になっており、言論の強制が直接に問われているわけではない（履修することが、科目内容を支持する意思の表示との見方も可能であるが）。更に、外敵の脅威が迫っている時代における軍役の問題であるとの特殊性も考慮されなければならない。しかしながら、いかなる理由にせよ、その意に反する行為を強制されない自由についての問題提起がなされたという点で、この事件は価値があると考えられる。
　判旨においては、人民の平和と秩序を保障する政府の権限が強調され、政府による外敵防御活動に人民は援助協力する義務があるとしている。そうした枠組みで、本件の履修拒否についてより詳しく説明しているのが、カードーゾ裁判官である。すなわち、大学は州の施設であり、これを利用することを選択した以上は、その履修コースに従うことは学生の義務であり、また、軍事教育は宗教教育ではないので、政教分離の問題も生じない、としている[10]。
　また、良心的兵役免除に関して、宗教間で不公平な扱いがなされているとの

主張に対して法廷意見は、あくまで立法政策の問題であり、憲法上の要請によるものではないとしている。そして、カードーゾ裁判官はこの点についても説明を行っており、免除を受けている宗教は、代理人を立て、又はこれを雇うための費用を負担する等しており、特定の宗教を理由に免除を認めているわけではない、とした[(11)]。

このように、ハミルトン事件（1934年）では、科目の履修の強制が問題になっていたが、具体的な表現行為の強制について本格的に議論しているのは、次のゴビティス事件（1940年）（Bd. of Educ. of Minersville Sch. Dist. v. Gobitis, 310 U.S. 586（1940））である。ここでは、校内において、児童に国旗への敬礼を強制したことが問題になっている。

2. 児童に対する国旗への敬礼の強制

Bd. of Educ. of Minersville Sch. Dist. v. Gobitis, 310 U.S. 586（1940）

事実の概要

被上告人は、12歳であるが、学校での日課である国旗への敬礼を拒否したことを理由として、退学処分を受けた。この敬礼は、右手を胸におき、誓いの言葉を唱和するものであった。被上告人の家族はエホバの証人の信者であるが、彼等にとっては、聖書にある神の言葉が至上のものであり、国旗への敬意を示す行為は、聖書により禁止されていた。

しかし、通学が義務づけられ、私立の学校に通おうとしたが経済的な理由からこれを果たせず、訴えを提起し、国旗への敬礼を強制し続けることを禁止しようとした。真に宗教的な理由から拒否している者に行事への参加を強要することは、修正1条によって保障されている自由をデュープロセスなくして侵害するか、問われたのである。

判　旨

「良心に従って行動する自由が、社会生活において無制限に認められることを肯定するならば…宗教上の寛容さを保護するための前提となっている、多くの原理を否定することになる…憲法が保障する宗教上の自由は、特定の宗派の信仰に忠実な行為に向けられたものではない、一般的な範囲の立法を決して排

除していない…良心が咎めるからといって、宗教上の思想を促進し又は制限する方向にはない、一般的な法律の遵守から個人が解放されることはないのである。政治社会に関連する事項と矛盾する宗教上の確信を有しているだけでは、市民が政治的な責任を果たさなくともよいことにはならない」。*Id.* at 594-95.

「強制力を用いて、子どもに愛国心を育むように教育することが賢明であるかは…裁判所による判断に適していない…裁判所は教育政策を論ずる場ではない」。*Id.* at 598.

ストーン裁判官の反対意見

「本件の法によって、州は児童等に対して…彼らが抱いてもいない気持ちを、強制により表明させようとしており、これによって極めて篤い信仰心が侵害されている。このような強制は個人の自由…への侵害として禁止されている」。*Id.* at 601.

「個人の自由への憲法上の保障は、必ずしも絶対ではない…政府に与えられた権限は、権利章典による明文の禁止規定によっても、必ずしも無効とされない。政府は、戦争を開始し、敵をつくることがある。政府は市民に対して兵役を課し…その信仰上の反対があっても軍事訓練を受けさせる。政府は、宗教上の実践行為のうち、道徳に反し、また公共の安全、健康、秩序にとって害を成すものを抑制することを許される…しかしながら、このことは、政府が、若者への教育及び懲戒により、彼らの宗教上の良心に反する事項を公に肯定させることを強制できるとすることとは、全く異なる考え方である」。*Id.* at 602.

「児童に対して、自分が信じてもいないことを肯定するように…強制すること以外にも、国家の結束の土台となる忠誠心や愛国心を教育する別の手段は存在する」。*Id.* at 603-04.

まず、多数意見の判示するところは、おおよそ次のようにまとめることができると思われる。良心に従って行動する自由にも制限がある。そうした自由も、これを支える、土台となる秩序が存在してはじめて享受することが可能だからである。その結果、特定の宗教等を排除することを目的とはしていない、一般的な法律（これが市民に対してその信仰と相容れない政治的義務を課しているとしても）を遵守することは、人民の義務となるとしている。

この考え方は、憲法が保障する自由も全く無制限ではあり得ず、一般的な法律によってその行為を強制されうるとしており、一般論としてはその通りであろう。しかしながら、意に反する行為の強制が、個人の尊厳の核心部分である内面に影響を及ぼすことについては、必ずしも十分な配慮がなされていないように思われる。

　この点に関し、ストーン裁判官は、自分が抱いていない思想を表明させることの重大性を指摘する。ストーン裁判官も、自由は絶対的ではなく、道徳等に反する宗教行為を禁止し、市民をその意思に反して兵役に就かせる等することは可能であるとする。しかし、こうした行為の強制と区別されるべきは、自らの良心に反すること、及び信じてもいないことを公の場で肯定させることであるとしている[12]。

　この場合には、目的を達成するための別の手段があるならば、こうした強制は許されないとした（もっとも、敬礼し、誓いの言葉を述べさせることが、思想の強制とまでは必ずしもいえないことは後に指摘するとおりである）。以降の、最高裁の考え方は、このストーン反対意見において示された方向に進んでいくことになる。まずは、3年後のバーネット事件（1943年）（West Virginia State Bd. of Educ. v. Barnette, 319 U.S. 624（1943））を紹介しよう。

3. 内面と密接なつながりのある行為の強制

West Virginia State Bd. of Educ. v. Barnette, 319 U.S. 624（1943）

事実の概要

　ウエスト・バージニア州法は、全ての学校に対して、歴史や公民の授業において合衆国の理想、原理、精神を教育、育成、永続化する教育を実践するよう、義務づけた。上告人・教育委員会は、公立学校においては教員・生徒全員によって、国旗への敬礼を日常において行い、国家への敬意を示すための敬礼を行うものとしたが、その際には「アメリカ合衆国の国旗及びそれが掲げられている共和国、そしてすべての人々に自由と正義を保障する、分かたれることなきひとつの国家に忠誠を誓う」という言葉が続けられた。

　これに従わない場合には、退学処分とされ、これを遵守しなければ再入学も認められないことになっていた。処分を受けた生徒らは非行として手続が進め

られ、保護者はこの事態に責任があるとされ、50ドル以下の罰金及び30日以内の自由刑が科せられた。

　そこで、合衆国及びウエスト・バージニア州の市民が訴えを提起して、これを定める法令の執行の差止めを求めて訴えを提起した。すなわち、法令が執行されれば、エホバの証人の信者である生徒らは退学させられ、虞犯少年として少年院に送られるとの脅威に曝され、信教の自由、表現の自由その他の憲法上の自由が侵害されていると主張した。

　　判　　旨

　「このセレモニーに参加しなかった者たちは、他者がこれに参加する権利を妨げたり、否定したりはしていない…ゴビティス事件（1940年）での反対意見で現首席裁判官は、愛国心及び祖国への愛を鼓舞する…教育の義務づけは可能であるとした。しかしながら、本件においては、一定の思想を開示することを生徒らに強制していることが問題になっている」。*Id.* at 630-31.

　「最高裁の先例は…任意で入学してきた生徒にその施設を利用させる場合、履修コースのひとつとして軍事トレーニングを取り入れても憲法には違反しないとした。そこで判示されたことは、こうした機会を享受している者は、良心 conscience を理由として、この条件に従うことを拒否することはできないということである…本件においては、参加者には選択の余地はない」。*Id.* at 631-32.

　「国旗への敬礼は表現の一形態である…何らかのシステム、思想…をあらわすために旗やエンブレムを用いることは、心と心とを密接に結びつける…本件において州は、現政府への支持のシンボルとして国旗を用いている。個人は…この手段によって語りかけてくる政府の政治的主張を受け入れていることを、言葉と行動によって表すことが求められている。この種のコミュニケーションの強制に異議を唱えることは昔から行われ、権利章典の制定者たちにとってもよく知られていた」。*Id.* at 632-33.

　「国旗への敬礼を求めることによって…生徒ら自らが有する確信を放棄させようとしていたかどうか…は明らかではないが、現在、常識となっているのは、意見の表明に関して検閲又は抑制が憲法上許容されるのは、その表現が、明白かつ現在の危険をもたらす場合のみであり…不本意にもかかわらずその表現の

肯定を命ずることが許されるのは、沈黙を強いる場合よりも更に、その危険が切迫、緊急性の高い場合である。しかしながら、本件においては、国旗への敬礼の間に沈黙を保つことが明白かつ現在の危険をもたらすとの説明がなされないままに、敬礼への強制がなされているのである」。*Id.* at 633-34.

　「憲法という星座において、変動することのない星があるとすれば、それは、政治、ナショナリズム、宗教、その他についての見解に関して、何が正当であるかを、その地位の上下を問わずいかなる公務員も決定することができず、又は、市民に対してその言葉や行動によりこれらについての自らの信条を告白することを強制できないということである」。*Id.* at 642.

　この事件で最高裁は、敬礼という「行為」とその中に含まれている「思想」（現政府の支持）とは密接不可分であり、「行為」は「思想」の受入れの表明であり、「行為」の強制は「思想」の受入れの強制であるとしている[13]。こうした「思想」の受入れをもたらす「行為」の強制が許されるのは、表現への規制が許される、明白かつ現在の危険が存在する場合よりも更に、危険が切迫している場合であるとしている。このように、「思想」と結びつく「敬礼・忠誠の言葉」等を強制することに強く反対する理由は、この強制が、現政府の支持する政治思想の受入れの強制となり、憲法は、これを最も懸念しているからである。この点について、現在に至るまで有名になる言葉、憲法という星座の中で動かない星があるとすれば、何が正論であるかを政府が決定できないことである、で言い表しているのである。

　先例との関係では、強制に関する「行為」と「思想」の区別を強調する。ハミルトン事件（1934年）においては、市民を外敵から保護する政府の権限に対応して、市民に兵役を義務づけることが許され、また、任意に大学の施設を利用することを選択した以上は、特定の履修コースや科目を拒否することはできないとした。しかし、行為の実践が、思想の支持につながる場合、とりわけ思想を具体的にシンボライズする表現行為にあっては、その強制は、単なる行為への強制とは異なり、現在かつ明白な、切迫した危険を回避する場合でなければ認められず、本件における公立学校での児童らによる敬礼はこうした場合にはあてはまらないとした。

もっとも、同じく児童らの敬礼が問題となっていたゴビティス事件（1940年）と本件の関係はいまひとつはっきりしないように思われる。この事件では、自らの内面（信仰・良心）に従って行動する完全な自由は認められず、信仰等への制約を目的としていない、一般的な法律によれば、付随的に内面に影響を及ぼしても、行為の強制は許されるとしていた。ゴビティス事件（1940年）は主として宗教行為への制約という観点から、本判決は思想の強制的受入れという観点から、分析がなされているが、規制の内容が、不作為を求めることではなく、作為を強制していること、作為の強制は不作為の強制よりも一層、行為と表裏の関係にある思想への影響が強いことが認識されている[(14)]。

　このように、作為の強制がもたらす思想への影響を重視しているのが、次に紹介するウーリー事件（1977年）（Wooley v. Maynard, 430 U.S. 705 (1977)）である[(15)]。

4.　表示の強制と LRA 審査基準

Wooley v. Maynard, 430 U.S. 705（1977）

事実の概要

　ニューハンプシャー州法では、非商業車にはライセンス・プレートを掲げることを義務づけていたが、これには「自由に生きよ、さもなくば死を」との州の「標語」が表示されていた。更に、ナンバー・プレートの「図案」や「文字」を意図的に不明確にすることは軽罪とされており、「文字」には「標語」も含まれるとされていた。

　被上告人は、エホバの証人の信者らであるが、「標語」は彼らの道徳、宗教等に反しているとし、彼らの自動車に「標語」を掲示し、そのメッセージを伝えることを拒否し続けたために刑罰が繰返し科せられていた。そこで、被上告人らは、42 U.S.C. § 1983 に基づき合衆国ディストリクトコートに訴えを提起し、宣言判決及び差止命令による救済を求めた。

　ディストリクトコートは、「標語」の入ったプレートの掲示を命じる州の利益は、被上告人の憲法上保護された表現への制約を正当化するには十分ではないとした。最高裁はこれを支持した。

判　旨

「思考 thought は、修正1条によって政府行為からの自由が保障され、これには、発言すること、及び全く発言しないことの権利も含まれる…［これらの権利は、］より広範な概念である『個人の内面の自由』の補充的な要素である…本件において問題となっている法律は…自分では受け入れていないイデオロギー上の考え方を公衆が支持すべく、その宣伝のための道具となることを個人に強制している。このことにより、州は、合衆国憲法修正1条が保護の対象としている…知的及び精神の領域を侵害しているのである」*Id.* at 714-15.

「我々が判断しなければならないのは、州が主張している利益が、被上告人のライセンス・プレートに州の標語の掲示を義務づけることを正当化するに十分な、やむにやまれないものであるか、ということである。州が標語の掲示を求めることによって得ようとしている利益には2つあり、ひとつは、どの車が旅客車両であるかを明確にすること、もうひとつは歴史、個人主義、州の誇りについての意識を高めることである…しかしながら、ニューハンプシャー州の非商業車を示すライセンス・プレートは、文字と数字が特殊な形状からなっており、州の標語を掲げなくとも他の種類のプレートと区別することは容易である…同じ基本的な目的を達成するために、より制限的でない他の手段が存在するという観点から、立法府の広範な侵害の是非を考察しなければならない」。*Id.* at 716-17.

レンキスト裁判官の反対意見（ブラックマン裁判官加わる）

「多数意見は、本件標語の掲示を義務づけることは、思想の肯定を要求することになり、違憲であるとした…［しかし］州は、被上告人に対して何かを発言することを強制してはいなかったし、立候補者を応援するための上着のボタンの着用や…旗を振る等、言論に合理的に結びつく非言語のアクションによるコミュニケーションを強制していない。州が求めていたのは、単に非営利の自動車ライセンスすべてに、州の標語である『自由に生きよ、さもなくば死を』を掲示するということである。被上告人はこの標語を肯定し、又は拒否することを強制されていない。彼らが州によって義務づけられているのは、ポリスパワーの下で、州の自動車免許のタグをその特定と登録の目的から掲げておく、ということのみである」。*Id.* at 719-20.

最高裁は、思考 thought の自由を重視し、その意思に従い積極的に発言し、また消極的に沈黙することは、内面の自由の補充的要素であるとした(16)。その上で、自分が支持していない「標語」の強制的表示は、これを伝播するための宣伝媒体として利用されることになり(17)、内面への侵害は強度なものになるとする。そこで、強制的掲示が許されるためには、厳格な審査である LRA が用いられる、としている(18)。

　これに対して、レンキスト裁判官の反対意見は、「標語」の掲示と、それを支持するとの内面のつながりについて、疑問を呈している(19)。思想をシンボライズすると思われる行為にも、思想との密着度の強いものとそうでないものがある(20)。「標語」は自動車登録を目的とするタグにすぎず、思想内容の積極支持とは密接な関係にないとしている(21)。

5. 言論の強制と修正 1 条の関係についての小括

　以上、政府による、特定の言論の強制と修正 1 条の関係に関する判例の考え方と問題点を示してきた。これらをまとめると、まず、個人が自由を享受できるのは、国家秩序の維持が前提であり、そのために必要であるならば、意に反する行為であったとしても政府はこれを個人に強制することは可能である、とした。もっとも、その行為の強制が信仰等の憲法によって保障される内面に影響を及ぼす場合には問題がある。これについては、特定宗教等の規制を目的としない、一般的な法律により、付随的に信仰等に影響しているならば許されるという考え方と、信仰等への影響を重視してその適用を免除すべきという考え方が対立している。

　この点については、強制される「行為」がいかなるものであるかも重要になってくる。「行為」の強制が特定の「思想」の支持に密接に結びつくものと、両者の結びつきはそれほどではないものとがある。最高裁は、「国旗への敬礼」や「忠誠の誓い」は密着性が強いと考え、その強制は人格の核心である精神への侵入となり、厳格な審査基準により憲法判断を行うとしている。では、自動車のナンバー・プレートへの「標語」の掲示はどうか。最高裁は、「目的」を達成するために、個人の思想への介入が少ない、別の手段が存在する、として

その掲示の強制を否定的に理解した。

　ところで、行為の強制によりもたらされる内面への侵害とは、いかなる性質を有するのであろうか。これについては、自らの思想を偽る思想の表示により[22]、良心が咎める、行為によってシンボライズされる「思想」等を支持させられる、これを支持しているかのように受け取られる、等が考えられる。

　しかしながら、そもそも行為の強制によっては、内面そのものを変更することは不可能であること、また、強制が、一般法等を媒介としてすべての者に及んでいることが周知されているならば、行為を実践してもその「思想」を支持しているとは必ずしも受け取られず、行為の強制のもたらす内面への影響はそれほど考慮しなくともよい、と考えることも可能であろう。しかし、内面の問題をこうした形で割り切ることには疑問も残る。更には、心にもなく、支持もしていないことを、強制的に表示させられることによる屈辱感や良心の咎めについては、検討がなされる必要がある。謝罪の強制はまさにこの点を問題にしていると考えられる。

第4節　謝罪の強制と修正1条

　謝罪の強制においては、上述の判例法理の紹介の中で問題とされた、意に反する行為・表現の強制という問題と、謝罪という行為・表現の持つ特殊性、すなわち先行する自らの行為を反省し、相手の許しを請う、という性質から、真に謝罪の意思をもたぬ者にこれを強制することにどこまで意味があるのか、という問題がある[23]。他方、先行行為により不利益を受けた者にとって、謝罪を受けることの意義は大きく、強制的な謝罪を求めることにより何らかの救済が得られるとも考えられる[24]。

　謝罪に消極的な考え方
　この謝罪の強制については、プロベイション（保護観察）の条件としての謝罪が問題になった事件であるが、消極的な考え方も示されている。例えば、Todd v. State, 911 S.W.2d 807 (1995) における、ラーセン裁判官の同意意見は、そもそも、刑事被告人に対して、自分の行為を心から後悔させることが

必要であって、その表明を裁判所が強制することは、賢明ではなく、また実行不可能でもある。更には、そうした謝罪の手紙等を受け取った家族は、かえって不必要な苦痛が与えられることになると批判している[(25)]。

　また、State v. K.H.-H., 353 P.3d 661（2015）における、ビョーゲン裁判官の一部反対意見では、謝罪をプロベイションの条件とすることは、自分は本当は後悔していない行動に対して謝罪を強制し、自分は本当は悪くないと思っている場合にも、悪事をはたらいたことを認めさせることになる。はたして、こうした強制によって、誠意ある、うわべを取り繕っただけではない責任感を育てていくことが可能であるのか、疑問であるとしている[(26)]。

　この2名の裁判官の見解は、謝罪は、その者の真意からなされるべきことが強く求められる表現であるとしている。強制力を用いての謝罪は、どこまで行っても形式的な表面的な言辞にすぎず、謝罪とはいえない。これを強制することは、誠意ある人間を育てることにも、被害者に対する精神的な救済のためにも、却ってマイナスに作用するとするのである。強制的な謝罪は、真に更生させることよりも、せいぜいのところ屈辱感を与えるだけである。心のこもっていない謝罪は、価値がなく、真の謝罪こそが犯罪者、被害者、社会一般を救済する。他方、真の謝罪を求めようとすれば、州にウソをつくこと、謝罪を販売すること、自分の考え・感情の変化を強いることになる。これらは、個人の自律を奥深く侵害し、修正1条に違反することになる[(27)]。

　この考え方の前提となっているのは、謝罪は個人的な道徳的行為であり、相手方に許しを請うことによって破壊された関係を修復しようとするためには、真に、心からの謝罪が必要であり、最も効果的である。誠意が感じられなければ、相手からは拒否されるのである[(28)]。

　これらの考え方は、謝罪という表現が、とりわけ真意でなされたことが強く求められるとの性質を理解した上で、その強制のむずかしさを指摘したものといえる。

　謝罪の強制に積極的な考え方

　その一方で、真意・誠意を欠く謝罪を強制することにも意味があるとする考え方がある。そもそも、すべての表現において、真意・誠実が問題とされているわけではない。これらが欠けていれば、その表現はすべて道徳的に欠陥があ

る、ということにはならない。表現には、ユーモア、みせかけ、皮肉、誇張等の余地がある。謝罪についても、誠意のないことはある意味織り込み済みであって、そのために、謝罪には意味があるとの指摘がなされている[29]。更には、相手方は、謝罪を行う者が、内面において何らかの不協和音を生じていることを認識できる。誠意はないが、嫌がる謝罪をさせていることを知るだけで、相手方は満足を得ることがありうる、としている[30]。また、State v. K.H.-H., 353 P.3d 661（2015）における多数意見においても、謝罪をプロベイションの条件とすること自体は肯定している。その理由は、強制の契機を含みつつも、謝罪をさせることは、本人の社会復帰に役立つ（目的と手段の合理的関連性）からである、としている。

　謝罪は、ニュートラルな状況においてなされるわけではない。先行行為に対する後始末として、本人にとっても、相手方にとっても有益な手段として認識されていることは重要である。当初、謝罪の意思をもたない者に対して、利益・不利益を示しながら説得し、教育・指導すること自体は否定されるべきではないと思われる。その結果、真意に基づく謝罪がどこまで実現されるかはともかくとして、そうした謝罪へのはたらきかけ自体を、言論の強制であるとして、直ちに修正１条違反と見ることはできないであろう。

ま　と　め

　本章においては、高校生による卒業スピーチが、高校の指導に従わずに行われたことを理由に、意に反する謝罪を実質的に強制され、そのことが修正１条によって保障されている自由を侵害するかどうかが問題になった事件をきっかけに、関連する合衆国最高裁の判例法理等を紹介してきた。そこで、まとめとしてこれらの考え方を踏まえて、改めてコーダー事件（2009年）を振り返ってみよう。ポイントになるのは、卒業スピーチが、高校という場において、その教育活動の一環として行われ、意に反する言論の強制について修正１条の保障はいかなる形で及んでいくのか、そして謝罪という表現の特殊性はいかなるもので、それが修正１条の議論の中でいかに反映されるか、ということである。

まず、謝罪の強制は、内面の自由に影響するということである。内面の自由は憲法の明文によっては保障されてはいないが、明文による言論の自由は、むしろ内面の自由というより広い概念のひとつの要素であることが確認された。次に、そもそも修正1条の自由は、校内の生徒にも及ぶのかという問題が提起された。これについても、生徒は校門をくぐった瞬間に、その自由を放棄しているわけではないとされたが、校外において成人が享受する自由とまったく同程度に生徒らに保障されているわけではない。とりわけ、「学校が後援する表現」という概念が提唱され、これへの制約については学校に教育上の広い裁量が認められ、その制約が、教育目的を達成するために合理的な関連性を有するかどうかという、緩やかな審査基準に基づき、裁判所による審査がなされることになった。

　謝罪の強制も、この判断枠組みの中で考察がなされ、謝罪の強制という表現規制も専ら教育目的達成のための合理的関連性の有無、という観点から判断しようとする下級審の傾向がみられる。しかしながら、謝罪の強制は、教育現場でなされる表現規制という点からは共通しているものの、最高裁判例の中で問題になっていた、文法間違いや下品な表現を事前・事後に訂正するのとは、かなり性質を異にすることに注意しなければならない。心にもないことを強制して表現させること、とりわけ謝罪という本来強制に馴染まない表現を強制することは、言論の自由の前提となっている内面の自由により強く影響するからである。

　そこで、強制言論に関する最高裁の判例法の展開を確認した。結論からいえば、言論の強制が修正1条に違反しないためには、裁判所によるLRAの審査―更により厳格に、危険の切迫性も加味される―をパスしなければならないとの考え方も示されている。問題になるのは、強制された表現に果たして内面が伴っているか、ということである。言論の強制によっては内面の強制は不可能である。

　しかし、つきつめれば内面の変更をもたらさないということを強調して、意に反する表現の強制を安易に認めてよいことにはならない。表現を行うことは、一般的には、その背後の思想等を支持しているとみられるからであり、また、年少者にとっては、繰返しの表現強制により、無意識のうちにその思想等の支

持をさせられることにもなろう。そこで、言論の強制の問題に対応するために
は、いかなる思想等がその表現の中に含意されているのか―例えば、時の政府
の特定の政策の支持―、更に、その表現方法が、内面と密接不可分であるのか
どうか―国旗への敬礼等―、も検討することが求められるのである。そして、
謝罪の強制においては、まさにこの点が問題になるのである。

　謝罪は内面の誠実な表れであり、又そうでなければならない。そこで、その
意思なき者にこれを強制することは、その時点ですでに謝罪とはいえない。意
に反する謝罪は、謝罪させられる者にとっても大いに屈辱であり、自らを偽る
との意識にとらわれることになろう。相手方にとっても、不誠実な謝罪は不愉
快極まりないことであろう。しかしながら、謝罪という形式が、一定の価値を
有することも事実である。

　学校においては、その教育活動の一環として、生徒らに対して自分の行動に
責任をもち、必要な謝罪を成すよう求めることは当然である。いつ、いかなる
場合に、どのような謝罪をさせるかについて、学校に広範な裁量が認められな
ければならない。しかしながら、問題は、その指導の仕方、とりわけ強制の仕
方であろう。卒業や退学といった、生徒らの身分を剝奪する不利益を背景に謝
罪を強制することは、その内面への過大な侵害行為として許されないものと考
える。

【注】
(1) コーダー事件（2009 年）において、上訴人に謝罪させようとしたのは、その
　　卒業スピーチが学校の考え方を反映していると一般人が受け取ることを懸念し
　　たからである。しかし、この問題には、修正 1 条に反することのない、シンプ
　　ルな解決策がある。高校は上訴人のスピーチを承認していないことを明らかに
　　する声明文を、コミュニティに流せばよい、との指摘がある。*See* Nora
　　Sullivan, *Insincere Apologies: The Tenth Circuit's Treatment of
　　Compelled Speech in Public High Schools*, 8 FIRST AMEND. L. REV, 533,
　　557 (2010) [hereinafter *Nora*].　なお、生徒の信仰に関する表現と学校の
　　政教分離の問題については、拙稿「スポーツと憲法による政教分離の保障―フッ
　　トボール試合開始前の『祈り』に関する合衆国最高裁判例の検討を中心に―」
　　宮原均編著『スポーツの現代的課題―「哲学」「キャリア」「グローバル」の視
　　点から―』112 頁（東洋大学現代社会研究所、2013 年）。

(2) コーダー事件（2009年）における、強制言論に関する分析には、次の4つの
問題点があるとの指摘がなされている。①最高裁の先例は、修正1条が強制言
論と検閲言論について同レベルの保護を認めているとしているが、両者に対し
て同一のテストを用いて判断するとの立場はとっていない。②強制言論は、検
閲権限から導き出されるとしているが、その根拠として引用された裁判例は言
論の強制を行うことができるのはどのような場合であるかについて判断してい
ない。③ヘーゼルウッド事件（1988年）の基準をコーダー事件（2009年）の
強制言論にあてはめている。生徒の言論検閲の合憲性判断基準を、生徒の言論
強制の合憲性判断のために用いている。④ヘーゼルウッド事件（1988年）の
適用により、強制と検閲のいくつかの違いが浮き彫りになった。*See Nora,
supra* note 1, at 543-44.

(3) アメリカにおける生徒の表現の自由に関し、判例の流れをフォローしたものと
して、拙稿「生徒の学校内外における表現規制―アメリカにおける判例法理の
展開―」東洋法学 57 巻 1 号 1 頁（2013年）。本節は、この論文を基に記述し
ている。

(4) 学校における表現規制は、生徒による表現への規制のみならず、一定の表現を
強制する形でも行われうる。そうした強制言論に関し、アンケート実施の問題
を扱った事件がある。C.N. v. Ridgewood Bd. of Educ., 430 F.3d 159 (2005)
においては、学校区が生徒に対してドラッグ使用や親子関係等についてアン
ケートを実施したが、回答は実質的には強制され、匿名性も十分ではないとし
て訴えが提起されたが、退けられた。学校における強制言論についての一般論
について、やや詳しく言及している。「修正1条に関する法律学が認識してき
たことは、教育課程それ自体は…州の公務員に対して、生徒が黙っていたい場
合に、発言するよう強制するよう求めることができる…公的な教育機関は、生
徒が同意していない思想や見解を述べたり、記述したりすることを強制できな
いが、その一方で、何らかの状況においては、そうした思想や見解を支持する
ことになり得る議論を行うように求めることができる」。*Id.* at 187.

(5) この判決に従い、下品な表現を高校が禁止することが許されるとした事件とし
て Wildman v. Marshalltown Sch. Dist, 249 F.3d 768（8th Cir. 2001）があ
る。上訴人は、高校のバスケットボールチームのメンバーであったが、自宅の
コンピューターで文書を作成し、それを学校のロッカールームでチームメイト
に配った。その文面には、「コーチが私たちに対してついた、ほら bullshit を
今度は私たちが彼に言い返すときです」という内容が含まれていた。高校は、
手紙の内容が失礼なものであるので、謝罪するように命じたが拒否されたため、
上訴人はチームの代表メンバーから外された。翌年、上訴人は、家族とともに
別の学校区に引っ越し、地元の高校に通い、その上で、損害賠償を求めて訴え
を提起した。控訴裁は「学校の施設内で表現する権利は絶対的ではない。下品
な、不快な表現を禁じ、見解を述べる際の礼儀正しさ、感受性を教育すること

は、学校職員の権限の範囲である」とした。*Id.* at 771.

(6) 学校が後援する表現には様々あり、カリキュラム等における言論に限定されない。銃撃により多くの死傷者を出した高校が、その悲劇を払拭するために建物の外観を変えようとしてタイルに絵画を描かせ、壁に取りつけることが、学校が後援する言論にあたるか議論された事件がある。Fleming v. Jefferson County Sch. Dist. R-1, 298 F.3d 918（10th Cir. 2002）においては、1999年に2人の高校生が、構内で乱射し、12人の生徒の生命を奪った事件があり、授業の再開にあたり、高校では乱射の記憶を思い起こさせないように建物の外観を変えようとした。そこで、生徒たちが4×4インチのタイルに抽象絵画を描き、それに光沢をつけた上で焼き上げ、学校のホールの壁に取りつけることになった。建物を悲劇のメモリアルとしないために、絵画には、犯行の日時、生徒の名前、宗教上のシンボル等の表示は行わないように指示がなされ、これに従わないタイルは壁には取りつけられないことになった。上訴人は、乱射事件の犠牲になった生徒の親たちであるが、この指示により表現、信教の自由を侵害されたとして§1983に基づいて訴えを提起した。控訴裁は「［高校の］タイル・プロジェクトは、学校が後援する言論であり、したがってヘーゼルウッド事件（1988年）により判断される」とした上で（*id.* at 924）、規制にあたっての判断は必ずしも内容中立的に行われる必要はない。「メッセージの適切さ、問題のデリケートさ、学校が選択したメッセージとの結びつき、について判断するため、見解に基づく判断がなされる」ことも許されるとした。*Id.* at 928.

(7) 本件における事実の詳細は以下のとおりである。上訴人はモルモン教徒であるが、ユタ大学の俳優養成コースATPを受験した。受験の中でオーディションに参加したところ、俳優として行ったり、発言したりするにあたり、不快と感ずるものはあるかと尋ねられた。彼女は、裸になること、無意味にキリストの名を口にすること、Fではじまる4文字単語を発すること、と答えた。そこで、fuckという言葉が必要となる場面が挙げられ、この言葉を拒否しないように求められたが、上訴人はきっぱりと拒否の意思を示し、これらの言葉を使わねばならないならば、入学しないと主張した。上訴人は入学を認められたが、授業中、あるモノローグを語る際にgoddamn及びshitという言葉を使う必要があった。しかし上訴人は、教員に断りもせずに別の言葉に差し替え、後は台本どおりにした。数週間後、未婚で中絶を経験した女性の役を演じたが、その役柄自体には何らの懸念も示さなかったが、goddamn, fuckingという言葉を使うことには異議を唱えた。教員は、上訴人は先のモノローグで言葉の問題は克服しているのでは、としたが、上訴人は、だれも気づかなかったが下品な言葉はカットしていたとし、結局、この異議は受け入れられなかった。上訴人は、この拒否が認められないならば別のシーンを演じさせてくれるように申し出たが、これも認められなかった。更に、教員は、上訴人があくまで「言葉」を拒否するならば、評点は零点になるとしたが、上訴人はなおもこれを拒否し

た。そこで、教員は、一旦は態度を軟化させ、以降、上訴人は「言葉」をカットして役を演じることが認められた。秋セメスターの終わりに、上訴人はセメスター・レビューにおいて、教員らと面接を行った。その席で上訴人は、今後、「言葉」の拒否とこれへの寛大な扱いの要求は受け入れられないと言い渡された。そして、その価値観を変えるか、退学するか、その選択は上訴人に委ねられる、とされた。上訴人は、学内における救済を求めたが受け入れられなかった。そこで、ATP をやめ、ユタ大学も退学した。その後、別の大学の俳優コースに入学し、ここでは下品な言葉のカットが認められた。上訴人は、§1983 に基づき損害賠償及び宣言判決を求めて訴えを提起し、教員らが、上訴人が下品であると考える言葉をカットすることなく、台本どおりにせりふを述べさせることに固執していたとした。ディストリクトコートは、最高裁の強制言論を禁止している先例の射程外であるとして、請求を棄却した。

(8) この事件は、わが国における剣道実技拒否退学事件（最二判平成 8 年 3 月 8 日民集 50 巻 3 号 469 頁）を思い起こさせる。高専の必修科目としての体育における剣道実技を、信仰に反して行うか、それとも退学するかのディレンマにさらされた事件である。最高裁は、代替措置が可能であったにもかかわらず、剣道実技に固執したことをとらえて、退学処分を取り消した。この判断の背景には、高専の目的にとって剣道実技がいかなる意義を有するかについての考察がなされていたと思われる。そもそも体育実技は、本人のできる範囲で行えばよいこと、高専は武道の修得を目的としておらず、信仰という正当な理由からこれを拒否している学生に対して、退学という過酷な処分が行われたことについて厳しい批判がなされた。しかしながら、たとえ信仰を理由としても、その履行等の拒否が、教育の目的にとって致命傷になるような場合には、別の判断がなされうると思われる。俳優養成コースにおいて、役柄において必要な「言葉」を、たとえ信仰を理由としても使いこなすことができないならば、教育の目的を達成することができない。「言葉」の強制に「教育に合理的な関連性」あり、としたことはこの意味からも理解することができる。

(9) 事前規制 censorship と強制 compulsion の違いについて、表現を規制された者にとっての選択肢の違いに着目する見解がある。前者の場合には、沈黙するか、又は、その規制に一致するように自分の考えを慎むとの選択が可能であるが、後者の場合には、他者の思想なり、考え方を反映する見解を述べることを求められ、これ以外の選択肢はないとする。*See Nora, supra* note 1, at 556.

(10) カードーゾ裁判官の同意意見は次のとおりである。「州の資金で維持されている施設を利用することを選択した場合…上告人等は、州によってその福利に極めて重要と考える教育コースに従うことを義務づけられる。このことが賢明でない、反自由主義的であるとの批判を受けることがある…［しかし］裁判所は、基本法が保障している権利や自由とは関わりのない、立法政策の問題には関わ

らない。修正 1 条は…礼拝の自由を禁止する法律を無効としている［が］、軍事科学の教育は、宗教の実践又は教義に関する教育ではない。政府がこれらの教育を行おうとしている場合、直接にも間接にも州の宗教を確立しているわけで は な い 」。Hamilton v. Regents of University of California, 293 U.S. 245, 266（1934）.

(11) カードーゾ裁判官の同意意見は「合衆国の歴史の当初より、クエーカー教徒及び他の良心的兵役反対者は軍役から免除されてきたが…この免除は…彼らが軍隊に対して代理人を立てること、又はこれを雇うために必要な費用を負担することとセットになっていた…キャンプ又はフィールドでの軍役に間接的に関わる行為が、宗教の実践に密接に結びつき、法又は道徳を理由として州による規制から免除されるべきだとの考え方は、歴史上一度として受け入れられたことはない…良心的拒否者の自由がこの点にまで及んでしまうとすれば、戦争を助長するとして納税の拒否が認められることになってしまう」としている。*Id.* at 266-68.

(12) バーネット事件（1943 年）のような強制言論は、誠実さという価値に反するとの指摘がある。自分が信じていない事柄を信じているように強制することは、少なくとも不誠実な insincere な発言であり、ある種のウソをつくことになる。「忠誠の誓い」を強制的に述べさせることは、自分が信じてもいないことを正しいとすることを強制することになる。*See* Seana Valentine Shiffrin, *What Is Really Wrong with Compelled Association?*, 99 Nw. U. L. Rev. 839, 860（2005）[hereinafter *Shiffrin*].

(13) バーネット事件（1943 年）で認識されたことは、政府は、個人に対して特定のイデオロギーに関するメッセージを墨守するよう強制することはできない、ということである。このことによって、修正 1 条の焦点は、単に政府が言論を制限するということから、政府による個人の言論への干渉、ということへと広がっていたのである、との指摘がある。*See* Note, *The Curious Relationship between the Compelled Speech and Government Speech Doctrines*, 117 Harv. L. Rev. 2411, 2418-19（2004）[hereinafter *Note*].

(14) バーネット事件（1943 年）において、消極的言論の権利について多様な根拠が示された。個人の精神の自由 freedom of mind、個人の見解及び人格態度、これらは修正 1 条が思想と良心の自由に配慮していることを示している。このうち、個人の精神の自由が突出しており、その後の判例において支持されているとの指摘がある。*See* Nat Stern, *The Subordinate Status of Negative Speech Rights*, 59 Buffalo L. Rev. 847, 901（2011）[hereinafter *Stern*].

(15) 本章では扱わなかったが、新聞社が一定の記事を掲載した場合、これへの反論のために、一定のスペースを提供しなければならないとする州法が争われたことがある。こうした形での反論権を認めることは、新聞社の報道の自由や編集の自由を制約し、言論の強制と見ることも可能であろう。以下、これらが問題

になった、Miami Herald Pub. Co., Div. of Knight Newspapers, Inc. v. Tornillo, 418 U.S. 241 (1974) を紹介しておこう。被上告人は、教員労組の代表であり、フロリダ州下院議員選挙に立候補したが、上告人（新聞社）は、その立候補に対して批判的な記事を掲載した。そこで、被上告人はこの記事に反論すべく、教員労組の役割と市民のために果たした成果に関する記事を掲載するように上告人に要求した。しかし、これが受け入れられなかったので被上告人は訴えを提起し、宣言判決及び差止請求、現実的及び懲罰的双方の損害賠償の請求を行った。ところで、この訴えはフロリダ州法（本法）が定める反論権 right of reply に基づかれている。すなわち、公職の候補者が、新聞社によって私生活又は履歴 personal character or official record に関して批判された場合、その候補者は新聞社に対して、新聞社の費用により、候補者による反論文を掲載させる権利を有していた。反論文は、その目につきやすさ、方法及びスペースに関して、新聞社による批判文と同等のものでなければならないとされ、違反に対しては、刑事罰（第1級軽罪）が科せられていた。これに対して上告人は、反論権を定める本法が違憲であるとの宣言をもとめ、巡回区控訴裁は、修正1条・修正14条によりプレスの自由が侵害されているとして、本法の違憲を宣言した。上訴審であるフロリダ州最高裁は、これを破棄した。本法は、情報が一般公衆に自由に流れるという広範な社会的利益を促進しており、修正1条には違反しないとした。最高裁はこれを破棄した。「政府が、新聞社に対して、ある制限又は要求を行うことによって、新聞社に対して、その望まない記事を掲載するよう強制していることに最高裁は神経をとがらせてきた…責任あるプレスを目指すことは、疑いなく望ましいことであるが、憲法によっては命じられてはいない…［本法は］…上告人に対して、特定の問題を掲載することを禁止する法令と同様の機能を果たし…記事の内容に基づいて刑罰を科している…財政上の現実問題として、新聞社がコラム欄を無限に拡張して反論を取り込むことが可能であるとすることは正しくない」。*Id.* at 256-57. 「新聞は、ニュース…の消極的な貯蔵所又はパイプ以上のものである。何を掲載の対象とするかの選択、扱う大きさと内容、公的関心事と公職者についていかに扱うか…これらは編集者のコントロールと判断に任されている」。*Id.* at 257-58.

(16) 最高裁は、内面の自由は修正1条によって保障され、発言と沈黙の自由は、相互に補完的な関係にたって内面を保護しているとしている。「ウーリー事件（1977年）で…最高裁は、話す自由と話さない自由は、ともに個人の心の自由という、より広い概念の補完的要素であり…一方が、他方において欠けているものを補っている、とする…修正1条一般からすると、強制言論に対しては広範な保護が与えられていることは明らかである」。*Nora, supra* note 1, at 548.

(17) 「自由に生きよ、さもなくば死を」という標語の表示を免除された理由は、これを掲示する者が、その標語を積極的に推奨していると他人によって認識され

るからではなく、標語を伝達するための動く広告板にさせられていることが理由である、との指摘がある。*See Stern, supra* note 14, at 903.

(18) 表現への規制と表現の強制に関して最高裁は、その審査方法の点で区別しているとの指摘がある。「最高裁の先例は、政府が言論を事前に規制しても合憲である場合にも、言論の強制すべてが許されるとはしていない。別の手段が利用できるならば…言論を強制する政府利益は、より小さいものとなることを示唆しているように見える…コーダー事件（2009年）では、学校区は、コーダーの言論が、学校側の見解を反映しておらず、実際の発言は、校長が事前に承認したものとは異なっていたことを告知することが可能であったのである…卒業スピーチを学校区は事前に規制することが許される一方で…学校区は、その言論とは無関係であるとするための手段が利用できたのである」。*Nora, supra* note 1, at 546-47.

(19) 強制された言論は、それを表現する者に無意識のうちにバイパスし、思考や行動に影響し、自らの思索が反映されなくなることがある。そこで、自分が自らの主張をコントロールすることができなくなるため、強く批判されている。しかしながら、自分もそして聴衆も、その言論が強制されているということを認識している場合には、その言論が、自分の主張や思考にどの程度にまで影響していくのかについては問題がある。もっとも、強制言論は、しばしば、標準的で通常の行為として提示されるので、背後に存在する強制は目立つことがない。また、この言論は仮初のものであって、自分の思想への影響を阻止する、信用のおけるバリアが存在しているとの保障はない。*See Shiffrin, supra* note 12, at 859. 「忠誠の誓い」は、実際のところは、まともに「誓い」として受け取られることはない、なぜならば、述べている方も、聞いている方も、それが強制されてやっていることを知っているからだ、という反論もあるかもしれない。しかし、そうした割り切りは難しいように思われる。*See id.* at 861.

(20) 政府による言論の強制にも程度の差があることが指摘され、ウーリー事件（1977年）の次の文言が引用されている。国旗への敬礼を強制することは、自動車のバックナンバーに州の標語を掲示させるという消極的な行為と比べると、個人の自由に対する一層深刻な侵害をもたらしているのである。*See Note, supra* note 13, at 2419. バーネット事件（1943年）及びウーリー事件（1977年）においては、政府によって、政治やナショナリズム等に関する定説が確立されてしまうことに対して、激しい嫌悪が示されている。しかし、この嫌悪が何を意味しているかは、微妙な問題である。まず、政治的な問題について、政府が明確な立場をとることに関しては問題はない。政府によって定説を唱えさせられ、これによって自分の見解が他者によって誤解されてしまうことから個人を保護することが重要である。しかしながら、特定の言論を行うことが、すべての人にもとめられており、そのことが一般に認識されている場合には、その言論が、心からの、真実の考えを反映しているとは必ずしも認識されない。その

メッセージは、州が支持しているというだけであって、その特定の市民が支持しているということではない、と考えるのが合理的である。その言論が強制的であるということがはっきりとしていれば、その市民の言論が誤解されるとの相当程度のおそれは存在しない。*See Shiffrin, supra* note 12, at 852-53.

(21) プルーンヤード事件（Pruneyard Shopping Ctr. v. Robins, 447 U.S. 74 (1980)）で最高裁は、ショッピングセンターのオーナーは、演説者やビラ配布者がいるところでは、単に一定の表示を行うだけで、そのメッセージと自分とは関わりがない、とすることができるとした。「自由に生きよ、さもなくば死を」という標語に語気を強めて反対することは禁止されていない。*See Stern, supra* note 14, at 908-09.

(22) 自分が信じてもいないことを強制して発言させることは、表現の自由に対する最も重大な侵害である、との指揮がある。*See* Recent Case: *Constitutional Law—First Amendment—Washington Court of Appeals Upholds Apology Requirement of Juvenile's Sentence—State v. KHK, 359 P.3d 661 (Wash. Ct. App. 2015)*, 129 HARV. L. REV. 590 (2015) [hereinafter *Case*].

(23) 個人の良心に反する謝罪を強制することは、修正 1 条の核心の問題を提起する。しかし、公務員による謝罪の強制に関しては、この修正 1 条の問題は提起されていない、との指摘がある。行政主体は公務員を通して言論を伝える。行政主体に対して裁判所が謝罪を命じる場合、行政主体のために、公務員が謝罪を強制されているのである。公務員は、公的関心事について語る修正 1 条の権利を有するが、公務員の適切な機能を確実に果たすという正当な政府利益のために、この権利を制約することは可能である。公務員は、自分自身の道徳観に照らして自由に行動する、自律した人格とはいえない。集団的な目的や利益に限定された機能を果たすべく意図された立場を占めているのである。*See* Brent T. White, *Say You're Sorry: Court-Ordered Apologies as Civil Rights Remedy*, 91 CORNELL L. REV. 1261, 1299-30 (2006) [hereinafter *White*].

(24) 謝罪が被害者の救済を目的として行われ、その屈辱感を最大なものとしない限りにおいては、強制的な謝罪は「残虐」とはいえない。*See White, supra* note 23, at 1297.

(25) *See* Todd v. State, 911 S.W.2d 807, 820 (1995). この事件では、過失致死罪で有罪になった者に対して、プロベイションの条件として、被害者の友人と家族に対して、謝罪の手紙を書かせることが、自滅的で滑稽であるか問題になった。法廷意見は、プロベイションの条件を定めるにあたり事実審裁判所には裁量が認められ、罪を犯した者が、自分の行為の性質と結果について理解し、更生のために役立つならば、謝罪の手紙を執筆させることは裁量の合理的範囲内である、とする。こうした手紙は、被告人の将来の犯罪防止に合理的に関連しているからである。*See id.* at 817-18.

(26) *See* State v. K.H.-H., 353 P.3d 661, 668（2015）. この事件は、ガールフレン
ドの自宅で性的意図を有した第4級暴行罪を犯した高校生に対して、少年裁判
所が、3ヶ月間の保護観察、及び心からの謝罪をする手紙を相手に対して認め
るよう命じたことが問題となった。州控訴裁は、謝罪文の命令は修正1条の権
利を侵害しないとした。保護観察者への謝罪文執筆命令が、修正1条に違反す
るかどうかを判断する基準は、目的が許容されるものであるか、及びその手段
は、その目的に合理的に関連しているかどうかである。「この基準を本件にお
いて適用すると、謝罪文の執筆という条件を付すことは…被控訴人の修正1条
の権利を侵害しない…少年裁判所は更生の目的から、この条件を付した…少年
裁判所は被控訴人が女性への敬意を欠く態度をとる傾向から再び犯行に至るこ
とを懸念している。そこで、被害者に対して、自分が罪を犯したと判断された
として謝罪することを求めることは…更生の目的に合理的に関連しているので
ある」。*Id.* at 666.

(27) *See Case, supra* note 22 at 598.

(28) *See White, supra* note 23 at 1294-95.

(29) *See Shiffrin, supra* note 12, at 863.

(30) *See White, supra* note 23 at 1296.

は じ め に

　私たちは、任意又は強制により、様々な団体に加入し、多くの場合には、団体の運営その他を支えるために、一定額の会費の納入が求められる。しかしながら、会員は、所属する団体の活動すべてに賛同しているとは限らない。とりわけ、団体が、一定の政治的思想を外部に向けてアピールする場合、その内容に賛同しない会員は、会費の納入等により、自らの思想に反する活動を間接的ながら援助することになる。この場合、会員は、会費の納入を拒否し、または団体を脱退する等の選択を迫られるが、特定の団体への加入が、その職業を遂行するための要件であることが法令によって定められている場合（強制加入団体）、その選択の自由は極めて限られたものとなろう[1]。

　このことが問題となった事件として、最三判平成 8 年 3 月 19 日民集 50 巻 3 号 615 頁がある。強制加入団体である税理士会が、税理士法改正運動に要する資金として、会員である税理士から特別会費 5000 円を徴収したことが問題になったが、最高裁は、「法が税理士会を強制加入の法人としている以上、その構成員である会員には、様々の思想・信条及び主義・主張を有する者が存在することが当然に予定されている…そのために会員に要請される協力義務にも、おのずから限界がある」として、政党等への団体に寄付を行うかどうかは「選挙における投票の自由と表裏を成すものとして…自主的に決定すべき事柄である」と判断した。

　この判決では、強制加入団体における会員の立場が考慮され、その思想の自由に配慮すべきことが指摘されており、正当な判断と思われるが、その一方で、税理士会自体の法人として有する表現の自由に対しては、どのように考えられ

るべきであろうか。

　最高裁は、八幡製鉄所事件・最大判昭和45年6月24日民集24巻6号625頁において、法人にも人権保障が及ぶことを肯定しているが[2]、その結果、法人の表現の自由とその構成員である会員の思想・表現の自由との調和をはかる必要が生ずる。特に、強制加入の法人の場合、法人がその思想・表現のために費用を支出した場合、その表現に反対する会員に対しては、一定額の金銭を払い戻す等の義務が生じるのであろうか。更には、根本的な問題として、会費の徴収・支出の範囲は、いかなる理由から、どこまでであるのか、等が問題となってこよう[3]。

　このように、会費の徴収及びその支出により、団体とその会員との間に思想上の対立をもたらす場合があり、これをいかに調整すべきか困難な問題が存在する。同様の問題はアメリカにおいても提起され、弁護士会等の強制加入団体の会費の徴収・支出をめぐり裁判例が蓄積されているが[4]、特に注目されるのは、労働組合（労組）の会費等である。とりわけ、ユニオン・ショップ（エージェンシー・ショップ）が定められることにより[5]、労組への強制加入、又は非労組員からの労組費相当額の強制徴収、更には、その支出方法によっては、合衆国憲法修正第1条（修正1条）によって被用者個人に保障される、表現の自由（思想の自由）を侵害するのではないかについて問題となり、合衆国最高裁判所においても活発な議論が展開されている。

　そこで本章では、この問題に関する合衆国最高裁判所（最高裁）の判例法理を明らかにし、日本における問題を検討するための資料を提供したいと考える。本章の進め方であるが、まず、労組と被用者の思想の自由の対立が問題となるきっかけとなった、連邦鉄道労働法が定める、ユニオン・ショップが問題になった事件を紹介する。この制度は、被用者に、統一労組への加入及び会費の納入を強制するもので、一定の合理性は存在するものの、労組の活動の範囲と被用者の協力義務の範囲はどこまでであるのか、問題となった。

　当初、この点については、連邦法律の解釈・適用の問題であったが、被用者の修正1条の権利侵害の問題が提起されるようになってきた。最高裁は、利益衡量によりこの問題を解決する傾向を示してきたが、最近、判例変更がなされ、表現の自由規制立法に対して一般的に用いられる、厳格な審査基準により対処

する姿勢を示している。そこで、まず、連邦鉄道労働法に関する事件から考察する。

第1節　連邦鉄道労働法とユニオン・ショップ

　アメリカにおいて、労組と被用者との思想・表現の自由の対立及びその調整の必要性が認識されるきっかけとなったのは、連邦鉄道労働法 (RLA) における、いわゆるユニオン・ショップの規定である（§2, Eleventh of the Railway Labor Act, as amended, 64 Stat. 1238, 45 U.S.C. §152, Eleventh)。これによると、被用者は全員、統一労組への加入及びその会費等（一般会費 periodic dues、入会金 initiation fees、割当金 assessments、以下、本章においては非組合員等から徴収される金銭も含めて、一括して「会費等」という）の納付を強制されることとなったが、逆に、会費等の支払いを怠った場合を除いては、入会を拒否され、また脱退させられることはなく、この規定が、各州のいかなる規定にもかかわらず、実施されるとしていた。

　この法律の目的を確認し、統一労組は、少数派をふくめた全労組員の利益を代表しなければならないことを確認したのが、スチール事件（1944年）(Steele v. Louisville & N.R. Co., 323 U.S. 192 (1944)) である。

1. 統一労組による全労組員の代表

Steele v. Louisville & N.R. Co., 323 U.S. 192 (1944)

事実の概要

　上告人は、鉄道会社に雇用されている、黒人の機関車火夫であり、自身と同僚の黒人火夫のために訴えを提起した。被上告人は、連邦鉄道労働法2条4項に基づき、鉄道会社に雇用されている火夫を構成員とする統一労組である。鉄道会社の被用者の過半数は白人であり、被上告人の労組員であるが、少数派の相当数を占める黒人は、労組員から排除されていた。1941年2月18日、鉄道各会社と被上告人は新しい労働協約を締結し、火夫における黒人の割合を全体の50％を超えないこと、とした。その結果、上告人は、条件の悪い職場に異動させられ、これを不服としてこの協定の執行の差止め等を求めて訴えを提起

した。原審は、請求を棄却したが、最高裁はこれを破棄・差戻した。

判　旨

全労組員の代表としての統一労組

「連邦議会は、連邦鉄道労働法を制定し、被用者の過半数によって選ばれた労組が代表することを認めたが、その労組に…少数派の権利を犠牲にする権利を認めていない…被用者は、労組を結成し、自分たち自身で選出した代表者を通じて団体交渉を行い、被用者の過半数によって…代表者を決定する…この代表者が労働条件を変更するための交渉を行う場合…その条件は、クラスとしての被用者の労働条件である」。*Id.* at 199.

RLA の目的

「この法律の目的は、通商及び運送者の操業への妨害を回避することであるが、その達成を、賃金、規則、労働条件に関する争いを迅速かつ秩序正しく解決することによって実現しようとしている。もしも職場の少数派の相当数の者の利益が、交渉の場で考慮されず、また、交渉の最終的な結果が…少数派の利益を犠牲にしているならば、こうした法律の目的はほとんど達成されないであろう。少数派が唯一の頼みとするものは、ストに訴えることになってしまい、ストはこの法律が避けようとしていた通商の妨害となろう」。*Id.* at 199-200.

少数派への配慮

「統一労組は…非労組員または少数派の労組員に対して、反感をもって差別することなく、公正に、公平に、善意により、彼等を代表することが求められている…常に、非労組員の要求、及び使用者との団体交渉における彼らの見解について、考慮すること、また提案事項については、告知・聴聞の機会を与えることが求められている」。*Id.* at 204.

　この事件で最高裁は、被用者の過半数によって統一労組を形成し、統一労組は、少数派の利益を犠牲にしてはならず、ひいてはこのことが、ストの回避等につながり、円滑な州際通商が期待できるとしている。その一方で、労組への加入及び会費の納入の義務づけによって、被用者の「勤労の権利」及び「結社の自由」が侵害されるとして訴えが提起されたのが、ハンソン事件（1956 年）

(Railway Employees' Dep't v. Hanson, 351 U.S. 225 (1956)) である。

2. 統一労組と産業界の平穏

Railway Employees' Dep't v. Hanson, 351 U.S. 225 (1956)

事実の概要

　被上告人は、ある鉄道会社の被用者であり、上告人は、この会社の被用者からなる統一労組であるが、被上告人は、鉄道会社（同じく上告人）と統一労組との間で締結されたユニオン・ショップの適用、及びその実施の差止めを求めて訴えを提起した。このユニオン・ショップの下では、鉄道会社の被用者はすべて、雇用継続の条件として、60日以内に統一労組の労組員とならなければならず、これを怠ると失業だけでなく年金等その他の権利も失うとされていた。

　被上告人は、ユニオン・ショップは、ネブラスカ州憲法によって保障されている「勤労の権利」、すなわち「何人も、労組員であること…労組員を除名されたこと、を理由として、雇用を拒否されることはない」を侵害されていると主張した。その一方で、連邦鉄道労働法は「州法においていかなる定めがなされようとも、運輸会社及び労組は協約により、全ての被用者に対して、定められた期間内において、労組員となることを義務づけることができる。ただし、いかなる被用者に対しても何らの差別がなされないこと、及び、労組員になることが拒否され、またこれが剥奪されるのは…一律に必要とされる労組費…の支払いを怠った場合に限定される」と規定していた。

　原審は、ユニオン・ショップは、被用者に対して、修正 1 条が保障する結社の自由その他を侵害しているとし、差止めを認めた事実審の判断を維持した。最高裁はこれを破棄した。

判　旨

州際通商に関する広範な議会権限

　「産業界の平穏は正当な目的である。それをどのようにして得るのかについて、連邦議会には広範な選択の余地が認められており…憲法上の権限の範囲内で、政策問題として最終的な決定権がある。もしもその判断が賢明でないならば、選挙民はこれを変更することができる。立法によって採用された手段が、

連邦議会が行使することを認められた憲法上の権限に関連し、又は適合しているならば、そこで裁判所の役割は終了する。産業界の平穏と安定した労働関係にとって必要な要素は、数多く、複雑である…その判断を行うのは政策形成者であって、裁判所ではない」。*Id.* at 233-34.

会費の徴収と「勤労の権利」への制約

「勤労の権利」は、デュープロセス条項の自由の概念に含まれると当裁判所はしばしば判断してきたが、この権利が連邦議会によって否定されているとはいえない。RLA が定める労組員の資格の唯一の条件は会費の支払いである。労組員に「求められている経済的援助は、団体交渉における労組の活動に関連している…これが、実際には団体交渉と無関係な目的で徴収された場合には別の問題が生じてくるのである」。*Id.* at 234-35.

ユニオン・ショップと思想・結社の自由

ユニオン・ショップ契約により、一定の思想及び政治的結社が強制され、権利章典の保障する自由を侵害するとの主張がなされるが、連邦議会は、労組員の資格取得のための条件を会費の支払いのみとしている。*see id.* at 238. すなわち「団体交渉の代表者の活動によって利益を得るすべての者に対して、団体交渉の代表者を経済的にサポートさせようとすることは、通商条項の下での連邦議会の権限の範囲であり、修正1条…に違反しない」。*Hanson,* 351 U.S. at 238.

最高裁は、当初より、ユニオン・ショップにより[6]、被用者の憲法上の権利に影響が及ぶことを認識しているが、その検討は必ずしも十分なものではない。力点は、連邦議会は、合衆国憲法によって州際通商に関する広範な規制権限を有し、ユニオン・ショップは産業界の平穏という正当な目的を有し、労組への強制加入・会費の強制納付は団体交渉に関連した経済援助であり、「勤労の権利」「修正1条」に違反しないとした[7]。州際通商に関する議会の広範な規制権限を前提に、目的と手段との間の関連性の有無を判断する、緩やかな審査が連邦鉄道労働法に対して行われたといえよう。

同様にストリート事件（1961年）（Int'l Ass'n of Machinists v. Street, 367 U.S. 740 (1961)）においても、統一労組による政治的活動は許されないとしたが、この

結論は、RLA の解釈から導き出されるので憲法判断は不必要とされ、救済の方法として、ユニオン・ショップ自体の実施を差し止めることは許されないとした。ユニオン・ショップ自体の有効性を改めて確認したので紹介しておこう。

3. ユニオン・ショップ自体の有効性

Int'l Ass'n of Machinists v. Street, 367 U.S. 740（1961）

事実の概要

労組と運輸会社が、RLA に基づいてユニオン・ショップ協定を結び、運送会社の被用者は雇用継続の条件として、彼らを代表する労組に対して RLA が規定する会費等を納付することになった。被上告人・被用者は訴えを提起し、会費等の相当部分は、自分が支持していない選挙の候補者の選挙資金等のために利用されているとした。第一審では、これらの主張は立証されたとして、ユニオン・ショップの実施を差し止める判断を示し、原審もこれを維持したが、最高裁は破棄・差戻した。

判　旨

ハンソン事件（1956 年）における RLA の文面判断

「[ハンソン事件（1956 年）においては] 労組資金が、実際に政治活動の費用のために、いかなる範囲で支出されたかについての証拠は一切示されていない…当裁判所が明らかにしたのは、RLA 2 条が文面上、合憲であることを確認したということであって、その適用によって、特定の個人の、具体的な憲法上の権利が侵害されたかどうかについての憲法判断は行っていない…したがって、本件において被上告人が提起している憲法問題についての判断は残されている」。 *Id.* at 747-48.

差止め救済の範囲

「ユニオン・ショップ契約それ自体は違法ではない。したがって、被上告人らは、雇用継続の条件として、会費等の納付の義務を負っている…被上告人の申立ての根拠は、彼らが納付した資金の支出方法に関するものであって…この資金を徴収することを定めるユニオン・ショップの実施に関するものではない…支出の一部に異議がある場合に、上告人による資金の徴収すべてを制限して

しまうならば、それはあまりに広すぎる救済を認めることになってしまう」。
Id. at 771.

　この事件では、徴収された会費等が、意に反する立候補者の支援のために支
出されたとし、ハンソン事件（1956年）で留保された、団体交渉等の目的以外
の支出である点を争った。しかしながら、最高裁は、ユニオン・ショップそれ
自体の適法性は既に確認されており、ユニオン・ショップを前提とし、その支
出に絞った救済を求めるべきであるとして、訴えを退けた[8]。同じく、救済の
範囲が問題になったのが、アレン事件（1963年）（Brotherhood of R. & S.S. v.
Allen, 373 U.S. 113（1963））である。

4. 労組活動に反対の意思の表明

Brotherhood of R. & S.S. v. Allen, 373 U.S. 113（1963）

事実の概要

　RLAに基づき、ある鉄道会社と労組との間で協定が締結され、被用者は、
雇用の条件として会費等の労組への納付を義務づけられた。被上告人・被用者
は労組員ではなく、また会費等を一切納付せず、この協定の執行の差止めを求
めて訴えを提起した。第一審は、労組資金が、団体交渉にとって必要又は関連
すると合理的に判断できない目的で支出されたとし、差止めを認めた。第二審
は、ハンソン事件（1956年）に従い、ユニオン・ショップそのものを差し止め
た判断を破棄した。最高裁も第一審の判断を破棄した。

　判　　旨

積極的意思の表明

　「RLAは、組合に対して、被用者が反対する政治的主張を支援する目的で、
労組資金を支出する権利を認めていない…しかし、被用者が反対しているとの
推定をする必要はなく、反対している被用者は、組合に対して積極的に反対の
意思を表示する必要がある」[9]。*Id.* at 119.

差止め命令の修正

　反対する被用者に対して、会費等すべての納付を免除する差止命令は先例に

より認められず、また、労組に団体交渉に関連した支出であることを証明させた上で、その差止命令に修正を加えることも不適切である。「その救済方法も、過度に広範であり、産業界における平穏という目的を達するために、RLA が労組に課した機能と義務が果たされるための妨げとなる」。*Id.* at 120.

組合資金に占める政治的支出の割合と労組の証明責任

「[政治目的の支出のみを差し止める] 救済にとって必要とされる前提は、労組の支出を、政治的な支出と団体交渉に関連する支出とを区別することである…しかし、いずれの当事者からもこの点についての証拠は提出されなかった…労組の支出の全体に対する政治的支出の割合を合理的に計算する事実及び記録は労組が所有している。そこで、この割合について証明する責任は、被用者ではなく労組が負担している」。*Id.* at 121-22.

最高裁は、いったん、ユニオン・ショップ自体が差し止められれば、その後に労組が、団体交渉のための支出であることを証明し、差止めの内容を修正したとしても、その救済はなお過度に広範であるとした。ただし、政治的行為に支出された金額については、労組が、その情報を提供しなければならないとした。

このように、産業界の平穏を目的とし、そのための手段としてユニオン・ショップの締結を認めることは、連邦議会の権限内であるとされた。ただし、納付された資金が、団体交渉ではなく、政治目的で支出された場合、これに限定して差し止めることはできるが、政治目的の支出が全体に占める割合に関しては、組合が提示する必要があるとした。

以上は、民間の被用者に関するユニオン・ショップの問題であるが、公務員の場合について検討を加えたのが、アブード事件（1977 年）（Abood v. Detroit Bd. of Educ., 431 U.S. 209（1977））である。公務員労組の場合、団体交渉と政治的主張との境界はややあいまいであるが[10]、最高裁は、使用者が異なるだけで、被用者の立場は基本的には変わらないとした。

第2節　統一労組による会費等の強制徴収と公務員の　修正1条の権利

団体交渉のための支出と公務員の思想の自由

Abood v. Detroit Bd. of Educ., 431 U.S. 209（1977）

事実の概要

　ミシガン州では、立法により、労組とローカル政府がエージェンシー・ショップを締結することが認められていた。これにより、統一労組によって代表される被用者（公務員）は、たとえ労組員でなくとも、雇用の条件として、労組費相当額の会費等（service fee）を納付しなければならず、このような制度は、反対する公務員の憲法上の権利を侵害するのか、問題となった。

　デトロイト教員連合（教員組合）は、デトロイト教育委員会によって雇用されている教員らからなる統一労組であるが、エージェンシー・ショップにより、雇用から60日以内に労組員にならなかった教員は、組合費相当額の会費等の納付が義務づけられた。教員がこの義務を怠れば解雇されるが、労組員になること、労組の主張を支持すること、労組の活動に参加すること、いずれについても義務づけられていなかった。

　上告人・教員らは、会費等の納付を拒否し、また統一労組による団体交渉に反対し、教育委員会を被告にクラス・アクションを提起した。また、統一労組は、経済、政治、宗教などの活動を行っており、これらの支援のために、会費等の相当部分が支出されているとした。そこで、エージェンシー・ショップは、州法及び合衆国憲法、とりわけ上告人の修正1条の自由を侵害し、無効であるとの宣言、及び適切な救済を求めて訴えを提起した。

　原審は、ハンソン事件（1956年）に基づいて、エージェンシー・ショップは、文面上は合憲であり、したがって、統一労組による団体交渉の経済的支援を被用者に義務づけることは許されるとした。更に、州法により認められていたロビー活動や選挙候補者への支出は、修正1条の権利を侵害しうるが、これを主張するためには、自らの支持する主義や候補者について労組に知らせる必要があり、上告人はこれを怠っていたとした。最高裁は破棄・差戻した。

判　旨

統一労組による団体交渉の意義と被用者の言論の自由への影響

「公務員に対して、団体交渉の代表に経済的支援を義務づけることは、その修正1条の利益に影響を及ぼす…しかし、ハンソン事件（1956年）及びストリート事件（1961年）では、その侵害は、ユニオン・ショップがもたらす…労働関係システムへの重大な貢献によって、正当化されると判断された」。*Id.* at 222.

公務員の表現の自由

「公務員は、基本的には民間の被用者と異なるところはない…違っているのは使用者の性格である。統一労組による団体交渉において…公務員の修正1条の利益に、より一層の不利益が及ぶとはいえない。公務員が、自分を代表する労組が、公共政策の問題について賢明ではない方向に進もうとしていると考えるならば、自分の考えを表明することを禁止されていない」。*Id.* at 229-30.

統一労組の団体交渉と公務員の思想

「公務員労組は、政府の政策形成に影響を及ぼそうとし、その活動は政治的とされる…しかし、このような性格づけをしても、公務員の思想を、民間の被用者の思想よりも上位に位置づけることにはならない。修正1条の中心的な目的は、政府の問題について自由な討論を行うことを保護することである。しかし、先例は、哲学、社会…に関する表現の自由が、完全な保護を受けるとは決して示していない…会費等が団体交渉…に用いられている限り、ハンソン事件（1956年）及びストリート事件（1961年）における当裁判所の判断は、本件を支配する」。*Id.* at 231-32.

統一労組の表現の自由と被用者の経済的支援

「当裁判所は…思想に関する主張のために、労組が、その資金から支出することは憲法上許されない、と判断したことはない。憲法によって求められているのは、その思想に反対していない被用者が納付した会費等…からその活動が賄われるということである…もちろん、団体交渉…とこれに無関係な思想的活動とを区別することは難しい…どのような労組の活動が、団体交渉の定義に当てはまるのか、当事者は一度も主張してこなかった…私たちの判断を助けてくれる、具体的な事実が対審的に提出されていないので、憲法問題について不必

要な判断を避けることの重要性が浮き彫りになるのである」。*Id. at* 235-37.

　この事件では、統一労組への経済的支援を公務員に強制することが、修正1条の自由を侵害するか、問題になった[11]。最高裁は、先例の中に示されたRLAの考え方を踏襲し、統一労組を結成し、会費等の納付を義務づけ、これへの経済支援を非組合員に強制しても、その活動が団体交渉等のためであれば許されるとし、その一方で、統一労組による政治活動等への経済支援は、これを支持している公務員によってのみなされなければならないとした[12]。

　もっとも、RLAが問題となった先例では、使用者は民間会社であったが、本件においては、教育委員会という公的機関であり、その活動は被用者たる公務員の修正1条の自由に直接に影響が及んでいくはずである[13]。しかし、最高裁は、両者の相違は、決定的ではないとした。すなわち、統一労組は、その資金を用いて政治的活動等を行うことは禁止されていないので、会費等の納付を強制されている公務員にとって、自らの思想とは異なる政治思想のために統一労組が活動すれば、その修正1条の自由に影響が及ぶ。しかし、公務員は、統一労組の表現活動とは無関係に、自らの思想等を表現する自由が保障されていること、また、会費等が団体交渉等に用いられている限りにおいて、修正1条の自由への制約は許容される、とした。

　この考え方が先例となって約40年間、最高裁を支配していくことになるが、問題点を指摘しておこう。第1に、公務員に会費等の納付を強制した統一労組が、その公務員の意に反する思想のために活動した場合、これをいかに考えるか、ということである。最高裁は、統一労組にも表現の自由があり、その表現に資金を用いることは許され、他方、公務員は統一労組に拘束されずに独自の表現活動を行うことができるので問題はないとしている。

　しかし、表現行為にも様々あり、一定の表現行為が、その労組の性質等にとって決定的である場合、これに被用者の公務員が激しく抵抗する可能性がある。この場合、その公務員に労組を経済的に支援させることに問題はないであろうか。金額の多寡にかかわらず、労組員であるかにかかわらず、金銭の納付は統一労組の思想への支持を強制することにつながり、公務員の思想・結社の自由への侵害をもたらしうるように思える。

第2に、最高裁は、公務員には表現の自由が保障され、統一労組の表現を支持する必要はなく、これを批判することができ、したがって、統一労組への経済支援が強制されても、修正1条の自由への制約は比較的軽微で、許容限度であるとする。しかしながら、後ほど紹介するとおり、公務員の表現には一般人とは異なる制約がある。すなわち、公務員労組の労働条件に関する主張や要望は、民間の労組とは異なり、ほとんどすべてが連邦や州の政策問題であり、これへの公務員の批判はかなり制限されているのが最高裁の判例の傾向である。とすれば、公務員は、統一労組の活動を十分には批判できず、自らの思想に反する経済支援を強制されることになり、修正1条の自由への制約は軽微とはいえなくなるのではないか。

第3に、最高裁は、会費等として強制徴収した資金を、団体交渉等の活動のために支出することはできるが、政治活動等への支出は許されないとしている。しかしながら、両者の活動をいかにして区別し、その区別に応じてどのように会費等の負担額を決定すればよいのか、手続的及び技術的にどこまで可能であるのか、困難な問題がある[14]。

そこで、アブード事件（1977年）以降、最高裁は会費等の徴収及び支出方法をどのようにして団体交渉等に限定するか、検討していくことになるのである。次節においては、まず、この点について、民間労組における会費等の徴収・支出方法も含めて、最高裁の考え方を整理していこう。

第3節　統一労組の支出と強制徴収の範囲及び方法

1. 還付と貸付の強制

Ellis v. Brotherhood of Railway, 466 U.S. 435（1984）

事実の概要

RLAに基づく協定により、航空会社の被用者は全員が、統一労組に加入するか、加入しない場合には、労組費相当額の会費等を支払うことになっていた。統一労組は、政治的イデオロギーに関する活動に対しては会費等から支出することはできず、これに反対する被用者は、その部分の還付を受けるための手続が定められていた。一方、被用者に対して費用負担させることが可能な活動と

して、次の6つが挙げられていた。①4年ごとに開催される代表者会議、②団体交渉や苦情処理を含む訴訟、③労働組合の出版物、④社会活動、⑤労働者の死亡保険、⑥一般的な組織化活動である。

原審は、現に行われている統一労組による還付の制度は、被用者の権利を適切に保護しており、費用負担可とされる6つの活動についても、最終的には労組による団体交渉に役立っており、反対する被用者からの会費等から、これらに支出することは許されるとした。

最高裁は一部認容、一部破棄した。

判　旨

貸付の強制及びより制限的でない他の手段

「会費等に関して、本来、納付を義務づけることができない部分についても全額を納入させるならば…労組は、たとえその部分を数ヶ月後に償還し…償還した金額に利子をつけて支払った場合であったとしても…労組は、被用者から、その反対している目的のために、任意によらずに貸付を受けることになるのである…しかしながら、容易に利用できる別の手段、例えば事前に控除する、及び／又は、利子を付しての第三者への預託、が存在し、これらの手段は、労組に対して…ごくわずかな負担を追加するだけである。こうした実施可能な別の手段がある以上、労組としては、たとえ一時的とはいえ反対する者の資金を不適切に使用することは許されない」。Id. at 444.

団体交渉等に通常又は合理的に伴う活動

「議会がユニオン・ショップをみとめた正当な理由は、フリーライダーをなくすことである…被用者が、労組による特定の支出を負担したくない場合、判断基準は、被用者の統一代表として使用者と労働管理に関わる問題について交渉する際に、その支出が、必然的又は合理的に必要とされるものであるかどうかでなければならない…この判断基準の下では、団体契約締結の交渉及びその実施、苦情及び紛争の解決、更には、被用者の統一代表として労組の義務を果たすために通常又は合理的に行われる活動の費用については、被用者に対してこれを強制的に分担させても公正であると考えられる」[15]。Id. at 447-48.

この事件では、会費等に基づく活動の中に、本来被用者が負担すべきではない活動が含まれるならば、その部分を事後的に返還したとしても、許されないとした。この結論は、言論の自由の検討からではなく、RLA の解釈からもたらされたと思われるが、その理由として「無利子の貸付の強制」という考え方をとっており興味深い。更に、その前提として、こうした活動への資金の徴収を事前にカットするための別の手段が存在しうる、ということがあるようである。次に、費用負担不可となる政治活動等とは、いかなるものかについて具体的に検討されている。そして、両者を振り分ける基準として「フリーライド」防止の観点から「団体交渉への必然・合理的関連事項」が挙げられていることは重要である。

　次に、やはり「フリーライド」防止の目的から、非労組員の給与から労組費相当額を控除する場合、これに不服の者に事後的な手続によって救済を図ろうとしたことが問題となった事件を紹介しよう。

2. 給与からの天引きと事後的救済方法

Chicago Teachers Union, Local No. 1 v. Hudson, 475 U.S. 292（1986）

事実の概要

　上告人・シカゴ教員労組は、団体交渉における統一労組であるが、教員の「フリーライド」問題を解決するために、非労組員の給与から会費等（労組費の95％）を天引きし、これに不服がある場合には、文書により異議を申し立てることができるとした。この手続は 3 つの段階からなり、①労組執行委員会がその異議を審査し、30 日以内にその結果を申立人に通知する。②この結果に申立人が賛成しない場合、30 日以内に申立てを行い、これを労組執行部が審査する。③更に、この結果に不服があれば、労組庁が選出した紛争解決人が判断する。これら異議がいずれかの手続で認められれば、次回以降の天引きの際に、割引又は払戻の救済がなされる。

　被上告人・非労組員は、この異議申立ての手続を経た後に、訴えを提起し、修正 1 条の言論及び結社の自由、修正 14 条のデュープロセスが侵害されたと主張した。原審は、この手続は憲法に違反するとし、最高裁はこれを支持した。

判　旨

労働関係の平穏と被用者の思想の自由

「反対する被用者が、イデオロギー上の活動に強制的に資金援助させられることを防止すると同時に、団体交渉…に要するコストをすべての被用者に負担させる労組の権限に対して、制約が及ばないようにする方法が考案されなければならない…この目的を達成するために手続的な安全保障が必要になるのは次の2つの理由からである。第1に、労働関係の平穏という政府利益は、エージェンシー・ショップを支えるに十分な利益となっている一方で、非労組員の憲法上の権利に限定的な制約をもたらしている。この権利は、修正1条によって保護されている以上、手続は注意深く定められ、これへの制約は最小限度であることが求められる。第2に、非労組員の公務員…は、自分の利益に影響した政府の行為を特定し、修正1条の主張を十分に行う、公正な機会が与えられなければならない」。Id. at 302-03.

会費等の強制と事前の情報提供

「手続には3つの根本的な瑕疵がある。第1は…反対者に対して、単に払戻の機会を与えるという救済方法では、その反対者の資金が不適切な目的のために一時的にも支出されてしまうとの危険を回避していない…第2は会費等の事前の控除は不適切である。なぜならば、非労組員に対して、その分担がバランスのとれたものであることを示す根拠について、適切な情報を与えていないからである…反対する可能性のある者には、組合の会費等が適切であるかを測定するために必要な情報が十分に与えられることが…公正さを考慮する場合には必要とされるのである。会費等の額の根拠について、非労組員に情報を与えないままにしておくならば、アブード事件（1977年）でなされた注意深い区別を正しく保護することにはならない…最後に…偏頗なき判断者による、合理的に迅速な判断が下されているとはいえない」。Id. at 304-07.

　この事件では、統一労組によるイデオロギー活動への資金提供を、これに反対する被用者に強制することはできないが、「フリーライド」防止の観点から会費等を課すこと自体は認められる、との先例に依拠している。その上で、実際の会費等の徴収には困難が伴うことが認識されている。すなわち、統一労組

のいずれの活動が、非労組員にとって費用負担不可にあたるかは、見解の相違が生ずるであろうし、どの活動に対して、いずれの被用者が反対しているかを把握することも困難である。本件では事前の天引き、異議申立て、払戻、そして第三者預託という手続が定められていたが、最高裁は、これらは非労組員の修正1条、及び修正14条のデュープロセスを侵害していると判断した。

　そのポイントになったのは、天引きという、事前・一律の費用負担という制度は、一時的とはいえ、自らの思想に反する活動への強制的資金提供にあたる、ということである。異議申立てに基づく、事後的な払戻を認め、また「フリーライド」防止の必要性を考慮しても、この資金提供の強制は、修正1条の自由にとっては過重な負担であるとしたと思われる。

　しかしながら、その一方で、たとえ非労組員が反対しても統一労組による支出が認められるのは、いかなる活動であるのか問題になる。その一つとしてローカルの統一労組が、全国大会に参加する費用を会費等から支出できるかが問題になった事件を紹介しよう。

3. 全国組織の労組への加盟資金

Lehnert v. Ferris Faculty Ass'n, 500 U.S. 507 (1991)

　事実の概要

　被上告人は、州立大学の教職員の統一労組であり、非組合員から組合費相当額の会費等を徴収していた。上告人は、自分の負担した会費等の一部の使用に反対し、訴えを提起した。すなわち、親労組への加盟費の支出など団体交渉以外の目的にこれらの資金が用いられることは、修正1条・14条の権利を侵害するとした。原審は、問題となっているそれぞれの活動は、団体交渉の代表としての任務に関連しており、これへの援助を上告人に強制することは正当であるとした。

　最高裁は、一部認容、一部破棄した。

　判　旨

　全国組織の労組への加盟がもたらすメリット

　「非イデオロギー活動への支出が、団体交渉に近似する germane かどうか

に着目してきたが、問題となっている支出が、反対者の所属する労組にとって目に見える形での利益を与えていることについて、直接的な関連性があることが必要であると解釈されたことは一度としてない…ローカル労組は州及び国家の親組織のメンバーとなっているが、このような加盟制度の核になる考え方は、ローカル労組が、経済、政治、情報上の財を必要としている際に、親労組が、これらについて相当量を提供してくれるということである。その結果、ローカル労組が負担する連盟費は、これらの財をプールすることに役立ち…団体交渉を行う労組の保護のために役立つと評価されるのである。このことは、メンバーとなっていたその年に、連盟費からその労組に対する支出が実際にはなされなかったとしても、変わることはない…しかしながら、この結論は、反対者の資金を、被用者とは全く無関係な活動に費やすことについて、ローカル労組に白紙委任することを認めることにはならない…ローカル労組から親労組への寄付が、加盟にあたってのローカル労組の責任の一つではなく、慈善的な寄付の性質を有するものであれば、反対者にとって費用負担可とはいえないのである。その支払いが、親組織のメンバーであることによって、最終的にはローカル労組のメンバーの利益に貢献するということが何らかの形で示される必要がある…支出全体にとって費用負担可の割合を証明する責任は労組が負担している[16]」。*Id.* at 522-24.

　この事件では、親労組への加盟費の支出が問題となったが、そもそも支出が許されるのは団体交渉等の組合の直接の目的に限定されるか、問題である。最高裁はこの点を判断するためのガイドラインは先例によって示されているとする。すなわち①団体交渉活動に密接に関連している、②労働環境の平穏及び労組がもたらすサービスに対して、費用負担することなく利益を受けるフリーライドの防止は、政府の極めて重大な政策上の利益である、③ユニオン・ショップを認める、そのこと自体がもたらす、表現の自由への負担はそれほど重大なものではないとする[17]。
　この前提に立って最高裁は、ローカルの統一労組は、反対する被用者に対して、州及び全国の支部の活動と連携するためのコストを負担させることができる。たとえそれらの活動が、彼らの労組にとって直接の利益をもたらさない場

合においても、であるとする。その理由はこのような連携により、親労組は、ローカル労組が必要とする、経済的、政治的、情報上の利益を提供することができるからである。また、加盟のための費用は、利用可能な資産をローカル労組がプールすることに役立つ。たとえ、この資産が、加盟をしたその年において直接に使われなかったとしても、であるとしている。

このように、親労組に加盟しその加盟料を支出することは、親労組による情報提供等を期待できることから、団体交渉との密接関連行為にあたるとした。同様に親労組等への加盟が互恵的利益をもたらすことを重視して、反対する非労組員等からの会費等を微収・支出が許されるとした事件を紹介しよう。

4. 全国組織の労組による訴訟活動とローカル労組による連盟費の支出

Locke v. Karass, 555 U.S. 207 （2009）

事実の概要

メイン州においては、公務員の統一労組が組織され、非労組員にも組合費相当額の会費等の納付が義務づけられていた。会費等には、費用負担不可とされる労組による政治、社交 public relations、ロビー活動は含まれていなかったが、全国労組にローカル労組が負担する加盟料は含まれていた。しかし、この加盟料も、全国労組の費用負担可の活動をカバーする部分に限定されていたものの、その活動の中には、他のローカル労組又は全国労組それ自体に直接に利益を及ぼす活動が含まれていた。労組員・上告人らは、ローカル労組に直接的に利益をもたらさない訴訟のために、会費等から支出されることを修正1条は禁止していると主張した。

判　旨

互恵的性格の訴訟活動への支出

「先例によれば、非労組員にローカル労組が負担させることを修正1条が許容する要素は、①訴訟の対象が、もしもローカル労組であったならば費用負担可となる性質のものであること、例えば、その訴訟が団体交渉に関連しているとするのが適切であって政治活動ではないこと、②その訴訟への費用負担が互恵的な性質であること、言いかえれば、貢献しているローカル労組は、他のロー

カル労組に対して、この労組が同様の訴訟を行う場合に、この労組のためにその費用を支出すべく全国労組に資金提供することが合理的に期待できるということである」。*Id.* at 210.

「全国的な社会活動、全国的な会議活動、そして全国的な労組の非政治的な出版物すべてが費用負担可であるのに、全国的訴訟がそうではないとする根拠を見出すことはできない。ローカル労組員が全国的な社会的及び会議活動に参加し、それによって直接に利益を得ることは当然にできる…同様に、ローカル労組の非労組員は、他の労組を援助する全国的訴訟から利益を受けることが可能である」。*Id.* at 218.

「本件における全国訴訟の費用は団体交渉に適切に関連し、また、互恵的であることが記録上認定された」。*Id.* at 221.

この事件では、訴訟費用等を非労組員の会費等から支出することの是非が問われた。最高裁はこれを積極的に理解したが、その訴訟が団体交渉に関連し、政治的なものでないことを前提に、そうした訴訟を行う全国労組に加盟し、その加盟料等を非労組員に負担させることは可能であるとした。

第4節　アブード事件判決の変更

以上、アブード事件（1977年）以降、統一労組による、非組合員に対する会費等の強制に関して、徴収された資金が、政治活動等ではなく、団体交渉等にのみ支出されるよう、徴収・還付等の方法に関して、主として技術的な面から検討がなされてきた。しかしながら、2000年代になると、統一労組に対して、その意に反する会費等を非組合員の公務員に強制することの問題点について、より根本的に検討する傾向が表れ、2018年にはアブード事件（1977年）は変更されるに至った。本章では、その流れをフォローしておこう。

そのきっかけとなったのは、ユナイテッド・フード事件（2001年）（United States v. United Foods, 533 U.S. 405（2001））である。マッシュルームの統一的な宣伝のため、業者から会費等（assessment）を徴収することを定めた連邦法律が修正1条違反とされた。独自ブランドでの取引を望む業者に、その意に反し

て、多数派の業者が望む、一般的宣伝方法のために会費等を支出させることは、修正1条に違反するとされた事件である。この事件は、公務員労組に関する事件ではないが、注目すべきは、こうした会費等の負担が許されるためには、その前提として正当な包括的プログラムが存在し、経済的な負担がこれに「付随的に」なされていることが必要であるとした点である。

1. 包括的プログラムと資金提供の義務づけ

United States v. United Foods, 533 U.S. 405（2001）

事実の概要

1990年に連邦議会で立法された法律により、一定量のマッシュルームを取り扱う業者に対して、会費等の納付義務を課すことが認められた。会費等によって徴収された資金のほとんどは、マッシュルームの販売促進のための一般的な宣伝活動のために支出されていた。被上告人は、大規模な農業企業であり、マッシュルームを含む、多くの農作物を生産・流通させていたが、本法に基づく強制的な会費等の納付を拒否した。マッシュルームの宣伝を一般的に統一的に行うことを目的に、会費等の納付を強制することは、修正1条に違反する、というものであった。

判　旨

独自ブランドの広告・宣伝

「被上告人が伝えたいと望んでいるメッセージは、自社のマッシュルームのブランドは、他の生産者によって培われたブランドよりも優れている、ということである。生産者の多数派の…メッセージに対して、資金の提供を義務づけることに異議を唱えているのである」。*Id.* at 411.

経済活動への適法な制約と言論への付随的規制

「政府の見解によれば、本件における『会費等』は…反対の当事者に対して、自らのメッセージを伝える自由を一切、制約していない…嫌っている見解を表明することを…強いていない…［しかし］これらは、Glickman事件（Glickman v. Wileman Bros. & Elliott, 521 U.S. 457（1997））において、本件とは異なる規制の枠において指摘されたものであった…この事件では、市場の自律に制約を課す、

より包括的なプログラムが存在し、それに付随するものとして、会費等の納付が強制的になされたのである。本件では…宣伝そのものが、主な目的であって、付随的というには程遠い」。*Id.* at 411-12.

　適法な団体活動に対する付随的な制約

　「団体の有する優越する目的を達成するためであれば、言論への資金提供を強制することが認められる。アブード事件（1977年）では、ユニオン・ショップは、労働関係にとって重大な貢献を果たしているとの立法府の判断があり…言論のための強制的な費用負担は、適切な目標を掲げた団体がその活動のために必要とされる多額の支出に際して、必然的にもたらされる、付随的な出来事であるとされた」。*Id.* at 413-14.

　このように、最高裁は、意に反する言論を支持するための費用負担を課すためには、その前提として正当な、包括的なプログラムが存在し、その実施のために付随的に、なされるべきであるとした。このことは、逆にいえば、意に反する言論のための資金提供が、修正1条の自由に制約が及ぶことを認めた上で[18]、その制約を、間接的に、緩和した形での制約にとどめるために、その前提として包括的で正当なプログラムの存在が必要であるとしたのである。

　この考え方を踏襲しながら、統一労組という包括プログラムを支える「フリーライド」の防止に疑問を呈しているのが、次のノックス事件（2012年）（Knox v. SEIU, Local 1000, 567 U.S. 298（2012））である。加えて、この事件では、政治活動に費やされた会費等を還付する制度も、修正1条の観点から問題があるとしている。

2.　強制徴収による言論への影響とフリーライド防止の必要性

Knox v. SEIU, Local 1000, 567 U.S. 298（2012）

　事実の概要

　カリフォルニア州法により、公務員は、統一労組によって代表され、その組合員になることは義務づけられないが、団体交渉に関連する組合活動の費用をカバーするために会費等を負担しなければならなかった。

　被上告人・統一労組は、ノーティスにより、翌年の「料金」の額は、給与の

1％以内、月額 45 ドルを上限とすると通知した。翌年の全支出の 56.35％が団体交渉に費やされ、したがって、非組合員は、組合費の 56.35％の納付義務が生じ、更には、いかなる場合にも会費等の値上げは可能とされており、その後、会費等は月額 1.25％とし、45 ドルの上限は適用されない、と変更された。また、労組資金は選挙における公約（一定の状況では公務員の給与を下げる権限を州知事に認める等）を打破するために用いられるとした。そこで上告人は、被用者には、これに反対する機会を与えられることなく、政治目的で支出がなされており、非組合員の被用者は、政治的闘争の支援のために料金納付を強いられていると主張した。

　判　旨
公務員組合の団体交渉と政治性
　「公務員組合は、団体交渉に際して政治的及び市民的な影響を及ぼす様々な立場をとるため、会費等の強制は、非組合員の修正 1 条の権利に深刻な侵害をもたらすことになる」。*Id.* at 310-11.
　フリーライド防止と強制会費
　「非組合員から会費等を徴収することを労組に認める主な目的は…労組による団体交渉によって得た雇用上の利益を、そのコストを負担することなく、分け前にあずかることを防止することである。しかしながら、このようなフリーライドの主張によっては、修正 1 条違反の主張を上回るためには、一般的にいって不十分である。例えば、町内会でクリーンアップ・キャンペーンを行うときに…これによって利益を受ける居住者すべてに資金提供の義務があるとはいえないのと同じである」。*Id.* at 311.
　非組合員に対する資金貸付の強制
　「反対している非組合員に対して、組合費のうち費用負担不可部分を、その選択があってはじめて納付させないとすることは…組合にとって大きな利益になる…労組は、その資金が、たとえ一時的であっても、団体交渉とは無関係な思想的な活動の支援のために支出されないようにするための手続を、最初に定めない限りは、非組合員からは会費等を徴収してはならない」。*Id.* at 312.
　負担不可費用と納付に関する事前選択の方法

「労組は、後になってから全額返還したとしても、反対の非組合員から貸付を受けることは修正1条によって認められていない。本件においては、SEIUの選挙目標に反対している非組合員にとって、労組の目標が達せられた後に返金してもらっても、がっかりさせられるだけである。修正1条に適合するためには、労組としては、非組合員の選択があって納付が拒否されるのではなく、選択によってはじめて特別料金を納付する、新しいノーティスをなすべきであったのである」。*Id.* at 317-18.

　最高裁は、「フリーライド」と「還付」に関して重大な指摘を行っている。前者は、意に反する会費等の徴収を正当化するための核になってきた根拠であるが、その存在、及びその防止は、前提となるプログラムの実施にとって必ずしも不可欠ではないとした。また後者については、会費等がいったん徴収されたならば、事後的にこれを還付しても、修正1条への侵害に対する救済とはならないと指摘している[19]。

　これらは、アブード事件（1977年）及びこれに従って形成されてきた判例のとらえ方を再考するものである[20]。

　この方向は、次のハリス事件（2014年）（Harris v. Quinn, 573 U.S. 616（2014））においても、維持されている。この事件では、公務員労組の場合には、団体交渉等と政治的活動との区別が民間の場合とは異なって困難であること、したがって、団体交渉の過程の中であっても、そこで展開される多数派の表現行為を支援するために、反対する公務員から強制的に会費等を徴収することは、その表現の自由を侵害するとの指摘がなされている[21]。

3. 准公務員たる個人的介護者への会費等の義務づけ

Harris v. Quinn, 573 U.S. 616（2014）

事実の概要

　何百万人ものアメリカ人は、高齢や疾病などを理由として、介護者無しには自宅での生活ができないが、ホームケアを依頼するだけの費用を負担できない。そこで、連邦は、州に対して資金を提供して、本来は施設への収容が必要な者に対し、ホームケア・サービスを行うプログラムを設定したところ、このプロ

グラムにはほとんどすべての州が参加した。

イリノイ州もそのひとつであるが、州民は、その必要に応じて、「個人的介護者」を雇うことが認められた。「個人的介護者」の多くは、ケアを受ける者の親類であり、その自宅で介護サービスが提供されている。ケアを受ける者と提供する者との間で、使用者と被用者の関係が形成され、ケアを受ける者は、使用者としての地位が強調され、雇用関係のすべての部分を管理する責任がある。州は、連邦の補助を受けて、「個人的介護者」のサラリーを支払うことになっていた[22]。

ところで、州の公務員労働関係法は、公務員が労組に加入し、雇用条件について団体交渉することを認め、非組合員にも会費等の納付を義務づけた。そして、「個人的介護者」も公務員であるとされ、団体交渉を行う統一労組が選挙によって選ばれ、「個人的介護者」もこれを納付することになり、彼らのサラリーから直接に控除された。

上告人は「個人的介護者」すべてのためにクラス・アクションを提起し、会費等を定める規定の執行の差止め、及びその納付を義務づける限りにおいて、州法が修正1条に違反することの宣言を求めた。

最高裁は、アブード事件（1977年）で示された考え方には、いくつかの点で疑問があるとした。

判　旨
公務員と民間被用者の違い

「公的部門では、給料、年金、給付金は、重大な政治問題であるが、一般論として、このことは、民間部門においてはそれほどあてはまらない…公的部門においては、団体交渉を目的とした労組からの支出と、政治的な目的を達成するためになされる支出とを区別することが概念的に困難であり…団体交渉と政治的主張及びロビー活動は、ともに政府に向けられている」。*Id.* at 636-37.

公務員としての個人的介護者の特殊性

「アブード事件（1977年）で問題となった公務員は完全な公務員であるが、本件における個人的介護者の地位は、これとは異なる。イリノイ州は、団体交渉のみを目的に彼等を公務員とし、この目的以外では、民間の被用者とみている。

個人的介護者が責任を負うのは、顧客に対してであり、州に対してではない。州も、彼等を法律上の定年、健康保険、生命保険から排除している…不法行為に関しても州は責任を負っていない」。Id. at 641.

　正公務員と准公務員の違い

　「アブード事件（1977年）の考え方が及ぶのは、正公務員 full-fledge state employee であって、准公務員ではない。そこで本件では、一般的に適用される修正1条の基準によって、強制徴収の合憲性を分析しなければならない」。Id. at 645-46.

　この事件では、正公務員か准公務員であるかに着目し、アブード事件（1977年）の考え方は適用されないとした。その上で、アブード事件（1977年）が、それまでに形成されてきた、民間労組による被用者への強制徴収に関する判例法理に依拠していたことを批判し、公務員労組の特殊性を強調している[23]。すなわち、統一労組による団体交渉は、公務員の場合には政治的活動と区別することは難しく、これへの意に反する経済支援は公務員の修正1条の自由を侵害するとしたのである[24]。

　また、会費等を強制されたのが、正公務員ではなく准公務員であったため、本件はアブード事件（1977年）とは区別されるとしているが、ユナイテッド・フード事件（2001年）での考え方、すなわち、包括的プログラムに対する付随する会費等の徴収という位置づけが、本件には欠けていたとの認識もあるように思われる。すなわち、「個人的介護者」に関する正当な包括的プログラム、例えば統一労組の結成は存在せず、したがって会費等は、プログラム実施のため「付随的な」負担という形になっておらず、修正1条への直接的な制約となっているということである。

　このように、アブード事件（1977年）の考え方が少しずつ蚕食されていくなか、ジェイナス事件（2018年）(Janus v. AFSCME, COUNCIL 31, 201 L. Ed. 2d 924 (2018)) では、遂に判例変更がなされた。判例変更の起点となったのは、主として2点である。ひとつは、労働関係の平穏という目的が正当であることを前提に、その達成のための手段として「フリーライド」防止を用いることに疑問を呈したこと、もうひとつは、意に反する公務員から会費等を強制徴収することが、公

務員の表現の自由への制約であることを強調し、この点に関する判例法理の分析から結論を導き出したことである。以下、事実の概要に続いて、少々長くなるが、判旨を紹介し、次いで、反対意見を引用しつつ、判旨の検討を行っていく。

4. 公務員労組による団体交渉の政治性と公務員の思想の自由

Janus v. AFSCME, COUNCIL 31, 201 L. Ed. 2d 924（2018）
　事実の概要

　イリノイ州公務員労働関係法（本件州法）により、公務員は、その過半数により統一労組を結成できるが、その場合には個々の公務員の権利は、相当程度の制約を受ける。すなわち、他の代表又は自分自身による、使用者との交渉ができなくなるのである。更に、非労組員であっても、組合費の一定割合を会費等として支払う義務があった。労組活動のうち、団体交渉の代表として支出される額等を「費用負担可」、労組の政治及び思想的活動については「費用負担不可」とし、非労組員は前者のみを納付する義務が課せられた。

　本件州法では、「費用負担可」とされたのは、団体交渉、契約締結、給与、労働時間、労働条件に関連する支出であり、「費用負担不可」は、公職候補者の選挙又は支援に関わる支出であった。この基準に従い、使用者は会費等を給与から自動的に控除した。この控除については、非労組員からの事前の同意は必要なかったが、会費等の額が決定されると、労組はいわゆるハドソン・ノーティスを送らねばならなかった。これにより、金額の根拠を説明し、疑問があれば、非労組員はこれを争うことができた。本件においては「費用負担可」として労組費の78.06％の納付が非労組員に義務づけられた。

　上告人は、イリノイ州によって、チャイルド・サポートのスペシャリストとして雇用され、他の公務員3万5000人と共に、被上告人・統一労組によって代表されていた。上告人は、被上告人の公共政策に関する立場—これには団体交渉に関する立場も含まれる—の多くに反対していたため、労組員にはならなかった。特に、被上告人の団体交渉における言動は、現在イリノイ州が抱えている財政危機を理解していないと考え、これを支援するために会費等として月額44.58ドル、年間535ドルの請求に応ずることはできないとして訴えを提起

した。

判　旨

統一労組による団体交渉と修正 1 条

「当裁判所が認識してきたのは、団体交渉を行っている際に、労組は、政治的及び市民的に重大な結果をもたらす多くの立場を有し、これに公務員が経済的にサポートすることを義務づけるならば、修正 1 条への重大な侵害をもたらすということである[25]」。Id. at 939.

労働関係の平穏と会費等納付の強制

「労働関係の平穏は、やむにやまれぬ州利益である。しかし、アブード事件（1977 年）においては、想定されていた大混乱が、会費等を認めなければ発生してしまう、との証拠は示されず、またこの懸念に根拠がなかったことは、現在では明らかである…連邦法律の下では、多数決によって選出された労組が公務員の統一代表とされているが、会費等は認められていない…労働関係の平穏は、会費等を課すことよりも、結社の自由への、より制限的でない手段を用いることによって、容易に達成できるのである」。Id. at 941.

会費等の正当化理由としてのフリーライド防止

「統一労組は、すべての公務員の利益を、労組員であるか否かに拘わらず、代表することが求められている…もしも会費等を義務づけなければ、労組は、非労組員を代表しようとはせず、また、労組により非労組員を公正に代表することが根本的にアンフェアとなる、とすることも、いずれも確たる主張とはいえない」。Id. at 942.

統一労組としての承認がもたらす利益

「会費等の納付がなされなくとも、労組は、統一労組として承認されることにより、多くの利点が得られる…団体交渉の場で、全ての被用者のために意見を述べる独占的権利を有しているというだけでなく、使用者は、法律上、この労組のみを相手として、誠意をもって in good faith その主張に耳を傾け、交渉することが義務づけられる。統一労組としての承認は、その権限を広大なものとするのである…これらの利益の方が、非労組員をも公正に代表するという、加重された義務よりもはるかに上回っているのである」。Id. at 942-44.

公務員の表現規制に関する先例に基づく会費等の検討

「ピカリング事件（1968 年）（Pickering v. Bd. of Educ. of Township High Sch. Dist. 250, 390 U.S. 563（1968））では、一人の公務員の言論、及びその責任が問われたが…本件においては、公務員すべてに対して、自分が賛成しない言論にも資金提供するよう、一律に求めている…1 人に対する管理的な判断が問題となっている場合よりも、広範に影響をもたらす言論規制法の方が、はるかに深刻な懸念が持たれるのである」。*Id.* at 948.

公的関心事と私的関心事の区別

5％の給料上昇を 1 人の公務員が主張した場合、「その主張するところは、単に私的な関心事である…しかし…何百万人の公務員のために、公務員組合が 5％の賃金上昇を要求した場合…公的関心の領域は大いに拡張され、私的な関心とされる領域は相当程度に縮小するのである」。*Id.* at 949.

ピカリングテストの本件への適用

「ピカリング事件（1968 年）では、公務員による言論は、政府の効率的な機能に干渉する可能性があることが考慮されている…しかしながら、被用者に対して、その意に反する言論の発言を強制する…場合には、ピカリング事件（1968 年）の考え方は決して適用されることはないのである」。*Id.* at 949.

「一般に、公務員が職務上の義務を果たそうとする場合、その言論はその使用者によって管理されている…被用者の職務上の義務の一部である言論を被用者が行った場合、実際には、その言葉は使用者の言葉である…しかし、労組が使用者と交渉し、又は被用者を代表する場合…労組は被用者のためにであって、使用者のために表現を行うのではない」。*Id.* at 950.

「公務員…に対して、州は、どの程度の支出を行えばよいかの問題が、公的関心事ではないとすることは不可能である…団体交渉においてなされる組合の言論、すなわち、教育、子ども福祉、ヘルスケア、少数者の権利…は重大な公的関心事である」。*Id.* at 950-52.

判旨の検討

フリーライド

多数意見は、まず、労働関係の平穏は正当な目的であることを確認し、その

上で、この目的を達成するための手段として、非労組員にも会費等の納付を強制していることについて検討している[26]。これまでも、会費等の納付及び支出の具体的な方法や範囲については争いがあったが、団体交渉を目的とする納付・支出そのものが許されることには争いがなかった。その根拠の一つとして主張されていたのが「フリーライド」論であった。自らは、統一労組による団体交渉の恩恵を受けながら、その経済的支援を怠ることは許されず、これを認めるならば、統一労組による、全ての公務員の公正な代表は困難となり、ひいては労働関係の平穏は得られなくなる、とされてきた。

これに対して多数意見は、「統一労組としての承認」を受けることによって、いくつかのメリットを労組にもたらし、その権限が拡大するので、「フリーライド」は労組に経済的負担をもたらすにもかかわらず、全公務員の公正な代表という機能を果たすのに支障を来さないとした。しかしながら、この点には若干の疑問がある。

多数意見は、あたかも帳尻が合うので、「フリーライド」は無視してよいといっているようにもみえる[27]。しかし、同じサービスを受けながら一方は費用を負担し、他方はこれを免れている場合、費用負担者の不公平感を考慮する必要はないのだろうか。

言論の「強制」としての会費

次に、多数意見は、公務員労組の場合、団体交渉も政治的言論であり、その内容・方法等に異を唱えている公務員に、会費による経済支援を強制することは修正1条に違反するとする[28]。すなわち、会費は、一定の言論を公務員に強制することになるとするのである[29]。

多数意見は、特定の表現の「規制」と、意に反する表現の「強制」の両者は区別され、後者への表現の自由への保障は、より強固なものであり[30]、したがって審査基準は厳格なものになり、会費の強制という「手段」は、正当な「目的」を達成するために、不可欠なものか、より制限的でない手段でも達成可能であるか、等の検討がなされたのである[31]。

この考え方に、真っ向から反対しているのが、ケイガン裁判官の反対意見（ギンズパーク、ブライヤー、ソトメイヨール各裁判官加わる）である。ケイガン裁判官は、職場における公務員の表現の自由は、特殊な制約を受けていることを強調する。

すなわち、公務の遂行が効率的になされるためには、被用者たる公務員の言論は規制されねばならず、使用者たる政府の「裁量」が認められねばならない[32]。そして、この点についての最高裁の判例であるピカリング事件（1968年）の考え方が参考にされている。

　そこで、この点を検討するために、まず、ピカリング事件（1968年）の判例法理を簡単に確認しておこう。この事件は、ローカルの教育委員会に雇用されている高校教員が、その教育委員会による公債発行等に関して批判する文書を新聞社に投稿したところ解雇されたため、修正1条違反を理由に復職を求めて訴えを提起したという事件である。

　最高裁は、いち市民としての公務員が、公的関心事についての意見を述べることによって得られる利益、及び公務員による職務の能率的遂行という政府利益の両者のバランスが重要であるとした。そのために、第1基準として、「正当な公的関心事」に関する言論は、懲戒処分等によって脅かされてはならないこと、第2基準として、その表現によって、職場の秩序や協調関係に亀裂を生じさせていないこと、を掲げていた[33]。

　このピカリング事件（1968年）をもとに、ケイガン裁判官は、会費等の強制に関して、第2基準を重視し、その適用を強調する[34]。そして、職場を効果的に機能させるために、被用者の言論、とりわけ雇用条件に関する言論への規制に関しては、政府に相当程度の「裁量」が認められているとする[35]。そこで、統一労組による団体交渉に関して、たとえそれが意に沿わないものであっても、これへの資金提供を求めることは、政府の表現規制に関する権の「裁量」の範囲内にとどまるとした[36]。

　これに対して多数意見は、表現規制に関する政府の「裁量」が及ぶのは、被用者の職務上の義務に関する言論で、それは政府の言論と同視すべきものであり、団体交渉は、労組が被用者のために、使用者と交渉しているのであって、使用者のために表現を行っているわけではない、したがって、その制約に政府の「裁量」が認められることはないと反論している。

　この対立をどうみるか。確かに、公務員の労働条件は政治的な問題を提起し、「公的関心事」の側面を有するといえる。しかし、それは同時に、被用者の私的利害を強く反映しており、その制約を「裁量」の枠内として安易に認めるこ

とは許されない[37]。そうした点からも、第2基準をストレートに用いて、修正1条の自由の制約を認めることはできない。しかしながら、本事件の難しいところは、1人の公務員による言論への「制約」ではなく、会費等の納付を媒介とする、一定の言論の支援の「強制」である。前者を前提とするピカリング事件（1968年）との相違をどう見るかである[38]。

　多数意見は、言論の強制は、言論の制約よりも修正1条への侵害が強度である、として厳格審査を用いて結論を導いている。他方、ケイガン反対意見は、多数意見の前提は、必ずしも判例の支持するところではなく、また、会費等は、あくまで職場問題、雇用条件であり、この点についての表現には、やはり第2基準があてはまるとするのである。強制的な会費等を「公的関心事」と見るのか「職場の秩序」に関する事項とみるのか、対立しており判断は難しいが、具体的な思想に対する具体的な資金の提供とは異なって、一般性を有する問題についての強制的な資金提供であれば、具体的な思想を支持していると受け取られることはほとんどなく、資金提供者の思想の自由への制約も相対的に減少するとも考えられよう[39]。

ま　と　め

　以上、労組による被用者に対する会費等の強制徴収に関して、主として、被用者の思想・言論の自由侵害という観点から、合衆国最高裁の判例法理の流れをフォローしてきた。そこから、窺えることをいくつか確認しておく。

　まず、修正1条の自由への制約を考察する際の基本である、「目的」の正当性及び「手段」の相当性という観点から判例が展開していることが分かる。使用者と被用者の労働条件をめぐる過剰な争いの防止、労働環境の平穏という「目的」が正当であることは疑いがない。この「目的」を達成するために、州際通商に関する権限が認められる議会は、RLAにより、統一労組による、被用者全員の代表、及びこれと表裏を成す会費等の強制徴収という「手段」を定めた。会費等は、たとえ、統一労組の思想や活動に賛成していなくとも、一律に納付が義務づけられており、その限りで、意に反する思想・活動への経済援助となり、修正1条の自由を制限する。これについて、最高裁は、統一労組による団

体交渉は、労働環境の平穏という「目的」に結びついており、その費用を団体交渉から利益を受けている被用者に負担させることは許されるとした。

しかしながら、労組の活動には様々なものがあり、政治的・イデオロギー的な活動も行われる。そこで、これらに異を唱える被用者の修正１条の自由を重視し、その経済的負担の強制は許されないと判断された。この場合にも、何が、団体交渉であり、又は政治活動であるのか、個々の被用者はいかなる活動に異を唱え、又は唱えていないのか、更には、団体交渉等に限定して経済的負担をさせるためには、いかなる徴収・還付方法がとられるべきか、主として技術的な問題が提起されてきた。

しかしながら、2000年代に入り、この流れに変化が生じてきた。ひとつは、「フリーライダー」に関する考え方の変化である。統一労組の団体交渉により利益を受けているにもかかわらず、その費用負担を免除するならば、制度自体の運営に支障をきたす、との考え方は、連邦法律の実務からも必ずしも根拠がないことが示された。

もうひとつは、公務員労組の場合であるが、その団体交渉は、私企業のそれとは違って財政に関する政治問題を提起し、「正当な公的関心事」であることが重視されるようになってきた。ピカリング事件(1968年)の判例法理を適用し、公務員の統一労組による団体交渉は「正当な公的関心事」であり、公務員がこれを批判すること―そのための手段として、団体交渉のための費用負担を拒否するという、消極的表現行使―は、修正１条によって保護されるとの考え方が示されるようになった。

その一方で、同じく、ピカリング事件（1968年）の法理を適用し、公務員労組の団体交渉は職場内部の問題であって、職務の効率的な遂行という観点から、公務員の言論は相当程度に制約されても、修正１条に違反しない。統一労組の団体交渉―たとえそれが意に反するものであっても―への費用負担は、自らの思想・表現への、職場秩序を理由とする、甘受されるべき制約と考えるのである。

このように、最高裁内部においては見解が激しく対立しているが、この問題はどのように考えたらよいだろうか。組織に対する費用負担と思想・言論の自由の関係を改めて検討する必要があるように思われる。費用負担と言論を表裏

一体と考えれば、意に反する費用負担は言論の「強制」となり、一定の「制約」と比べて言論への制限は強度と考えることができるであろう。しかし、費用負担と言論との間に何らかのクッションがある—例えば、活動の概括が定められ、具体的な活動内容についてはその都度の多数決によって決定される場合—費用負担による修正1条への侵害はやや緩和した形でとらえられることになろう。今後は、このクッション部分の検討が重要になると思われる。

【注】

(1) 同様のことは、労働組合の活動と労組員個人の思想の自由に関しても問題となるであろう。労働組合による労組費の徴収と労組員の思想の自由が問題となった事件として、最三判昭和50年11月28日民集29巻10号1698頁がある。国鉄労働組合が、脱退した元労組員に対して、脱退当時、未納であった一般労組費と臨時労組費の支払いを求めて訴えを提起した事件である。最高裁は、これらの費用のうち、「政治意識高揚資金」と称する、総選挙に立候補した労組出身者の支援のため、その所属政党になされた寄付については、支払い義務は存在しないとした。すなわち、選挙において、どの政党・候補者を支持するか、は各労組員の自由に委ねられる一方、労組も統一候補を決定しこれを支援できるが、この点についての各人の判断は「投票の自由と表裏をなすものとして…自主的に決定すべき事柄である…労働組合が…統一候補を決定し、その選挙運動を推進すること自体は自由であるが…組合員に対してこれへの協力を強制することは許されない…その費用の負担についても同様に解すべき」とした。なお、この判決においては、組合員の経済的地位の向上は、広く他組合との連帯行動によって実現することが予定されているとし、その支援は協力義務の範囲に含まれるとした。しかし、安保闘争のような一定の政治的活動の費用として、その支出目的と個別的関連性が明白に特定されている資金の拠出を強制することは、その活動への積極的協力にあたり、その支援を強制するに等しいとしている。もっとも、こうした闘争を理由として処分された組合員の救済資金の拠出は、直ちに闘争自体への協力にならず肯定できるとする。しかし、この点については、こうした拠出の実質は活動そのものの支援強制であるとする2名の裁判官による反対意見が付されている。

(2) この事件で最高裁は「憲法第三章…の各条項は、性質上可能なかぎり、内国の法人にも適用される…会社は、自然人たる国民と同様、国や政党の特定の政策を支持、推進または反対するなどの政治的行動をなす自由を有する」としている。

(3) A司法書士会が、阪神大震災により被災したB司法書士会に対して、復興支援金を送金するため、その会員から登記申請1件当たり50円の復興支援特別

負担金を徴収することが問題になった事件がある。最一判平成 14 年 4 月 25 日判時 1785 号 31 頁は、復興支援金の目的は、経済支援を通じて司法書士業務の公的機能を回復させることであり、A の「目的」の範囲内であるとした。2 名の裁判官による反対意見はあるが、意に反する経済支援により、司法書士の憲法 19 条・21 条の自由が侵害されたとの議論は必ずしも十分にはなされていないようである。なお、強制加入団体である行政書士会が政治団体に寄付を行ったことが、その目的の範囲を超えているとされたものの、一般会計からの支出であれば会員個人の思想の自由を侵害しないとした事件がある。神戸地裁尼崎支部判平成 19 年 7 月 17 日判時 1995 号 104 頁。

(4) アメリカにおいても、強制加入団体である弁護士会と会員である弁護士との間で政治・立法に関する思想上の対立を生じることがある。弁護士は、弁護士会に対して一定の会費を納付しており、それが自らの思想に反する活動に利用されてしまうなら、修正 1 条の自由を侵害するとの主張がなされるのである。合衆国最高裁判所は、弁護士会の目的に関連する活動であれば、個々の弁護士の思想に反したとしても、会費からの支出は修正 1 条に違反しないとしている。しかしながら、いかなる活動が目的関連事項であるのか、その活動への会費からの支出が、なぜ、どのように弁護士の思想に影響するのか、困難な問題が残されている。以下、やや詳しく判例を紹介しておこう。ラスロップ事件（1961年）(Lathrop v. Donohue, 367 U.S. 820 (1961)) では、ウィスコンシン州の強制加入の弁護士会と会費を納付した弁護士が対立し、弁護士会が弁護士の意に反する活動を行っており、修正 14 条に違反していると主張した。最高裁はこの主張を退けたが、その理由として、まず、弁護士会の目的が、「州民が利用するリーガル・サービスの質の向上、及び州弁護士会の教育上及び倫理上の基準の向上」にあるとする (Id. at 843)。その上で、弁護士会の多数派が、既に提案されている立法に対して、いかなる立場をとっているかについて、その見解が示されることによって、一般公衆の利益が促進され、この利益は、反対する弁護士の会費から支出されることがもたらす、ごくわずかの不利益をはるかに凌駕している、とする (see id. at 844-45)。もっとも「ある立法に弁護士が反対しているにもかかわらず、弁護士会がこれを無視してその立法を支持することは、強制加入の弁護士会の権限行使として、正当な機能を果たしているとはいえない」との批判がある (Lathrop, 367 U.S. at 875)。この事件では、弁護士の思想がいかなるもので、それが、弁護士会のいかなる活動によって侵害されたかについて、具体的な主張がなされていないことを理由に、違憲の主張は最高裁によって支持されなかったが、その判旨はいま一つ歯切れがよくないようにも思われる。ブラック裁判官の反対意見は「ウィスコンシン州弁護士会は、立法に影響を及ぼすための活動に…原告から徴収した会費を実際に使っている…こうした活動の多くは、原告が支持する立法に反対するためになされているのである。こうした状況にあっては、原告が主張していないとの理

由で憲法上の判断を示せないとすることは、空疎な形式主義であるにすぎない」と指摘している（*id.* at 870）。弁護士会の目的に沿った活動とは何かを明らかにし、弁護士会（会員弁護士の多数派）による政治的行為とこれに反対する個々の弁護士の思想の調整をどのように行っていくかは困難な問題であるが、立法・政治活動にも様々あり、弁護士会の目的、例えばリーガル・サービスの向上に資する活動については、反対する弁護士から徴収した会費を用いることも許されるとの考え方が示されている判例がある。ケラー事件（1990 年）（Keller v. State Bar of Cal., 496 U.S. 1（1990））の被上告人・カリフォルニア州弁護士会は、弁護士の強制加入団体として、会員の弁護士から会費を強制徴収し、司法実務の改善という広範な任務の下で、弁護士の職業上の行動規範及び懲罰に関するルールを定める等の自主規制的機能を果たし、更には、立法者や他の政府機関に対するロビー活動なども行っていた。上告人・弁護士は、被上告人の会員であるが、自分が賛成していない政治的イデオロギーを発展させるために被上告人によって自らの会費が用いられ、このことは、修正 1 条及び 14 条が保障する言論・結社の自由を侵害しているとし、この差止めを求めて訴えを提起した。最高裁は、弁護士会による、政治的又はイデオロギー的活動に関わる支出が認められるかどうかを判断する基準は、争われている支出が、法律専門職を規律し又はリーガル・サービスの質を向上させることに必然・合理的に関わっているかどうかである。その判断は必ずしも容易ではないが、両極ははっきりしている。銃規制の推奨促進、核兵器凍結のイニシアチブを目的に強制会費を用いることは許されない、他方、会員弁護士の倫理に関する規定を提言するための活動に対して支出することは許される、とした（*see id.* at 15-16）。なお、この事件については、拙著『日米比較憲法判例を考える〈人権編・改訂第三版〉』18 頁（八千代出版、2022 年）参照。また、日本における強制加入団体と会員の思想の自由が問題になった事件を、司法審査の観点から総合的に論じたものとして、中谷実「弁護士会等強制加入団体における構成員の思想・信条の自由をめぐる司法消極主義と積極主義（1）～（3）完」南山法学 31 巻 1・2 号 113 頁（2007 年）、同 31 巻 4 号 1 頁（2008 年）、同 32 巻 1 号 111 頁（2008 年）。

(5) ユニオン・ショップは、労組員たることを雇用の条件とする、組織強制のひとつである。使用者は、労組に加入しない、又は労組員でなくなった被用者を解雇する義務を負担する。クローズド・ショップは、労組員のみを雇用し、又は労組員でなくなったときはこれを解雇し、エージェンシー・ショップは、労組に加入しない、又は労組員でなくなった被用者が、組合費同等額を納付しない場合には、これを解雇する義務をそれぞれ使用者に負担させるものである（菅野和夫『労働法（第 11 版補正版）』799 頁（2017 年））。なお、フィスク＆チェメリンスキーは、被用者の雇用の条件として、労組への加入及び会費等の納入を強制する制度に関して、次のように説明している。当初は、クローズド・

ショップ契約がなされ、その根拠はワグナー法であった。被用者は労組に所属し、労組が提供するサービスの資金をまかなうために会費を支払うことは、多くの産業における共通の実務であったが、それらは私人間の雇用契約であったために、憲法問題は提起されなかった。1947 年タフト・ハートレー法は、被用者と使用者のために、労組に抵抗するための権利を規定した。その中には、クローズド・ショップの禁止も含まれていたが、労組及び企業には、雇用後30 日を経過したならば、被用者に対して労組加入を求める権利が残されていた（ユニオン・ショップ）。この法律の改正にあたり、議会は、労組が非労組員のフリーライドについて懸念していることを認識していた。更には、州には労組安全契約を制限する権限が認められていた。この権限行使について、州には温度差があるが、勤労の権利を認めている州においては、労組と使用者が、労組加入を雇用の条件とすることを禁止している。このような州においても、労組は依然として、代表するすべての被用者にサービスを提供することを義務づけられ、他方、被用者に対しては、団体交渉のコストの公正な分担を求めることはできなかった。勤労の権利を認めていない州においても、使用者と労組は、被用者の組合加入を求める契約の締結を行うことは、憲法上は認められていなかった。そこで、団体交渉等の組合サービスに対して会費等の支払いを、その労組が代表している被用者に求めていたのである。この会費等が最高裁で問題とされ、否定されたのがハンソン事件（1956 年）である。ここでは、連邦鉄道労働法（RLA）は、ネブラスカ州法が認める勤労の権利を侵害しており、労組を支持することを被用者に強制しているので、違憲であるとした。最高裁は、従来、被用者が会費を支払い、その中から労組が支出することは私人間の問題であるとされていたが、州による勤労の権利を RLA が先占することは、十分にステイトアクションであるとした。また、統一的団体交渉の代表に対して、被用者から強制的に資金提供させることは、被用者の修正 1 条の権利を侵害しないとした。ただし、証拠の問題として、被用者の反対にもかかわらず支出された会費等は、どのような場合に表現の自由を侵害することになるのかについての問題を先送りにした。この問題については、ストリート事件（1961 年）において最高裁は、鉄道会社と被用者との間を自律的に調整する労組の役割を重視した。そこで、RLA が意図しているのは、団体交渉に関するコスト及び紛争の解決のためのコストを被用者に強制的に負担させることであるが、議会は、労組の政治言論を補助することを被用者に強制することは意図していない。*See* Catherine L. Fisk & Erwin Chemerinsky, *Political Speech and Association Rights after Knox v. Seiu, Local 1000*, 98 CORNELL L. REV. 1023, 1031-35（2013）[hereinafter *Fisk & Chererinsky*].

(6) こうしたユニオン・ショップが認められるまでの沿革について、グールドは次のように説明している。1947 年のタフト・ハートレー法の改正においては、①雇用に先立って、労組員になることを強制するクローズド・ショップの禁止、

②雇用の条件として労組員になること、又は経済的負担を義務づける、いわゆるユニオン・ショップについては、任意の交渉により行うこと、③勤労の権利を定めることを州に認めたこと、である。*See* William B. Gould IV, *Organized Labor, the Supreme Court, and Harris v. Quinn: Déjà Vu All Over Again?*, 2014 SUP. CT. REV. 133, 136 (2014) [hereinafter *Gould*]. ところで、鉄道会社に関しては、1951 年に RLA が改正されるまでは、オープン・ショップ—組合のメンバーになることも、会費の納付も強制されない—であったが、ハンソン事件（1956 年）により、RLA が認めている会費等の納付を義務づけている限りは、修正 1 条違反は生じないとされ、ストリート事件（1961 年）では、これらの納付を雇用の条件とすることは違憲ではないとした。しかし、議会は、鉄道労組による政治への強力な介入が長く続けられてきたことを認識しており、被用者の納付金が、反対する政治的主張のために支出されることを制限している。*See id.* at 136-39.

(7) サックスは、ハンソン事件（1956 年）において、最高裁は、労組にはフリーライドを克服するとの利益が存在し、これを目的として会費等を徴収することは正当化されるが、こうした財政的な目的以外、例えば政治目的での支出を行っているとの証拠はなかったので、修正 1 条違反は認定されなかったとする。*See* Benjamin I. Sachs, *Agency Fees and the First Amendment*, 131 HARV. L. REV. 1046, 1052（2018）[hereinafter *Sachs*].

(8) タングは、ストリート事件（1961 年）においては、修正 1 条の憲法問題を回避した上で、RLA の文言を解釈し、被用者の反対があるにもかかわらず、その政治的主張をサポートするため、彼らから徴収した資金を使う権限が労組にはないとした。その一方で、使用者は、団体協約のための交渉及び実施並びに苦情や争訟の解決に際して労組が負担した費用を、これに反対している被用者からも徴収できるとした。もっとも、政治的主義や選挙運動に関する費用については、いかなる形でも、反対する被用者に負担させることはできない。その後の最高裁は、この公正な負担という考え方を、私的組合については制定法律の解釈として、公的組合については修正 1 条の解釈として、示すようになった。*See* Aaron Tang, *Public Sector Unions, the First Amendment, and the Costs of Collective Bargaining*, 91 N.Y.U. L. REV. 144, 170 (2016) [hereinafter *Tang*].

(9) 会費等の徴収・支出に関して、被用者は、政治目的での労組の活動に反対である場合には、積極的にその意思を示す必要があるとの考え方が問題となった事件がある。Davenport v. Wash. Educ. Ass'n, 551 U.S. 177 (2007) においては、労組が、非労組員から徴収した会費等をその積極的な同意がない限り選挙関連の目的で支出することはできない、とするワシントン州法が問題となった。被上告人・労組は、統一労組として非労組員から会費等を徴収していたが、彼等に対して費用負担不可の部分については納付を拒否する権利があることを

通知していた（ハドソン・パケット）。その際に3つの選択肢があることを示していた。①30日以内に異議を申立てなければ会費等の全額を支払うこと、②費用負担不可の支出について納付を拒否し、被上告人が算出した払戻金を受け取る、③費用負担不可の支出について納付を拒否し、仲裁人が算出した払戻金を受け取る、である。この手続が終了するまで、被上告人は、争いの対象となる会費等を第三者に預託していた。上告人・非労組員は、選挙関連の目的で支出する場合、非組合員からの事前の積極的な承認をとっていないと主張した。ワシントン州最高裁は、州法は、被上告人に対して、非労組員が反対していないことを確かめる責任を負わせることによって、労組と非労組員との修正1条のバランスを崩してしまっているとした。合衆国最高裁は、破棄・差戻しの判断をした。「政府機関が私的団体に対して、その実質において、公務員に課税する権限を付与することは異例のことである…§760は、この例外的な権限を労組が行使する際の条件にすぎないとし、非労組員が積極的に同意しない限りは、選挙関連の目的で彼らから徴収した会費等から支出することを禁止しているのである。異例の利益にこのような極めて穏和な制約を課したことが修正1条に違反するとの考えは、控え目にいっても、直観に反するのである…公務員から金銭を徴収する被上告人の権限に…課せられた、極めて制限的でない制約について、それほど大きな憲法上の問題は生じていない」。*Id.* at 184. ワシントン州裁判所は、労組が支出を禁止されるためには、非労組員が、事前に反対の意思表示をしたことを証明する責任を果たさねばならないとしたが、その根拠としてハドソン事件（1986年）等で指摘された「反対は推定される必要はない。反対する非労組員は労組に対して積極的にこれを通知しなければならない」を掲げる。しかしながら「当裁判所がハドソン事件（1986年）で示したのは…アブード事件（1977年）の要件を満たすための手続についての最小限度の輪郭である。ワシントン州が、この最小限の手続以上を要求したとの事実があるだけでは、修正1条の検討を行うきっかけにはならない…ワシントン州最高裁は、"反対は推定されるべきではない"との当裁判所の説諭にあまりに多くを読み込み過ぎている。その意味するところは、単に次のとおりである。すなわち、より狭い救済方法によって、法律及び憲法上の制限が…可能であるならば、反対をしていない公務員を含むすべての公務員の会費等の支出を裁判所が禁止することは適切ではない」。*Id.* at 184-86.

(10) グールドは、公的組合において、給与、年金、給付金は重要な政治問題であるが、私的組合では一般的にそうではない、と指摘する。*See Gould, supra* note 6, at 148.

(11) タングは、この問題について、次のように整理している。多くの州では、公務員は、公務員労組に公正な会費等を支払うことを求められている。たとえ、この労組とは反対の立場をとっていたとしても、である。その目的は、効果的な職場代表によって、労組の利益を確保することである。ところで、修正1条と

公務員労組に関する法律とは本来対立しており、公正な費用負担の問題が、その中心である。修正1条は、反対する主義に強制的に資金提供させられることから個人を保護し、労働法は、労働者の声が交渉の場で反映されることを確保して、公的サービスの質を高めている。アブード事件（1977年）においては、労働法が勝利した。公正な負担金を課すことによって公務員にもたらされる修正1条への侵害は、ユニオン・ショップが労働関係にもたらす重大な貢献によって正当化されるとした。*See Tang, supra* note 8, at 146-47.

(12) フィスク＆ポイミロウは、アブード事件（1977年）において最高裁は、ストリート事件（1961年）の考え方を公務員の事件に及ぼした、と指摘する。アブード事件（1977年）で最高裁は、非組合員の反対にもかかわらず政治活動のために会費等から支出することは、憲法上は原則として許されず、団体交渉の代表としての役割に近似する目的に関してのみ、その支出が可能であるとした。団体交渉及びその近似的活動に会費等から支出することは合憲とされる。その理由はこれらの活動をカバーするコストは、政府のやむにやまれぬ利益であるからである。他方、労組の政治活動の援助を被用者に強制することは、修正1条に違反するとした。その後、最高裁は、反対者にも負担させることのできるコスト、及びできないコストとを区別するため一連の事件を判断してきた、としている。*See* Catherine L. Fisk & Margaux Poueymirou, *Harris v. Quinn and the Contradictions of Compelled Speech*, 48 LOY. L.A. L. REV. 439, 452-53 (2014) [hereinafter *Fisk & Poueymirou*].

(13) タングによれば、民間の使用者が、特定のメッセージを支持することを雇用の条件とするのは通常のことである。ステイトアクションが存在しないところでは、修正1条の保護は及ばず、政府に強制されるならば疑問とされることも、民間の使用者であれば許されるからである。逆に、公的使用者は、民間の使用者よりも、修正1条違反が生ずる可能性が高いことを懸念しなければならないとしている。*See Tang, supra* note 8, at 167-68.

(14) この点についてグールドは、アブード事件（1977年）で予想できなかった問題は、会費等のどの部分が、団体交渉に近似した活動として徴収可能であるのか、であるとする（*see Gould, supra* note 6, at 149）。また、サックスは、アブード事件（1977年）の考え方が約40年間にわたり法と考えられてきたが、この間にも最高裁は会費等に含めることが可能な支出とそうでないものとの区別をつけようとして、基本的な憲法判断を調整してきたとする。*See Sachs, supra* note 7, at 1053.

(15) 被用者が、労組による特定の支出に反対する場合、その支出が、被用者の統一的な代表として、労働条件に関して使用者と交渉する組合の義務を履行する目的にとって、必然、又は合理的に関連しているかどうかが問われねばならない。①代表者会議に要する費用について、この会議では、役員が選出され、交渉の目標が定められ、組合の政策全体について形成される。このような代表者会議

は、団体交渉の代表として組合が任務を果たすためには本質的なものである。②社会的活動は、団体交渉において中心的ではないが、全ての被用者に費用負担してもらうべき団体交渉に、十分に関連性がある。③定期刊行物も、反対する被用者に負担させることができる。ただし、その内容が、組合が被用者に行動することを求めることが可能な活動について報道している場合であって、反対者の会費等を費やすことができない活動を伝えている場合には、この限りではない。④組合の一般的な組織化活動又は契約の交渉や実施に付随していない、又は、交渉団体における苦情や争いの解決に付随していない訴訟の加入を、これらに反対する労働者の会費から支出させることはできない。⑤生命保険への加入を強制することを本法律が認めているかについては、労働組合がもはや統一的代表ではないので判断する必要はない。RLA が、会費等からの支出を認めた次の3つについては、修正1条による障壁は存在しない。ユニオン・ショップを認めることからする修正1条への制約は、「労働環境における平穏」という政府利益によって正当化される。労組の社会活動への貢献を強制しても、被用者の修正1条の自由への侵害は増大することはない。出版物が代表者会議の直接的なコミュニケーションの内容であるので、修正1条への侵害はほとんど生じない。*See* Ellis v. Brotherhood of Railway, 466 U.S. 435, 448-53 (1984). この事件について、判例の流れをふまえて詳細に検討したものとして、長岡徹「ユニオン・ショップと結社の自由」判タ564号42頁（1985年）。

(16)連盟費だけでなく、本件で問題となった労組の活動に対しても、反対する労組員の会費等から支出しても合憲である、とされている。ミシガン以外の州に向けたプログラム支出、及び、教員の声という出版物への支出は、たとえこの活動が上告人・労組の組員に直接の利益をもたらしていなくとも、団体交渉活動及び同様のサポートサービスに密接に関連している。指導・教育一般、職業の発展、無職、職業機会、表彰、その他様々な問題に関わる「教員の声」のような情報サービスは、その性質上政治的でもなければ公的なものでもない、直接には労組の組員にかかわらないにしても、全ての組員の利益になるし、修正1条の侵害にはならない。ストライキの準備に付随する費用は、団体交渉に付随する費用と異なるものではない。交渉を助力するものであり、反対する組合員の直接の利益にも役立ち、修正1条の権利に更なる負担を及ぼすものではない。協定の承認やその実施という限定的な状況以外で、ロビー活動、選挙、その他の政治的活動のために、反対者に費用負担させることは、労働環境の平穏やフリーライド防止という政府利益によっては正当化されない。そして、最も重要なことは、これらは、自らが反対するコアな政治的スピーチを強制することになり、修正1条の権利に負担を課すことになるということである。ミシガン州の公教育への資金確保を意図し、及びこれへの助力を求める「教員の声」は、上告人の団体交渉協定の承認及び実施に向けられていない。上告人の労組と無関係な訴訟、及びそれを伝える組合の出版物は、統一労組としての任務にとっ

て密接に関連しているとはいえない。組合活動以外の訴訟は、その政治的、表現的な性質においてロビー活動であり、破産の手続から雇用差別まで広範な領域をカバーしうる。教職の評判を高めることを目的としてなされ、パブリックフォーラムにおける政治的性質を有する言論は、労働組合の団体交渉機能と十分な関わりを持たない。また、交渉及び苦情の解決を超えているとして相当程度に修正1条の権利に負担を及ぼしている。*See* Lehnert v. Ferris Faculty Ass'n, 500 U.S. 507, 527-32（1991）.

(17) スカリア裁判官の一部同意・一部反対意見（オコナー、ケネディ、スータ各裁判官加わる）は、次のように主張している。多数意見の3つのガイドラインは先例から示唆されているものではない。労組が、反対する会員から金銭を強制的に徴収できるのは、統一的な代表として労組が、制定法上定められた義務を履行するためのコストに関するもののみである。このテストを用いると、公共に関連する活動とロビー活動への支出を含む、多くの支出を非労組員に負担させることはできない。*See id.* at 550-60.

(18) 資金提供の義務づけによる修正1条侵害について、やや緩和した形でとらえる考え方もある。ボード＆ボロクは、金銭の支払いを求め、それが政治目的に用いられたとしても、一定の思想、言論、団結を負担者に求めることには必ずしも直結していない、とする。*See* William Baude & Eugene Volokh, *The Supreme Court 2017 Term: Comment: Compelled Subsidies and the First Amendment*, 132 HARV. L. REV. 171, 180（2018）[hereinafter *Baude & Volokh*]. 例えば、戦争を行っている政府にお金を支払っても、必ずしもその戦争を支持しているとはいえない。納税者は、政府は、自分たちが反対する思想のために税金を使っている、と感じる場合があるが、修正1条は、刑事責任追及を背景とする強制的な税金の徴収から私たちを保護していない。たとえ、そのお金が、私たちが反対している政府言論のために支払われていても、である。*See id.* at 186-89. 日本においても、同様の指摘がなされている。金銭の出捐と思想の支持とは必ずしもイコールではないが、その政治的目的を開示する臨時組合費への拠出は「それ自体は客観的に…政治的信条…を支持したものとみられ…拠出者と右政治的信条等とがいわば一体化…されてしまう」としている。『最高裁判所判例解説（民事編）昭和50年度　佐藤繁担当』（法曹会）592頁参照。

(19) この点についてフィスク＆チェメリンスキーは、次のようにまとめている。これまでも公的及び私的労組の一般資金の支出によって、特定の政治的メッセージを伝えるためには、組合費からその額を控除してもらう必要があり、この機会が与えられないならば、修正1条又は法律上の権利が侵害される、とされてきた。しかし、ノックス事件（2012年）において、反対する被用者の権利が劇的に拡張し、被用者の方が最初に支払いを選択した場合のみ、政治活動を支持するための負担を負わすことが可能になった、とした。*See Fisk &*

Chererinsky, supra note 5, 1025-26.

(20) この点についてサックスは、アブード事件（1977年）及びこれを支持する諸判例は、団体交渉及び協約締結のために支出される会費等を許容しているが、会費等のこうした利用方法が憲法上認められるのかを問題としたのがノックス事件（2012年）である、としている。公務員労組は、団体交渉の過程の中で、強力な政治的及び市民的影響をもたらす多くの立場をとる。そこで、これらについての費用負担を義務づけることは、強制的な言論となり、修正1条の権利を重大な程度で侵害するとする。*See Sachs, supra* note 7, at 1052-54.

(21) 金銭の強制徴収による表現の自由侵害を密接に関連づける考え方に対して、両者の関係をやや希薄なものととらえる考え方もある。フィスク＆ポイミロウは、統一労組として提供するサービスに要した費用を納付することは、言論行使ではなく、サービスの購入にすぎないとする。これらは、図書館利用料、税金、住宅所有者組合の会費、保険料、公共料金の強制的な支払いが表現行為ではないのと同じである。*See Fisk & Poueymirour, supra* note 12, at 461-62.

(22) 州による雇用に関する規定は、基本事項にとどまっていた。すなわち、個人的介護者は社会保障番号を持っていること、基本的なコミュニケーション能力があること、雇用契約を結ばねばならないこと、等である。しかし、州の果たす役割は、サラリーの支払い以外は相対的にわずかである。*See Harris,* 573 U.S. at 623-24.　なお、この事件について、従前からの判決の流れをふまえて紹介・検討するものとして、橋本基弘「組合費の強制徴収と結社の自由 Harris v. Pat Quinn, 134 S. Ct. 2618（2014）」英米法系公法の調査研究（1）比較法雑誌50巻1号301頁（2016年）。

(23) フィスク＆ポイミロウは、アブード事件（1977年）は、ハンソン事件（1956年）及びストリート事件（1961年）の考え方に依拠しているが、ハリス事件（2014年）においては、これらの見解のうち、次の3つについてはその根拠となっていないと指摘する。第1に、ストリート事件（1961年）で強調されたことは、RLA制定にあたって私企業に期待したのは次の3点であるということである。すなわち、被用者が十分な訓練を受け、危険で困難な労働環境の安全を保つため、能力ある被用者をひきつけ、確保するだけの賃金を支払い、労働条件について労使間で平穏に解決するということである。そのためには、労組は、相当程度の資金が必要であり、利益を享受する被用者すべてに、そのコストを負担させることは公正である。次に、このシステムを維持するため、団体交渉や紛争解決に必要な費用を被用者に負担させることは、言論及び団結の強制とはならない。もっとも、反対する政治的主張を支持させるため、労組が、被用者からその費用を徴収することは禁止される、とした。*See Fisk & Poueymirou, supra* note 12, at 451-52.

(24) フィスク＆ポイミロウは、ハリス事件（2014年）は、州がその費用を支出してはいるが、私人が選び監督している個人的介護者、という特徴に限定して判

断されている。したがって、アブード事件（1977年）を批判しながらも、これを変更するには至っていないのは、個人的介護者の特殊性が理由である、と指摘している。*See id.* at 455-56.

(25) この事件において適用されるべき審査基準については、次のように説明されている。「修正1条の事件では、異なったコンテクストにおいて、異なるレベルの審査方法が用いられることを明らかにしてきた。会費等の合憲性を判断するために用いられるべき基準については…ノックス事件（2012年）において…商業言論は比較的弱い保護のみを受けているとしても…先例においては、厳密な審査 exacting scrutiny と呼ばれる審査基準が適用された。すなわち、商業分野以外であれば適用されると考えられている厳格審査 strict scrutiny よりも厳格度の低い審査 less demanding test than strict scrutiny が用いられた。この厳密審査によって、経済支援を強制するためには、それがやむにやまれぬ州利益のために役立ち、結社の自由へのより制限的でない手段によっては達成し得ないとした…ハリス事件（2014年）では…会費等は厳密審査をパスできなかったが、この審査基準が、言論の自由の権利に十分な保護を及ぼしているかについては疑問を呈した。なぜならば、この事件の中で強制されていた言論は、商業言論ではなかったからである…厳格審査が適用されるかについて判断することは不必要である。なぜならば、本件のイリノイ州の制度はノックス事件（2012年）及びハリス事件（2014年）で適用された、より緩やかな審査基準を用いてすら、支持され得ないからである」。Janus v. AFSCME, COUNCIL 31, 201 L. Ed. 2d 924, 939-40 (2018).

(26) 正当な「目的」を達成するため、会費の強制徴収を「手段」として位置づけ、両者の関連性を議論することは、公立大学における学生経費の分配に関してもなされてきた。すなわち、学生が納付した学費等が、学生の思想に反する方向で支出されたとして、修正1条違反の問題が提起されることがある。サウスワース事件（2000年）（Bd. of Regents v. Southworth, 529 U.S. 217 (2000)）では、大学は、多様な見解に基づくディベートを活発にさせる等の目的から、学生から会費等を徴収していたが、思想に反する政治的及びイデオロギー上の表現を行う学生団体に対しては、資金を与えるべきではないとの主張がなされた。最高裁は、大学の使命が、学生が広範な問題についてダイナミックな議論を行う場を提供することであるとするならば、大学は、そのような対話を支えるために、強制的な会費等を学生に課すことは許されるとする。しかしこの場合にも、学生の修正1条の利益を守るためには、資金の分配は、見解中立的になされる必要があるとした。この見解中立的な資金の配分に関して、ローゼンバーガー事件（1995年）（Rosenberger v. Rector & Visitors of the Univ. of Virginia, 515 U.S. 819 (1995)）は、特定宗教の支持を表明する出版物への資金提供を大学が拒否したことは表現の自由を侵害するとした。拙稿「アメリカにおける大学生の強制会費と修正1条の権利」作新地域発展研究1頁（2002年）

参照。

(27) この点について、ケイガン反対意見は「［多数意見の見解は］統一労組としての承認を与えられることによって様々な利益を受けることができ、その利益は、非組合員にもサービスを提供するコストを上回っている、というものである。しかし、このことは、肝心の問題、すなわち、会費等なくして労組は効果的な統一労組として活動できるか、という問題を回避している」と批判している。*Janus*, 201 L. Ed. 2d at 969.

(28) 多数意見は、金銭の納付と思想との間に密接な関連性があることを前提としているが、両者の関連性はそれほどではなく、会費等の強制徴収と修正1条違反を直接的に結びつけることには批判的な考え方がある。ボード＆ボロクは、信教の自由が問題になったケースであるが、一定の金銭の強制的な納付の要求が、宗教の実践に相当程度の負担を及ぼすことがあることを認めつつも、その拒絶が言論であるとされることはなく、また、費用負担の強制が、強制言論であるということにはならないとする。*See Baude & Volokh, supra* note 18, at 191. 更に、大学によるカリキュラムの選択は、一種の政府言論であるが、大学への資金援助となるからといって、これに反対であれば、納税の義務を免除されるとの憲法上の権利を有しないとする。*See id.* at 195.

(29) 会費等の強制を強制言論ととらえ、厳格な審査が必要とする考え方に疑問を呈する考え方がある。フィスク＆ポイミロウは、強制言論に関して、費用負担を含む問題に、バーネット事件（1943年）(West Virginia State Bd. of Educ. v. Barnette, 319 U.S. 624 (1943)) のような、現実に、一定の言論を強いる事件の考え方を及ぼすことは誤りであるとする。一定の言論の促進ではなく、より広範な規制権限の枠組みの一部として、経済的な支援を求めている場合、その法律は支持される傾向がある、とする。*See Fisk & Poueymirou, supra* note 12, at 469.

(30) この両者の区別にケイガン反対意見は異を唱えている。「多数意見は、一定の言論を強制すること、及び言論への制約を課すこと、の両者を区別しているが、十分な説得力はない。多数意見は、言論の強制は、常に、より多くの損害をもたらし、一層の正当化理由が必要であるとしている。しかしながら、多数意見が論拠として示す事件は一つで、しかも修正1条の分析においては極めて例外的なものである。すなわち、子どもの信仰に反して制約することを州が強制することが問題になっていた…言論の強制と沈黙の強制とを区別することは憲法上意味がない」。*Janus*, 201 L. Ed. 2d at 973.

(31) シフリンは、バーネット事件（1943年）やウーリイ事件（1977年）(Wooley v. Maynard, 430 U.S. 705 (1977)) では、強制言論に反対する見解が示されたが、その理由は、政治、ナショナリズム、宗教等に関して政府の示す公式見解に従わせることへの嫌悪である。これらの見解は、政府の公式見解を口にすることを強制されることにより、自分の見解が他者に誤って伝わること

から保護しようということである。*See* Seana Valentine Shiffrin, *What Is Really Wrong with Compelled Association?*, 99 Nw.U. L. Rev. 839, 852-53（2005）[hereinafter *Shiffrin*]．

(32)ケイガン反対意見は「アブード事件（1977年）の下で、公務員の雇用条件について交渉するために必要なコストを、公務員等に公正に分担させることができるとしたが、統一労組の政治的又は思想的活動には、これらから支出することはできない…当裁判所の判断において長らく明らかとされてきたことは、職場を効果的に機能させるという利益において、政府は被用者の言論、とりわけ雇用条件について、規制するための相当程度の裁量を有しているということである…アブード事件（1977年）で構築された考え方は、その典型的な例を示している」。*Janus*, 201 L. Ed. 2d, at 964-65（Kagan, J., *dissenting*）．

(33)この事件の紹介として、拙著『日米比較憲法判例を考える〈統治編・改訂第二版〉』72-73頁（八千代出版、2021年）、この事件を含めた判例法理の展開については、拙稿「公務員と表現の自由—アメリカにおける最近の判例の傾向」比較法制研究19号145頁（2006年）以下参照。

(34)ケイガン裁判官の反対意見は、職場の秩序を保つための表現規制と、意に反する団体交渉のための費用負担がもたらす思想・表現への規制との間の共通性を認識している。「アブード事件（1977年）では、団体交渉のために会費等納付を強制することは許されるとしたが、このことは、ピカリング事件（1968年）において、職場問題に関して、被用者の言論に制限を加えることが政府に認められるとしたのと同様である…アブード事件（1977年）の多数意見は、政治的な候補者をサポートする言論に対して会費等から支出することを禁止している…その言論への財政支援を強制する、正当な政府の運営上の利益があるとは考えなかったからである。そこで、被用者の修正1条の主張が認められたのであり、このことはピカリング事件（1968年）の下でも同様である」。*Janus*, 201 L. Ed. 2d, at 970-71（Kagan, J., *dissenting*）．

(35)ケイガン反対意見は「政府は、使用者として行動している限りにおいて…私的な使用者よりも広範な権限がある。雇用の条件に関する言論を規制している場合には、政府が敗訴することは現実にはあり得ない。この場合には、運営上の利益は明白でありかつ強力である」とする。*Id.* at 972.

(36)ケイガン反対意見は「政府の使用者は、民間の使用者と同様に、公的サービスを効果的に提供するために、被用者の言論を相当な程度にわたってコントロールする必要がある…被用者の言論の権利と職場のマネージメントの利益との間の適切なバランスを打ち建てるために、当裁判所はピカリング事件（1977年）にはじまるテストを用いてきた…被用者が、市民としての公的関心事についてではなく、被用者として職場問題に言及しているならば、修正1条の主張を行う可能性はない…使用者は…言論を規制する場合には、その背後には職場に関する正当な利益が存在することを示さねばならない。アブード事件（1977年）

はこの判断枠組みに一致している」とする。*Id.* at 970-71.

(37) ケイガン反対意見は「多数意見は、本件における主な主張は…団体交渉における労組の言論は公的資金の支出方法に影響を及ぼす公的関心事であるとする…しかしながら…問われるべきは、言論が真に職場に関するものなのか、すなわち職場に向けられ、職場でなされ、職場に関するもの…であるかどうかである。こうした焦点の絞込みをすると、雇用の条件及び環境に関する言論は…ピカリング事件（1968 年）で示された第 1 段階の基準においても保護されない…給与及び年金のような経済問題に関する交渉のために会費等を用いても、それほど重要な修正 1 条の問題を提起しない」とする。*Id.* at 974.

(38) ケイガン反対意見が理解する、多数意見の立場は以下のとおりである。「多数意見は、公務員の言論規制に対して通常用いられる、ピカリング事件（1968 年）の敬譲アプローチは本件では用いられないとして、その理由を 2 つ挙げている。第 1 は、個々の雇用上の判断とは異なって、広範な政策が問題になっていること…第 2 は、言論の規制ではなく言論の強制が問題になっていることである…多数意見は、細心のピカリング基準に基づいたとしても、やはり政府は敗訴するとして、本件の言論には公的関心事が含まれ、政府の運営上の利益は、その規制を正当化しないとした」。*Id.* at 972.

(39) シフリンは、次のように指摘している。ある言論活動がすべての人に求められ、又は、求められていることが一般に知られている場合には、その言動が、その者の真の思想を反映している、と考えるのは正しくないと判断することは合理的である。*See Shiffrin, supra* note 31, at 853.

第4章

信仰を理由とする一般的義務の免除と 公益及び第三者への影響

は じ め に

日本国憲法20条1項前段は「信教の自由は、何人に対してもこれを保障する。…」と規定している。この意味に関しては、何人も、その内面において超自然的な存在、とりわけ神の存在を信じ、又は、信じない自由を保障されるだけでなく、その命ずるところを実践する自由も保障されているとされる。もっとも、内面における信仰の自由は、絶対的に保障されるが、信仰の実践である外部的行為については限界がある[1]。

この点について、最高裁（加持祈禱事件（最大判昭和38年5月15日刑集17巻4号302頁））は「一種の宗教行為としてなされたものであつたとしても、それが…他人の生命、身体等に危害を及ぼす違法な有形力の行使に当るものであり、これにより被害者を死に致したものである以上…憲法20条1項の信教の自由の限界を逸脱したものというほかな」い、とした。

この判断については、人権総則規定としての憲法12条が「…国民は、これを濫用してはならないのであつて、常に公共の福祉のためにこれを利用する責任を負ふ」とし、又、同法13条「…生命、自由及び幸福追求に対する国民の権利については、公共の福祉に反しない限り…最大の尊重を必要とする。」と規定し、信教の自由についてもこれらの適用を受ける結果、その実践行為が他人の生命・身体を傷つけたならば、同法12・13条にいう「濫用」・「公共の福祉」違反にあたるとしたものと思われる。

ところで、信仰の外部的行為には、このような積極的な行為のみならず、消極的な行為（一定の行為を行うことへの拒否）も含めて理解されるべきである。信仰の対象である神によって禁止されているならば、その信仰の実践としてこれ

を拒否すべきことは当然であるからである。しかしながら、このことは一般人に課された適法な義務を、信仰を理由にどこまで免除すべきか、という問題を提起する。例えば、高等専門学校（高専）において、信仰を理由に剣道実技を拒否したため必修科目の体育が不可となり、退学処分につながった事件がある（最二判平成8年3月8日民集50巻3号469頁）。

　最高裁は、高専が、レポート等の代替措置の可能性を考慮せず、殊更に剣道実技に固執して退学処分としたことは「他事考慮」にあたるとしてこれを取り消した。この事件は、高専の目的からみた剣道実技のウェイト、体育実技一般に関する文科省（旧文部省）の考え方、校則にある退学事由と本件処分との齟齬（体育の成績は不可であるが、クラスで上位の成績優秀者を「学力劣等により成業の見込みなし」と判断したこと）等、いくつかの要素を考慮した上での判断であるが、一定の場合には高専に、履修の免除や代替措置といった特別の扱いをすることが憲法20条1項によって求められることが示唆されている。

　しかしながら、こうした義務の免除を行うことは、信仰の消極的な実践を行う当事者への配慮としては評価されるが、他方、これらが、第三者や社会全体にいかなる影響を及ぼすかも考慮されるべきであると思われる。例えば、信仰を理由とする兵役の免除や免税等の実施は、一般の義務履行者に対して不公平感をもたらすであろう。また、予防接種の免除等は社会全体への不利益を及ぼすことが考えられる。その結果、信仰を理由とする安易な義務拒否は、信教の自由の消極的「濫用」にあたるとし、これへの憲法の保障が及ぶことに疑問を呈することも必要であると思われる。

　更には、信仰を理由とする一般的義務の免除は、政教分離の問題を提起する可能性がある。憲法20条1項後段は「…いかなる宗教団体も、国から特権を受け…てはならない。」とし、同法89条は「公金その他の公の財産は、宗教上の組織若しくは団体の使用、便益若しくは維持のため…これを支出し、又はその利用に供してはならない。」と規定している。そこで、例えば特定の宗教団体への免税措置は、その宗教への特権の付与にあたるのか問題となる。

　このように、信仰を理由とする一般的義務の免除が憲法上認められるかが問題となった場合、その免除が、一般的義務の履行者にいかなる不公平感をもたらすか、あるいは、特定宗教への援助・助長となり、政教分離違反の問題を生

じていないか等、検討される必要がある。このように本来「こころ」の問題であるべき信仰が、その実践において他者・社会と接点をもち、両者の調整において難しい問題を提起している。こうした問題はアメリカにおいても提起され、その検討は日本の問題を考える上でも参考になると思われる[2]。

　そこで、以下、この点に関し合衆国最高裁（最高裁）の判例法理を中心に検討していきたい。最初に、信仰を理由とする一般的義務の免除を考えるに先立って、そもそも州にはこうした義務を人民に課す権限が認められるのかについて、天然痘の予防接種を受ける一般的義務を拒否する自由が問題になった事件を紹介する。ここでは、その拒否は、信教の自由条項ではなく、より一般的なデュープロセス条項を根拠としていたが、州の有するポリス・パワーと人民の自由との関係が詳細に論じられているので紹介する。

第1節　ポリス・パワーに基づく自由の制約と一般的義務の免除

予防接種の免除と公共の利益

Jacobson v. Massachusetts, 197 U.S. 11 (1905)（ジャコブソン事件）（1905 年）

事実の概要

　マサチューセッツ州では、天然痘を防止するために予防接種を受けることを義務づけ、これを拒否した場合には刑事責任が問われた。被告人は、強制的な予防接種は、不合理、恣意的、抑圧的であり、自分がベストと思う方法で自らの身体及び健康を維持するという、すべての者に内在している権利を侵害し、予防接種に反対する者への強制は、その人格を侵害すると主張した。最高裁は、これを退けた。

判　旨

「合衆国憲法は…あらゆる時と場所において、制約から完全に自由である、絶対的な権利を認めているわけではない。すべての人は必然的に公共の利益 common good に従うという多くの制約が存在する。この基盤なくして、そのメンバーの安全を保つ社会は存在しえない…他人に及ぼしうる損害を考慮せ

ず、人格又は財産いずれかを問わずに自分自身の権利を行使することをそれぞれに認めてしまえば、すべての人の真の自由は存在しえない…すべての権利の中で最も重要な自由それ自体も、自らの意思次第で行使できる、無制限なライセンスではない」[3]。

「政府が設立されている目的は、公共の利益、すなわち、人民の保護、安全、繁栄、幸福であって、だれか特定の一人の、家族の、あるいはクラスの、利益及び名誉…のためではない」[4]。

「マサチューセッツ州の立法者が、居住者に予防接種を義務づけているのは、公共の健康又は安全にとって必要がある場合に限定されている…社会は、その構成員の安全を脅かす病気の蔓延に対抗してこれを保護する権限を有する…天然痘がはやっている場合に、人民一般を保護するために、州が定めた、制裁を背景とした対応手段を、裁判所が法律問題としてこれを否定するならば、他の政府部門が果たすべき機能を裁判所がはたすことになろう」[5]。

最高裁は、まず、憲法が保障する自由は絶対無制限ではなく、他人への影響を考慮しながら行使されるべきであり、公共の利益を理由とする制約に服すること（及び一定の義務の負担）を強調している[6]。もっとも、公共の利益が具体的に何を意味するかは難しい問題であるが、その内容は、人民の安全・繁栄・幸福が保護されることであるとし、その実現のために州に認められる権限がポリス・パワーである[7]。最高裁は、刑事制裁を背景に予防接種を州民に強制したことは、州のポリス・パワーの行使であり、個人の自由はこの権限行使に服するとした[8]。

この事件では、天然痘蔓延防止のため、予防接種を受けることを州民の一般的義務として課すことは許されるとしたが、他方、人民の自由の観点から、ポリス・パワーによって課せられた一般的義務を、いかなる根拠から、どの程度まで免除することが認められるかについての説明は十分なされていない[9]。そのため、この判断を、信仰を理由とする一般的義務の免除の問題にそのままあてはめることはできない。いかなる理由から、一般的義務の免除が主張され、その免除が現実にいかなる影響を及ぼしているのか、信教の自由の問題として改めてその後の判例の傾向を探る必要がある[10]。

この点について、信仰を理由に、軍事訓練等のコースの受講を免除されるか
が問題となったハミルトン事件（1934年）[11]から紹介しよう。

第2節　信仰と軍事的義務の免除

大学における軍事訓練等の免除

Hamilton v. Regents of University of California, 293 U.S. 245 (1934)（ハ
ミルトン事件）（1934年）

　上告人は州立大学に在籍する学生であるが、戦争への参加はキリストへの忠
誠に反すると考え、必修科目である軍事訓練等への参加を免除するように大学
に申し出たが拒否された。上告人は、すべての戦争及びその準備は彼らの教会
の教え、宗教、良心に反し、これらのコースの履修を命ずることは、修正1条
に違反する、と主張した。

　最高裁はこの主張を退けたが[12]、その根拠として、州の安全保障を維持する
義務と、これをサポートする州民の互恵的な義務の存在が強調されている。

　判　旨

「上告人は、州によって提供されている教育を求めると同時に、宗教上の理
由により、その定められた履修コースを免除されるべきことを主張している…
［しかしながら］この立場は支持されない…政府は…その管轄内の人民に対して、
その力の及ぶ範囲で、平和と秩序を維持し、法の正当な執行を確保する義務を
負っている。市民は、あらゆる敵に対して、政府をサポートし、防御する、互
恵的な義務を負担している」[13]。

　最高裁は、州立大学の軍事訓練等のコースを履修する義務は、これに反対す
る信仰を理由としても免除されないとした。しかし、その判旨は比較的単純で
ある。敵から州民を守る州の安全保障の義務に対応する義務が、州民にもある
ということである[14]。

　もっとも、この判決は、戦時色濃厚で、州民の軍事訓練への協力が不可避・
切迫していた当時の時代背景を念頭に理解しなければならないが、一般的義務

の履行が信仰にいかなる影響を及ぼすのか、また、その免除が公共の利益にいかに影響するかをそれほどきめ細かく検討することなく、一般的義務の必要性・重要性を強調することによって、その免除は認められないとしている。その意味で、この判決は、公共の利益実現のために課された一般的義務の存在が、信仰の自由を理由とする義務の免除の利益を凌駕していることを一方的に認めたといえる。

　同様に、軍事施設内部で課せられる一般的義務に関し、それが信仰にいかなる影響を与えるか、更には、これを免除した場合にもたらされる不利益がいかなるものかについて、さしたる考慮も払われずに、結論が示された事件を紹介する。

軍隊における外見の一律性の要請

Goldman v. Weinberger, 475 U.S. 503（1986）（ゴールドマン事件）(1986年)

事実の概要

　上告人は、ユダヤ教のラビであるが、陸軍のスカラシップを得て、大学に在学中は inactive なリザーブの地位にあったが、Ph.D. の学位取得後は、スカラシップの条件であった合衆国の空軍において active duty を果たすことになり、カリフォルニア州リバーサイドにある空軍基地において、メンタルヘルスの医師として勤務した。彼は、宗教上の理由からヤムルカと呼ばれる帽子を常時着用していたが、室内における被り物は規則によって禁止されていた。彼は、ほとんどの時間を過ごす病院内においてヤムルカの着用を禁止され、しかも違反すれば軍法会議にかけるとの警告を受けたため、この規則は修正１条の信教の自由を侵害するとして訴えを提起した。

　ディストリクト・コートはこの規則の執行を禁止したが、控訴裁はこれを破棄し、憲法と衝突する軍事規則の審査の適切なレベルは、厳格な審査ではなく、正当な軍事目的が達成されるかどうか、及び、個人の権利を適切な程度に擁護することが意図されているかどうかであるとした。最高裁はこの判断を支持した。

　判　　旨

「最高裁が繰り返し判断してきたのは、軍隊は、市民社会とは必然的に区別される特別の社会であるということである…軍隊においては、その極めて重要な役割を果たすために、市民社会の中ではこれに相当するもののない、義務及び規律が重視されねばならない…市民社会での法律や規則に対してなされる憲法判断よりもずっと多くの敬譲が軍事規則には払われるのである…軍事サービスの本質は、個人の欲求や利益をそのサービスの必要性の下に服せしめるということである」(15)。

「軍事上の必要性によって、信仰に基づく行為に具体的な制約を課すことが正当化されるかどうかを判断する場合、裁判所は、軍当局の専門的判断に大きな敬譲を払わなければならない…スタンダードなユニフォームを職員に着用させることによって、組織全体の使命を、個人的な好みや個性に優先させることに役立っているという空軍の専門的判断が検討されているが、制服は、外見上の個人の区別を消滅させ、階級社会を意識させることに役立つ…空軍においては、戦時と同様に、平時においても制服着用が極めて重要であると考えられている。職員はいったん連絡が入れば、効果的な防衛を行えるように準備をしておかねばならず、トラブルに先立って、必要とされる規律と統一性の習慣を身につけておかねばならないからである…軍隊においてはいかなる服装規制が望ましいのかについては、軍隊の適格な職員が判断し、その考慮した上でなされた専門的な判断を排除するとの憲法上の制約は存在しない」(16)。

　この事件では、一般的義務として、室内における帽子の着用が禁止され、信仰を理由とするその義務の免除は認められなかった。最高裁は、軍隊における規則の特殊性を強調し、その判断には裁判所による敬譲が示されねばならない、とすることにより結論を導いている。その結果、この一般的義務がいかなる制約を信仰にもたらし、この義務を免除する必要性はいかなるものであるか、という視点からの検討はそれほどなされていない。他方、一般的義務を課すことの合理性については、比較的丁寧に検討されている。すなわち、外見の一律性は、軍隊における階級性を意識し行動させるために重要であり、信仰を理由とする免除を認めないことの必要性が強調されている。
　ところで、この事件では軍隊内部における規則が信仰に直接作用しているが、

行政内部での事務手続の取扱いが、個人の信仰に影響する場合がある。その例として社会保障番号の利用がある。そうした番号の取得・利用が信仰に反する場合、その利用等を修正 1 条により制限することができるか問題となった事件がある。最高裁は、行政の内部手続が信仰に影響する場合であっても、裁判所はこれに敬譲を示さなければならないとした。

第3節　信教の自由と行政内部の事務手続

社会保障番号の取得と利用

Bowen v. Roy, 476 U.S. 693（1986）（ボウエン事件）（1986 年）

事実の概要

被上告人らは、自立していない子のいる家族への援助 AFAD 申請を行った。援助を受けるための要件として、世帯員の社会保障番号を福祉課に提出しなければならなかったが、被上告人らはその取得及び提出を拒否した。2 歳の娘に社会保障番号を取得することは、ネイティブ・アメリカンの信仰に反する、というのが理由であった[17]。そこで、被上告人は、修正 1 条を根拠として、社会保障番号を提供する義務は免除されると主張し、ディストリクト・コートは、既に作成されていた社会保障番号の利用を、いかなる行政機関にも禁止し、更には、娘が 16 歳になるまで、この一家が社会保障番号の提供を拒否していることを理由に、金銭補助、医療扶助、フードスタンプを拒否してはならないとした。最高裁は、破棄・差戻した。

判　旨

社会保障番号は行政内部の問題であって、本来、個人の信仰によってコントロールされるべき対象ではない。政府は、その内部の問題を特定の個人の信仰に一致するように取り扱わねばならない、とは理解されていない。修正 1 条は、政府による、ある種の強制から個人を保護しているが、政府の内部的な手続を命令する権利を認めていない[18]。

「今日では政府は、広範に利益を提供し、必然的に、複雑なプログラムを実施するために、一定の条件や制限が必要になる…すべての申請者を同じように

扱い、条件や制限に対する宗教上の異議が真実のものであるかをケース・バイ・ケースでは調べないという政府の判断には、相当程度の敬譲が払われる」[(19)]。

「何百万人にも適用される福祉プログラムの実施にあたり、中立的で一律に適用される要件の執行には、広範な裁量が政府に与えられる。政府は厳格テスト、すなわち、社会保障番号を利用しようとする場合に、やむにやまれぬ州利益を達成するために最も制限の少ない手段を用いているか、というテストに曝されるべきではない。特定の信仰又は宗教一般を差別する意図なく、政府利益が中立、一律に適用され、正当な公衆の利益を促進する合理的な手段であることが証明されているならば、政府はその負担を果たしたといえる」[(20)]。

最高裁は一律に適用される法律が、信仰に付随的に影響を及ぼすからといって直ちに修正１条に違反しない、とする判例法理を紹介した上で[(21)]、このことは、特に、大量・迅速な処理が求められる行政内部での手続に関しては相当程度の敬譲が示されねばならず、LRA 等の厳格な審査基準は用いられないとした[(22)]。その上で、社会保障番号の提供という一般的義務が、個人の信仰に影響が及ぶとしても、その影響は未だ間接・付随的なものにとどまり、その義務を免除することは、円滑・効率的に推進することが求められる行政事務を、不必要に煩瑣なものとする、と判断した。

同様に、一般的義務の免除を認めた場合、それが及ぼす影響についてまで配慮して検討しているのが次のヨーダー事件（1972 年）（Wisconsin v. Yoder, 406 U.S. 205（1972））である。

ここでは、親の、子を学校に通わせる一般的義務がその信仰に反することが問題となり、これを免除した場合に、子の福祉にいかなる影響が及ぶかを考慮しながら検討がなされている[(23)]。

第 4 節　信仰と具体的第三者への影響

子を学校に通わせる親の義務の免除と子への影響
Wisconsin v. Yoder, 406 U.S. 205（1972）（ヨーダー事件）（1972 年）

事実の概要

　被告人は、アーミッシュのメンバーであるが、自分の子を 16 歳まで学校に通わせることを義務づけるウィスコンシン州法に違反したとして起訴された。彼らは、8 年生を超えて学校に通うことは、アーミッシュの信仰と生活方式に反し、これにより親と子双方への神の救済が不確かなものになると信じていた。もっとも、アーミッシュでは、8 年生までは子を学校に通わせており、それ以降は、彼らのコミュニティで生活していけるように、その内部での職業上の教育等を継続して行っていた。

　州最高裁は、彼らへの州法の適用は、修正 1 条の信教の自由条項（Free Exercise Clause）の権利を侵害するとし、最高裁もこれを支持した。

　判　　旨

　一般的義務の内容である、学校での 9 年生以降の教育は、信仰の核心ともいうべきコミュニティ内での自律生活に大きな支障をもたらす。学業やスポーツにおける競争、及び、同窓生の生活様式等への適合というストレスに曝されることは、アーミッシュの信仰にとって相容れない環境である。更には、この時期に、身体的にも精神的にも、彼らのコミュニティから引き離されてしまうならば、アーミッシュとして、肉体労働と自治の精神を陶冶し、農民や主婦としての役割を果たすために必要な技術の習得ができなくなってしまう。特に、アーミッシュの信仰を持たず、これを敵視しうる教師が指導する高校に通わせることは、彼らの子をその宗教的コミュニティに同化させようとする際の深刻な障壁となる[24]。学校における高等教育こそが、人を神から遠ざける価値観を育て、アーミッシュとして生活するための基礎を形成する大事な時期が犠牲になる[25]。

　「アーミッシュは、8 年生まで通常の学校教育の必要性を受け入れているだけでなく、青年期の子に対して理想的な職業教育…を提供し続けている」[26]。アーミッシュは、毎日の生活を、自らに課した外界との制限的な関係の中で送り、この国で 200 年以上も、別個の、明確な特徴を有する高度に自足的なコミュニティとして、立派に存在してきた。「このことは、彼らが、信仰の自由への代償を払ってまで、8 年生を超える義務教育を受けていなくとも、市民として

の社会的及び政治的責任を果たすことができることの強力な証明である」[27]。

　最高裁は、一般的義務が信仰にいかなる影響をもたらし、他方、この義務を免除することにより第三者にいかなる不利益が及ぶかを考察し、本件では前者の信仰への影響が大であるのに対して、後者における第三者への不利益は少ないと判断し、免除を認めた[28]。最高裁の考え方は、8年生までは学校における、共通の教育内容に基づく教育の必要性は高いが、これ以降は、必ずしもその必要性は高くなく、アーミッシュ内部での職業訓練等は十分にその代替的な機能を果たしている、ということである[29]。

　いずれにせよ、ヨーダー事件（1972年）では、教育に関する一般的義務が信仰を制約する場合には、その義務を免除することも可能であることを、修正1条の解釈として導き出した。その際には、免除がもたらす不利益の程度の低さが重視された。このように、信仰を理由とする一般的義務の免除が認められるかどうかについて[30]、その義務の履行が信仰に及ぼす影響、及び、免除を認めた場合の第三者等への影響の両者を衡量しながら判断された。この手法は、小売店の営業規制への一般的制約とその義務の免除が問題になった事件においても用いられている[31]。

第5節　信仰への制約と経済活動への影響

信仰を理由とする閉店法適用の免除
Braunfeld v. Brown, 366 U.S. 599（1961）（ブラウンフェルド事件）（1961年）
事実の概要
ペンシルベニア州は、いわゆる日曜閉店法をさだめ、日曜に物品を販売することを禁止・処罰していた。上告人らは衣類などを販売する小売商であったが、ユダヤ教に従い、土曜には閉店していた。そこで、州法に従い、相当程度の売り上げがある日曜日を閉店にし、信仰に従い土曜の安息日を守れば、相当程度の経済的損失を被るとし、その執行の差止めを求めて訴えを提起した。

　最高裁は、一週間のうち、営業活動の行われない平穏な1日を州民のために設定するとの目的を達成するため、その手段として、一律に、例外なく閉店を

実施する必要性があることを指摘し、更にはこれが及ぼす不利益は、信仰の実践が自らの経済活動に、より高額なコストを要することになったにとどまり、直接これを禁止・規制するものではないとした。

判　旨
「本件州法は、上告人の宗教的実践行為を違法とはしてはいない。日曜閉店法は、世俗的な活動を規制しており、上告人に適用される場合には、彼らの宗教上の実践行為を、より高額なものとしているにすぎず…信仰を捨てるか、又は、刑事責任に服するかという深刻な選択に直面させているわけではない…信仰に忠実であるために、何らかの経済的犠牲を払う結果をもたらし得るが、この選択は宗教の実践行為それ自体を違法としようとするのとは全く異なっている」[32]。

　信仰を理由とする免除を認めれば、州民への平穏な1日の提供という目的は失われ、更には、義務に服して日曜に閉店する店舗に対し、信仰を理由にアドバンテージを認めることになる等、免除がもたらす影響は大きい。「もしも、適用除外を認めるならば、営業活動が発生させる騒音や雑踏のない1日を提供しようとする州の目的は達せられない…日曜以外が安息日である者に日曜に営業を認めるならば、日曜に閉店しなければならない競業者に対するアドバンテージを与えることになる」[33]。

　この事件は、日曜の閉店という一般的義務の免除を、信仰を理由に認めるかにつき、経営者と周辺住民、及び、経営者相互間の利害を丁寧に衡量した事件であるが[34]、こうした問題は、経営者とその従業員との間でも存在する。次の事件では、従業員の安息日には、使用者はこれを勤務させることはできないとするコネチカット州法が問題になった。最高裁は、従業員に求められる勤務の義務を、信仰を理由に一律に免除するコネチカット州法を、政教分離の側面からであるが、違憲と判断した。

安息日における勤務の免除
Estate of Thornton v. Caldor, Inc., 472 U.S. 703 (1985) (カルドー事件) (1985

年)

　事実の概要

　コネチカット州法によれば、特定の曜日を宗教上の安息日であると主張すれ
ば、従業員はその曜日に勤務することを要求されず、この主張を行ったことを
理由に解雇されることはないとされていた。本件は、チェーンストアの衣料部
門の管理職だった者が、信仰を理由に特定の曜日の勤務を拒否したところ、異
動・降格させられたため、これを不服として訴えを提起した。最高裁は、この
州法は政教分離に違反するとの原審の判断を支持した。

　判　　旨

　その信仰を理由として、従業員の勤労の義務を免除することが、いかなる影
響を第三者等に及ぼすか、考察されなければならない。本件州法により、全て
の従業員は、いかなる曜日でも、信仰を理由とさえすれば、勤務に就く義務は
免除される。たとえこのことが経営者や同僚の被用者にどのような負担や不便
をもたらしたとしても、である。州法は、経営者らのビジネスを、この特定の
従業員の宗教活動に合わせなければならないという絶対的な義務を負わせたの
である。この法律は、安息日を信奉しない使用者や他の被用者の便宜や利益を
一切考慮していない[35]。

　この事件は、ビジネスに関して使用者と被用者との間に生じた宗教上の
ギャップをいかに調和させるか問題となり、いずれかの立場に偏った判断を示
すことの問題点を明らかにしている。同様の問題は、従業員の労働条件を定め
た法律の適用に関しても生じているので紹介しよう。

　宗教団体による商業活動への労働法等の適用免除

　Tony & Susan Alamo Foundation v. Secretary of Labor, 471 U.S. 290
(1985)（トニー＆スーザン事件）(1985 年)

　事実の概要

　上告人は非営利の宗教法人であり、その主要な目的は、教会の設立維持、病
人や貧困者への援助等々、キリスト教の教義促進の上で必要とされる活動を一

般的に行うことであった。しかし上告人は、一般公衆からの寄付を受けていなかったため、その収入を数多くの商業活動、例えばサービス・ステーション、衣料品の小売、野菜のアウトレット、養豚、屋根ふき、電設、モーテル経営、キャンディの製造・販売等々から得ていた。

　これらビジネスのスタッフの大部分は、法人のアソシエイトであり、そのほとんどは、かつて麻薬中毒患者、ホームレス、犯罪者であり、上告人によって改心した者たちであった。彼らは、上告人からは現金による報酬を一切受け取らず、食物、衣類、シェルターその他の利益を提供されていた。上告人らは、従業員の最低賃金・超過勤務、及び記帳義務に関する規制に違反しているとされた。

　ディストリクト・コートは、上告人によるビジネスは、他者と競合する、通常の商業活動であると認定し、更に、アソシエイトは従業員にあたるとした。彼らは宗教上のボランティアであると主張していたが、食糧等の提供が期待されており、これらは賃金にあたると認定した。第8巡回区控訴裁も、上告人が広範囲にわたって行っていた商業的活動を、宗教上の活動と考えることは困難であるとした。最高裁も上告人の主張を退けた。

　判　旨
　アソシエイトが上告人から賃金を受け取ることは、その信仰の自由を侵害すると主張されているが、法律は、課税の要件として現金の提供を必要としていない。アソシエイトは、上告人のビジネスの見返りとして、上述の様々な利益を提供されているので、法律の適用を行うにあたって状況が変わるところはない。アソシエイトは利益提供という形で、継続的に報酬を支払われ続けているのである[36]。

　この事件では、社会的にハンデのある者に慈善として食糧等をあたえ、その見返りとしてボランティア活動を受け入れるとの宗教活動に対して、世俗の営利企業を対象とする労働法を適用することによって、信教の自由を侵害するかが問題になった。
　本件においては、その当事者の主観的な意図はともかくとして、その実態は

営利活動であり、これに労働法の適用を免除することは、競合する他社による
ビジネス活動よりも、上告人を不当に有利に扱うことになると判断したものと
思われ[37]、一般的義務の免除が第三者にいかなる影響を与えるかを考察した典
型的な事例といえよう。もっとも、その実態はビジネスである宗教活動に対し
て、最低賃金等の法律による一般的義務を課すことによって、上告人の信仰に
いかなる影響が及ぶかについては、判旨からは必ずしも明らかではない。

　ところで、信仰に基づく様々な社会的活動に対しては、一般的な納税の義務
が免税されることが少なくないが、この場合には政教分離違反の問題が提起さ
れる。他方、一般と同様に課税すれば、信教の自由への侵害をもたらすとの批
判が生じる。最高裁は、免税措置が特定宗教の援助・助長ではなく、広く一般
的に、精神の向上等を図る活動に対するものであれば合憲とし、逆に、課税に
よって一定の不利益が信仰に及んだ場合にも、やむにやまれぬ政府利益等の実
現を目的とするならば、許容されうるとの判断を示している[38]。これについて、
まず、社会保険税の納付等がその信仰に反するとして、その適用除外が求めら
れた事件から紹介しよう。

社会保険税の免除

United States v. Lee, 455 U.S. 252（1982）（リー事件）（1982 年）

事実の概要

　原告は、アーミッシュのメンバーであり、その信者に対し、社会保険によっ
てカバーされている援助を自らが提供するのは、宗教上の義務であると考えて
いた。原告は、自分が経営する農場と木工品店でアーミッシュの信者らを雇用
していたが、この間、雇用している信者等からは社会保険税の源泉徴収をせず、
また、自らも雇用者負担金を支払っていなかった。その理由は、こうした税を
支払い、その利益を享受することは、アーミッシュの信仰に反するものと考え
ていたからである。国税庁からの請求があったので、原告は、一定額を納付し
た上で、その償還を求めて訴えを提起し、こうした課税は信教の自由を侵害す
ると主張した。

　ディストリクト・コートは、社会保険税の支払を求める法律は、原告に適用
される限りにおいて違憲であると判断した。最高裁は、これを破棄し、差戻し

た。最高裁は、課税すること自体が特定の信仰に反するという理由や、政府が税金として徴収した資金が、特定の信仰に反して支出されたという理由だけで、これを免除したならば、課税制度自体が機能しない。つまり、納税という一般的義務の免除がもたらす社会全体への影響の大きさを重視して、免除を認めないとの判断を示した。

判　旨

「課税システムが機能するためには、カバーされる使用者及び被用者に対して強制的に貢献させることが必要である。この強制的な貢献は、社会保険システムが財政上、持続性を保つために不可欠である…社会保険システムへの強制的及び継続的参加と貢献を確保しようとする政府利益は極めて高い…様々な教義に対して宗教上の自由を保障する、組織化された社会を維持するためには、一定の宗教上の実践行為に対して、公共の利益 common good にその道を譲ることを求めることが必要である…確固とした税システムを維持するとの公共の利益は、高度の要請 such a high order に基づくのであり、納税と矛盾する宗教上の教義は、納税を拒否する根拠とはならない」[(39)]。

　この事件は、社会保険税納付の義務を免除することが、社会保険のシステム全体に影響を及ぼすことを理由に、信仰への影響があってもその義務を免除する必要はないとした[(40)]。

　更に、最高裁は次に紹介する事件において、たとえ宗教施設等への免税が許される場合であっても、その信仰に基づく活動が、政府の「やむにやまれぬ目的」を阻害する場合には、その免除規定を適用除外とすることによって信仰への不利益が及んでも、修正１条には違反しないとした。

免税措置と教育機関における人種差別

Bob Jones Univ. v. United States, 461 U.S. 574 (1983)（ボブ・ジョーンズ事件）(1983 年)

事実の概要

　上告人は、教育及び宗教の施設であり、幼稚園から大学院までおよそ 5000

人が在籍している。教員にはキリスト教の敬虔な信者であることが求められ、学生らも信仰に関してチェックされ、その公私にわたる行動は大学の定める基準によって厳しく規制されていた。大学では、聖書は、異人種間でのデートや結婚を禁止しているとし、学則においても、異人種のパートナーをもつこと、異人種間の婚姻を擁護しようとする団体のメンバーとなること、異人種とデートすること等が禁止され、違反した場合には退学に処すとしていた。

ところで、Internal Revenue Code of 1954（Code）の 501（c）（3）は、その目的が、宗教、慈善、科学、教育等である法人に対して免税措置をとるとし、Code 170（a）は、慈善目的の寄付を行う者には控除措置をとり、この寄付には、宗教、教育を専らの目的として設立された法人への寄付が含まれていた[41]。内国歳入庁（IRS）は、当初、人種差別的であるかどうかは考慮せずに、私立学校に対して免税措置をとってきたが、ディストリクト・コートは、人種差別を行う私立大学への免税措置を差し止める命令を発し、更に、こうした私立学校への寄付も控除の対象とはならないとした。

そこで IRS もこの考え方を受け入れ、教育における人種差別の禁止は国家の政策であるとし、人種差別を禁止していない私立学校は Code 170 及び 501（c）（3）の慈善的な法人にはあたらない、とした。これに対して上告人は、IRS の免税に関するこの方針が、真摯な信仰に基づき一定の人種の差別を行っている学校に適用されるならば、修正1条に反すると主張した。最高裁はこの主張を退けた。

　判　旨

宗教・教育等の団体に認めている免税措置が、上告人に認められないならば、その信仰に多大な負担を及ぼす。しかしながら、この免税措置を認めることによって、大学教育における人種差別が助長されることが懸念される。「私立学校が、その方針にどのような説明を行っていようとも、また、その説明がいかに真摯なものであろうとも、教育における人種差別は公共政策 public policy に反する。人種差別を行っている教育施設は…公共の利益を提供しているとはいえない」[42]。

教育における人種差別の禁止という政府の「やむにやまれぬ利益」は、課税

による信仰への負担を上回るため、上告人に免税を認めなくとも信仰の自由を侵害しない。「免税措置を拒否することにより、私立の宗教学校の運営に相当程度の影響がもたらされることは間違いないが、その宗教上の教義の遵守を妨げようとの意図は存在しない。ここで問題となっている政府利益は、やむにやまれぬものである。政府は、教育における人種差別を解消する、基本的で優越する利益を有している…この政府利益は、税優遇措置を拒否することによって、いかなる負担が上告人の信仰に及んだとしても、これを相当程度に上回るのである」[43]。

　この事件では、信仰に基づく教育上の人種差別の廃止を直接には求められてはいない。人種差別を理由に、納税という一般的義務を免除しないことにより、間接的にその廃止を求めているのである。したがって、一般的義務が大学にもたらす不利益は、課税という経済的不利益にとどまり、他方、免除がもたらす他者・社会への不利益は、教育機関における人種差別の撤廃という、やむにやまれぬ政府利益への侵害であることが強調され、納税の義務を免除しないとの措置は許されるとした[44]。

　更に、このような利益衡量の手法により判断を示している事件を次に紹介する。ここでは、経営者の信仰に反する健康保険への加入を免除しないことは信仰の自由を侵害するかが問題となっているが、修正1条による信教の自由の保障をより強化したRFRAが適用され[45]、最高裁は、信仰に相当程度の負担を及ぼす場合、その目的が、やむにやまれぬ政府利益の実現にあり、そのための手段が、信仰に対して、より制限的でない他の手段がない場合にはじめて一般的義務を課すことが許されるとした[46]。

　経営者の信教の自由を理由とする保険料支払の免除と従業員への不利益
　Burwell v. Hobby Lobby Stores, Inc., 573 U.S. 682（2014）（バーウェル事件）（2014年）
　事実の概要
　ノーマンは50年前に自分のガレージで木工のビジネスを開始し、それが今では950人の従業員を抱える、「幌馬車」と命名された営利法人となり、CEO

は彼の息子であり、この一家によってのみ所有されている。ノーマン一家は、妊娠中絶を禁止する宗教を信仰していたが、その結果、受精後になされる4つの避妊方法をカバーする限りにおいて、保険への強制加入を求めることは[47]、信仰の自由を侵害するとして訴えを提起した[48]。

また、デビッドは45年前に手工芸品店 arts-and-crafts をひらき、現在では「ホビー・ロビー・ストア」と呼ばれる営利法人として全国にチェーン展開し、500店舗1万3000人の従業員を抱えている。デビッドの息子が、関連ビジネスとして営利法人「マーデル」を設立し、キリスト教系の書店として、400名弱を雇用している。2つの会社は専らこの一家によって経営され、キリスト教の考え方に従って運営されているが（例えば、年間何百万ドルもの損失にもかかわらず、日曜日には閉店している）、ノーマンと同様、受精後の避妊は信仰に反すると考え、これをカバーする限りにおいて、保険への強制加入を争っている[49]。

なお、この事件では、修正1条による信教の自由の保障を更に強化したRFRAへの侵害の有無が議論されている。この法律と修正1条の関係については、議論があるが、その要件は以下のとおりである。すなわち、たとえ一般的に適用されるルールであったとしても、人 person の宗教行為に対して相当程度の負担を及ぼすことは許されない[50]、ただし、政府が次のことを証明した場合にはこの限りではない。この負担を人に負わせることが①やむにやまれぬ政府利益の促進につながること、及び②このやむにやまれぬ政府利益の促進のために最も制限の少ない手段であること、である[51]。

本件においては、妊娠中絶を非とする信仰を有する者に、これをカバーする保険に強制的に加入させることがRFRAに違反するかについて、中心に議論されている[52]。

最高裁は、信仰に忠実であった場合には「相当程度の負担」が被上告人に及ぶこと、従業員の避妊のために保険を適用することは「やむにやまれぬ」政府利益であること、この利益を達成するために被上告人に保険に強制加入させるよりも、その信仰への制限が少ない手段が存在する、とした上でRFRA違反を認定した[53]。

判　旨

被上告人に及ぼされる相当程度の負担

被上告人が信仰に忠実に、4つの避妊方法をカバーしない保険に加入するならば、1人当たり、1日100ドルが必要で、総額は「ホビー・ロビー」では毎日130万ドル、「幌馬車」では1日9万ドル、「マーデル」では1日4万ドルの出費になる。また、いっさい保険に加入しない場合には、制裁金として従業員1人あたり年間2000ドルが課され、「ホビー・ロビー」は年間2600万ドル、「幌馬車」は180万ドル、「マーデル」は80万ドルの支出になる。また、法人が信仰に従って保険に加入せず、従業員に個人的に加入させるならば、法人は有能な労働者を雇うにあたって、競争上の不利益を被ることになる[54]。

厳格審査

従業員が4つの避妊方法を保険により利用できる利益は「やむにやまれぬ」利益にあたるが、この利益を達成するための手段として、被上告人等の信仰に対して、より制限的ではない手段が存在しないことを政府は証明していない。例えば、宗教上の理由から使用者による保険料が支払われず、4つの避妊方法を利用できない女性に対しては、その費用を政府が負担するという手段がある[55]。

最高裁は、保険への強制加入という一般的義務の履行を、信仰に忠実に従って拒否した場合には、被上告人には巨額な金銭的負担と有能な従業員採用にあたっての不利益が生じ、これらは「相当程度の負担」にあたるとした。また、従業員の4つの避妊方法を、保険への強制加入等により従業員に利用させることが「やむにやまれぬ」利益であることを認めつつも、これを達成するための手段として、例えば、政府による費用負担があり、これは被上告人の信仰にとっては、より制限的でない手段であり、結局、信仰に反する保険に強制加入させることはRFRAに違反するとした[56]。

しかしながら、この判決には若干の疑問がある。保険への加入はあくまで法人に対してなされ[57]、その法人は宗教法人ではなく、営利法人である[58]。その営利法人に対して、「やむにやまれぬ」利益である、従業員の避妊方法をカバーする保険への加入を求めているのである。自然人である経営者の個人的な信仰

を、営利法人に対する一般的義務の免除の問題にどこまで関連づけられるのかということである[59]。

　この事件では、4名の裁判官が反対意見を執筆している。

　ギンズバーグ裁判官の反対意見（ソトマイヨール・ブライヤー・ケイガン裁判官加わる）

　多数意見では一般的義務がもたらす法人への負担が強調されているが、その免除が認められるためには、免除がもたらす公共の利益や第三者への影響が考慮されねばならない。本件において免除を認めてしまえば、その従業員は、4つの避妊方法を実施しようとしても保険の適用を受けることができないという、深刻な影響を被ることになるとする[60]。

　次に、営利法人に対して、信仰を理由とする一般的義務の免除を認めることは疑問である。今日まで、信仰を理由とする適用除外が、利潤追求を目的とする商業的な団体に認められたことは決してない。その理由は、宗教上の団体は、同じ宗教上の教義に集う者たちの利益のために存在するが、営利団体の場合、その団体の活動を支持する労働者は、同一の宗教団体に所属しているのではない[61]。

　更に、4つの避妊手段を保険の対象とすることが、彼らの宗教行為に相当程度の負担を及ぼすことが証明されなければならない。しかしながら、宗教と避妊手段が保険でカバーされることとの関係は希薄である。「ホビー・ロビー」又は「幌馬車」は、彼らが宗教上反対している避妊手段を購入したり、提供したりすることを求められているわけではない。包括的な健康計画の下で、区別されることなく、様々な利益のために用いられる基金に対して、費用を支払うように求められているだけである[62]。

　本件について、ギンズバーグ反対意見も考慮しながら考えてみると、被上告人は、保険金が自らの信仰に反する用途に用いられるので、その支払いを拒否している。しかしながら、この主張を認めて一般的義務を免除したならば、果たして本件の健康保険システムは機能するであろうか。保険料は、様々な立場を超えて徴収され、それを再度、様々な公共政策の実現のために出費される。特定人から徴収された保険料が、特定された形で、一対一の関係で支出される

のではない。それだからこそ、強制的な徴収が可能であり、これによってはじめてシステムが機能することは、リー事件（1982年）において既に示されているところである。

多数意見はRFRAの文言に忠実に従って、一般的義務がもたらす信仰への負担を最大限に評価し、これに救済を与えようとしたと思われるが[63]、その免除がもたらす第三者や公共の福祉への影響を十分に考慮した上で判断するとしてきた、修正1条の下で蓄積してきた判例法理を必ずしも十分に反映していないように思われる。

この判決は、宗教の実践（積極及び消極）が外部（特定の第三者及び社会全体）に影響をもたらすことを認識しつつも、前者の保護にやや偏った判断を示しているようにも見える。同様の判断は、同性愛者保護と信教の自由が対立した事件においても見受けられる。州の差別禁止法が問題となった事件であるが、次に紹介しよう。

同性愛者へのウエディング・ケーキの製造・販売と同性愛者への差別
Masterpiece Cakeshop, ltd. v. Col. Civil Rights Comm'n, 138 S. Ct. 1719（2018）（マスターピース・ケーキショップ事件）(2018年)
　事実の概要
　Aは、コロラド州レイクウッドにおいて、バースデーや結婚式などのイベント用のケーキやクッキー等を製造・販売するベーカリーの経営者である。彼は、その職を通じて神をたたえるクリスチャンであり、婚姻は男性と女性によってなされるのが神の意志であると信じていた。そこで、同性婚を祝うウエディング・ケーキの製造は、信仰に反する儀式への参加と同じであると考えていた。
　BとCは同性愛者で、コロラド州が2人の婚姻を承認していないため、マサチューセッツ州で合法的に婚姻した後に、地元にもどって家族や友人らと披露宴を開催したいと考えていた。そこで、彼らはその準備のためにAの店を訪れてウエディング・ケーキ(本件ケーキ)を注文したが、拒否された。Aは、バースデー・ケーキやシャワー・ケーキ、クッキーなどは販売するが、同性愛者の婚姻を祝うケーキは、信仰を理由として販売しないとした。
　ところで、コロラド州においては、従前より、公衆に開放された施設

public accommodations の利用を人種や皮膚の色等で差別することを禁止してきたが、州差別禁止法（本法）の最近の改正により、性的志向を理由とするこれらの差別も禁止した。また、公衆に開放された施設とは、教会等もっぱら宗教目的で利用される場所を除き、公衆に営利目的で物品を販売し、及び一定のサービスを提供する場所とされている。この法律に違反があった場合の救済方法として、差別行為の停止命令（orders to cease -and - desist discriminatory policy）等が定められているが、損害賠償や科料は定められていない。

　Aが本法に違反しているとの申立てをうけた公民権保護局調査官は、調査を開始し、違反について相当の理由があるとして行政法判事に事件を移送した。

　Aは、同性婚を祝うケーキの製造は、自らが欲しないメッセージを伝えることを強いるもので宗教活動（及び言論）の自由を侵害すると主張した。しかし、行政法判事は、本法は、一般的に適用される法律であり、スミス事件（1990年）（Employment Division, Department of Human Resources of Oregon v. Smith, 494 U.S. 872(1990)）に基づいてAへの適用は修正1条に違反しないとした。そこで、同局委員会は、行政法判事の判断を認め、Aに対して、本件ケーキの製造を拒否して同性婚カップルを差別することの停止等を求める命令を下した。Aは控訴したが棄却され、最高裁はこれを破棄した。

　　判　　旨
　道徳又は宗教上の理由から、同性婚に反対する牧師が、その結婚式の儀式を執り行うことを強制されるなら、信教の自由を侵害されることは当然である。しかしながら、このような例外を婚姻に際しての物品やサービスを提供する多くの者に認めてしまうならば、商品、サービスそして公的施設への平等なアクセスを保障しようとした公民権法の現在に至るまでの沿革に反する[64]。

　州は、同性婚が州内で行われることを認めていない。したがって、自らの信仰に反し、同性婚の正当性を支持する表現を行うことを拒否しても違法ではないとAが考えたことは、不合理とは言えない[65]。

　委員会の扱いは、Aが本件ケーキの製造を拒否する動機となった真摯な信仰に対する、明確かつ許容し難い敵意が示されている。すなわち、委員会はAに対して、自分の望む宗教を信じることはできるが、州内で営業するならば信

仰に基づく行為はできないとした。このことは、性的志向に基づくサービス提供を拒むことはできないとする一方で、Ａの信仰及びその直面しているディレンマに適切な考慮を払っていない。また、委員会は宗教の自由は歴史を通してあらゆる種類の差別、奴隷制度やホロコースト等を正当化するために用いられてきたとし、Ａの真摯な信仰と奴隷制やホロコーストの防御とを対比させている。このようなとらえ方は本法の公正で中立的な執行に責任を負っている委員会の姿勢として不適切である[66]。

　メッセージの入っていないウエディング・ケーキも、一定のメッセージを伝えうることをだれも疑わない。メッセージの有無にかかわらず、デザインがいかなるものであろうと、そのケーキはウエディングを祝福するものであり、そのケーキが同性カップルのために作られたならば同性婚を祝福していることになる[67]。

　ギンズバーグ裁判官の反対意見（ソトマイヨール裁判官加わる）

　中立的で、一般的に適用される、公衆の開かれた施設に関する法律の下で、宗教的及び哲学的理由により、経営者らが物品やサービスへの平等アクセスを否定することは許されない、とする点については、多数意見に賛成する[68]。

　ＢとＣが購入を希望したのはウエディング・ケーキにすぎない。Ａが販売している他のウエディング・ケーキと変わるところはなく、何らのメッセージも付していない。Ａが、他の人には通常販売しているケーキを彼らに売ろうとしないのは、彼らの性的志向のみが理由である。カップルがウエディング・ケーキを購入しようとする場合、それは自分たちのウエディングを祝うケーキであって、異性婚又は同性婚を祝うためではない[69]。問題なのは、異性カップルには提供している物品やサービスを、同性カップルには否定しているということである[70]。

　まず、この事件では、州法が問題となっており、RFRA は適用されず、従来の判例法理（「それ自体は適法である、一般的に適用可能な法律による信仰への付随的な影響が及んでも修正１条には違反しない」）が適用されている。これにより、州法自体の有効性を認めたものの、多数意見は、その本件への適用において、信教の自由への侵害があったと判断した。その中心になるのは一連の行政過程にお

ける信仰への「敵意」としているが、いま一つ歯切れの悪さを感じさせる。やはり、ポイントになるのは、上告人の信仰の実践行為がもたらす第三者への影響ではないだろうか。その製造するケーキは、広く一般公衆に、差別なく販売されている。上告人は、そのケーキに自らの信仰に反する特定の意味が盛り込まれているので拒否したという、極めて限定的な影響をもたらしたにすぎない点が重視されているように思われる。反対意見もまさにこの点を問題とし、ウエディング・ケーキの製造は、その購入者のウエディングを肯定し、祝福することまでは意味せず、したがって信仰への制限は小さいものにとどまっていると考えている。

　　小　　　括

　以上、信仰の実践行為の規制に関して、そのもたらす外部への影響という観点から合衆国最高裁の判例法理を整理してきた。その明確な理論を指摘することはかなり困難であるが、おおよその傾向として次の点を指摘できるように思われる。

　まず、信仰の実践行為は絶対無制限ではなく、積極的に他人の生命・身体・社会の安全を侵害するならば、当然規制される。この点についての憲法上の明文は存在しないが、ポリス・パワーの存在が指摘される。

　次に、消極的に、一般的義務の拒否が信仰の実践として憲法により保障されるかということである。これについては、信仰を理由とするひとつの例外を認めることが、社会システムの破たんをきたすとの指摘がなされた場合には、信仰に譲歩が求められてきた。その例として、社会保障番号の取得・利用に関するボウエン事件（1986年）、社会保険税の徴収に関するリー事件（1982年）、日曜閉店法が問題となったブラウンフェルド事件（1961年）等を挙げることができよう。また、信仰の実践が、具体的な第三者の不利益を生じている場合にも、免除は消極的にとらえられている。信仰を理由とする欠勤と同僚等への不利益を問題としたカルドー事件（1985年）が挙げられる。

　その一方で、一般的義務の免除を認めても、懸念されていた事態は必ずしも生じないことを指摘して、その免除を肯定する判断もある。アーミッシュの共同社会内部での教育により、一定範囲で通学による子への教育の義務を免除す

ることを許されるとした、ヨーダー事件（1972年）を挙げることができる。

　問題となるのは、企業等への一般的義務の免除が競争上のアドバンテージを与えている場合である。トニー＆スーザン事件(1985年)では免除を認めず、バーウェル事件（2014年）では免除を認めた。前者は最低賃金等を定める労働法の適用、後者は避妊薬への保険の適用が問題となっており、両者の性格はかなり異なる。更には、後者には、最高裁の判例法理を批判して、信教の自由保護に傾斜したRFRAに基づく判断であることに注目する必要がある。今後、最高裁は、判例法理とRFRAをいかに調和させて判断していくか、注目されるところである。

第6節　信教の自由の範囲に関する判例法理と議会法律の対立

　信教の自由については、これまでも合衆国最高裁によって数多くの判断が示されてきたが、最近、注目を集めているのが、信仰を理由とする一般的義務の免除の問題である。最高裁はスミス事件（1990年）(Employment Division, Department of Human Resources of Oregon v. Smith, 494 U.S. 872(1990))において、「一般的に適用可能な法律」の適用により特定宗教に付随的に不利益を及ぼしても、直ちに合衆国憲法修正1条（「連邦議会は…宗教上の自由な行為を禁止する法律を制定してはならない。…」。なお、この保障は修正14条1項「…いかなる州も、合衆国市民の特権…を制限する法律を制定してはならない。…」により、州にも適用される）に違反しないと判断した。しかしながら、連邦議会はこれを覆すことを目的として「信教の自由回復法」(The Religious Freedom Restoration Act of 1993)(RFRA)を制定した。この法律は、信教の自由規制立法に対する裁判所の違憲審査基準を厳格なものとしていたため、「一般的に適用可能な法律」であっても、信教の自由に「負担」を及ぼすならば、「やむにやまれぬ政府利益」の擁護を「目的」とし、かつ、宗教行為への、より制限的な「手段」によってこの「目的」を達成することが可能であるならば、その法律等は修正1条に違反して無効となると定めた。

　しかしながら、RFRAについては、いくつかの疑問がある。まず、その内容であるが、裁判所に一律に厳格審査を求めることにより、信教の自由に何ら

かの影響が及びさえすれば、より制限的な規制の可能性を探ることになり、結果として、ほとんどの規制は無効とされる可能性が高い。確かに、特定の、少数派の宗教への制約を目的としている立法等に対しては、厳格審査は有効であろう。しかし、世俗的な目的や必要性に基づいて一般公衆に義務や負担が生じているにもかかわらず、偶然・付随的に、特定の宗教行為に何らかの規制が及んでさえいれば、厳格審査によってその義務を免除することには問題がある。こうした義務を忠実に履行した一般公衆に不公平感を生ずることは避けられず、平等保護原則違反、ひいては政教分離違反の問題も生じてくるからである。

　更に、RFRA には、議会と裁判所の役割分担という観点からも疑問がある。信仰を理由とする「一般的義務の免除」・「一般的に適用可能な法律の適用除外」に関する問題について、最高裁は、その判断を変遷させてきたが、スミス事件（1990 年）において、この流れに決着をつけた。それにもかかわらず、連邦議会はこの事件よりも以前の判例法理の復活を意図し、極めて迅速に RFRA を制定した。

　確かに、判例法と制定法が齟齬をきたすことはありうるが、いずれが優先されるべきか、また、議会と裁判所は、それぞれ双方が形成した法理を覆すことを目的に、制定法や判例（法）の形成をどこまで許されるのか、問題になる。とりわけ、憲法上の自由の範囲や制約が問題になっている場合には、これをいかに考えるべきか、更には、憲法判断に関する審査方法について、すでに判例法によって形成されてきたものとは異なる内容を議会が定め、裁判所を拘束することが可能であるのか、問題になる。

　そこで本節では、信教の自由と一般的義務の免除に関する最高裁の判例法理を明らかにし[71]、これを否定する RFRA の適用された結果を紹介し、次に、これを違憲と判断したバーニィ事件（1997 年）（City of Boerne v. Flores, 521 U.S. 507（1997））を紹介し、更には、これを限定的なものとする RLUIPA をフォローしよう。

1.　スミス事件（1990 年）までの判例の流れ
（1）古典的判例　一般的義務の優先
本節において起点となる判例は、失業補償の受給要件である「正当理由」に、

信仰を理由とする解雇が該当するかが問題になったスミス事件（1990年）であるが、この事件に至るまでの最高裁の判例の流れを簡単に振り返っておこう。最高裁がこの問題に言及した初期の事件としてレイノルズ事件（1878年）（Reynolds v. United States, 98 U.S. 145（1878））がある。一夫多妻制を禁止する法律が、これを支持する信教の自由を侵害するか問題になり、その合憲性が支持された。最高裁は、妻は、死亡した夫を荼毘に付すための薪の上に横たわらなければならないとする宗教を、政府が禁止できることについて、だれも疑わないとの例を挙げ、もしもこのことが認められてしまうならば、宗教上の信条は、国家の法よりも上位に位置づけられることになるとした。

　ここでは、信仰に基づく一夫多妻制を、法律によって禁止できること（不作為）をかなり極端な例を用いて説明している。

(2) 国家の安全と信仰への制約

　これに対して、信仰に反する一定の行為を命ずること（作為）が問題になったのが、ゴビティス事件（1940年）（Bd. of Educ. of Minersville Sch. Dist. v. Gobitis, 310 U.S. 586（1940））であり、小学校において、信仰に反して国旗への敬礼を命ずることが合憲とされた。最高裁は、その目的が信仰を制約することではなく、一般的な法律の遵守が求められているならば、信者はこれを免れることはできないとした。この判断については、当時、国民の強い結束が求められ、国旗がそのためのシンボルであった時代背景が考慮される必要がある。同様に、ジレット事件（1971年）（Gillet v. United States, 401 U.S. 437（1971））では、信仰を理由とする徴兵拒否が問題になったが、その目的が宗教的な儀式等への干渉ではなく、相当程度の政府利益の達成であるならば、宗教への付随的な負担が生じても修正1条には違反しないとした。

　以上は、信仰への制約が生じても、その目的が正当であって、信仰そのものへの制約ではないならば、付随的に宗教行為に影響が及んでも信教の自由を侵害しているとはいえないとする緩やかな審査がなされてきた。

(3) 厳格審査の萌芽

　これに対して、やや厳格な審査を行う傾向を示すようになったのがプリンス事件（1944年）（Prince v. Massachusetts, 321 U.S. 158（1944））である。

　ここでは未成年者が新聞等を路上で販売し、親がこれを許可することを禁

止・処罰する州法が問題になった。最高裁の多数意見は、州法によって、未成年者による宗教的なパンフレットの配布は禁止され宗教活動も制約されうるが、彼らの健全な成長に向けた一般的な利益を守ることがその目的である以上、信仰に影響が及んでいても、州によるポリス・パワーの行使の範囲内であるとした。

　この多数意見に対してマーフィー裁判官の反対意見は、宗教行為の規制には、未成年者の健康等に重大かつ切迫した危険について証明されなければならないところ、宗教的なパンフレットの配布行為によって、こうした危険がもたらされているとの証明はなされていないとした。すなわち、規制の「目的」「手段」がともに宗教そのものへの規制ではなく一般的なものであっても、規制の対象となる行為がもたらす害悪が重大・切迫していることについて具体的に明らかにされていない限りは、付随的にせよ宗教行為への制約を甘受させることはできないとした。この見解は、信教の自由の意義を十分に踏まえた上での規制の必要性を説くものとして、その後の判例の流れに影響を及ぼしていくことになった。

　これを受けてヨーダー事件（1972 年）（Wisconsin v. Yoder, 406 U.S. 205（1972））では、16 歳までの義務教育を定める州法に信仰を理由に従わず、第 8 学年までしか就学させなかったことが問題となった。最高裁は、第 8 学年を超えての就学の義務づけは、信教の自由を侵害すると判断した。確かに州法は、信仰そのものへの制約を目的とはしていないが、その信仰の実践に対して深刻な打撃を与えることを重視し、また、就学によってもたらされる利益は、宗教内部での職業訓練等により十分に達成されているとの実態があるとした。

　このように、「目的」が宗教の弾圧ではなく正当なものであれば、その適用が宗教に付随的な影響をもたらしていてもその合憲性を支持するという、緩やかな審査に代わって、その影響が重大であるか等を問題とする、厳格な審査が行われるようになってきた。

（4）信仰と経済の利益

　ところで、信仰の実践と経済活動の両者が密接に結びついていることがあり、信仰に忠実であるか、それとも経済的利益を求めるか、二者択一を迫られる場合がある。その典型的な事例が、地域の平穏等を目的とする休日閉店法である。

これにより、自らの信仰に基づく安息日に加え、開店できない曜日が法律によって加算され、経済活動にダメージを受けるとして争われた事件がある。

ブラウンフェルド事件（1961年）（Braunfeld v. Brown, 366 U.S. 599（1961））においては、一定の商品を金曜の夜から土曜の夜まで販売できないとする州法が争われたが、最高裁は、宗教への間接的な影響にとどまり、宗教行為それ自体を禁止していない法律を違憲無効とすることは、立法機関が機能すべき領域を著しく制限することになり、許されないとした。この事件では、一般的な法律により規制を行う目的と効果が、専ら正当な世俗的なものであるならば、その適用によって宗教に間接的に負担をもたらしても憲法に違反しない、つまり、緩やかな審査により合憲性を支持した。

こうした経済活動と信仰のディレンマは、企業等の内部においても問題になる。カルドー事件（1985年）（Estate of Thornton v. Caldor, Inc., 472 U.S. 703（1985））では、従業員に宗教上の安息日を自由に選択させることを命ずる州法が、政教分離違反の観点からであるが、問題とされた。使用者や他の従業員の利益をそれほど考慮せずに、従業員に対してこの自由を認める州法は、特定宗教を憲法上、許されざる程度に助長していると判断された。このように、信仰に基づく休日に関しては、従業員の信教の自由への制約を比較的緩やかに認めていく傾向があるが、このことが労働者の失業を招き、失業手当の受給に関する問題を提起するようになった。すなわち、受給要件である「正当理由」に宗教上の都合を含ませることが許されるのか、問題になったのである。

(5) 信仰を理由とする失業と失業補償の「正当理由」

これについて、厳格な審査基準を用いて信教の自由を擁護したのが、シャーバート事件（1963年）（Sherbert v. Verner, 374 U.S. 398（1963））である。宗教上の安息日である土曜日に勤務を行わなかったために解雇され、失業補償の受給申請を行ったところ、就業可能な仕事の提供拒否の理由が自らの信仰であったとしても、受給要件である、失業の「正当理由」にはあたらないとして申請は拒否された。

最高裁は、信教の自由に付随的な負担を及ぼすことができるのは、やむにやまれぬ州利益が存在する場合に限定されるとする。本件においては、州の一般的な立法権限に基づく福祉立法により、間接的に信教の自由への制限が及んで

いるが、信仰に従い受給の利益を失うか、又は、仕事を受け入れて信仰を捨てるか、いずれかの選択を強いられている。その目的は、虚偽の受給申請による失業補償の資金の減少等であるが、こうした可能性があるというだけでは「やむにやまれぬ利益」とはいえないとした。

失業補償の受給要件である「正当理由」と信教の自由侵害の問題について、最高裁は、トーマス事件（1981年）(Thomas v. Review Bd. of the Indiana Employment Security Division, 450 U.S. 707（1981）) においても厳格審査を用いて違憲判断を示している。この事件では、戦車の部品の製造を行う部署に異動を命ぜられた者が、信仰を理由にこれを拒否して退社し、これが「正当理由」に基づく失業にはあたらず、失業補償を拒否されたことが問題になった。最高裁は、信教の自由への制約が正当とされるのは、やむにやまれぬ州利益を達成するため、最も制限的でない手段がとられていることが証明されなければならないとした。そして、信仰も含め個人的理由で退社した者への補償がもたらす資金不足、及び、使用者による労働者の信仰調査の必要性、それぞれを避けようとする州の利益は、いずれも「やむにやまれぬ利益」にはあたらないとした。

このように、失業補償の受給要件と宗教への制約に関し、最高裁は厳格な基準に基づき審査を行う傾向を示していたが、スミス事件（1990年）ではこれを変更して、「一般的適用可能な法律による付随的制約」という、シャーバート事件（1963年）よりも以前の判例法理であった、緩やかな基準に基づいて判断を下している。

2. スミス事件（1990年）と連邦議会による RFRA の制定

（1）スミス事件（1990年）における「一般的適用可能性」基準の復活

この事件は、違法薬物とされているペヨーテを宗教儀式において用いたことを理由に、薬物リハビリ団体から解雇され、失業補償申請を行ったが拒否されたことが問題となった。最高裁は、受給資格が認められるとした原判決を破棄し、その理由として、正当で中立的な法律が命ずる義務は、信仰を理由としても免除されることはないとした[72]。更に、厳格審査によれば、多くの法律はこれを満たすことができずに無効となり、社会に無秩序状態がもたらされると指摘した。

この多数意見に対して4名の裁判官が反対している。オコナー裁判官は、信教の自由は優越した地位を占めており、明白で、やむにやまれぬ高次の政府利益によって必要とされない限りは制限されず、このことは、一般的に適用される法律によってなされようと、特定の宗教をターゲットにした法律によってなされようと、変わることがないとした。また、ブラックマン裁判官は、宗教への規制が許される、やむにやまれぬ政府利益とは、単に抽象的、象徴的な内容であってはならない。また、薬物の宗教上の使用を規制する場合、その危険性は単に憶測で判断されるべきではなく、根拠が示されることが必要であるが、本件においてもペヨーテは、宗教儀式として用いられ、単に、無責任で気晴らし的に利用されてはいなかったとした。

(2) 連邦議会による RFRA の制定と厳格審査

　この判決に対して連邦議会は、スミス事件（1990年）よりも以前の最高裁の考え方が、信教の自由とこれと競合する政府利益との微妙なバランスをはかるための機能的な基準を示していると考え「信教の自由復活法」The Religious Freedom Restoration Act（RFRA）を制定した。その内容は「政府は、個人の信仰の実践に相当程度の負担を及ぼすことを禁止される。その負担が、たとえ一般的に適用されるルールによって、もたらされている場合にも同様に禁止される。ただし、次の場合にはこの限りではない。(1) その負担が、やむにやまれぬ政府利益を促進することを目的とし、(2) この利益を促進するために、最も制限の少ない手段が用いられていることが証明されている場合である」とした。つまり、信教の自由への制約が問題になった場合には、裁判所は常に、厳格審査によって判断すべきこととしたのである[73]。

　この法律は、スミス事件（1990年）判決が念頭に置かれているが、その文言からすれば裁判所が従来から敬譲を示してきた、軍隊や監獄内における行政の判断等についても、厳格な審査が広範囲にわたって行われることを求めている。しかし、RFRAの制定については、いくつかの問題がある。まず、最高裁の判決の後にさしたる時間もおかずに、これに真っ向から反対する法律を定めることが許されるのか、ということである[74]。

　確かに、スミス事件（1990年）では、厳格審査に関する論点については、5対4と僅差であり、また、上述の最高裁の判例法の流れからすれば多数意見と

少数意見のいずれが支持されるべきか、必ずしも明確とはいえず、RFRA の考え方こそが判例法に適ったものとすることも可能であろう。しかし、最高裁は、バーニィ事件（1997 年）（City of Boerne v. Flores, 521 U.S. 507（1997））において、RFRA は違憲であるとの判断を下した。この事件について、項を改めて紹介しよう。

3. バーニィ事件（1997 年）における RFRA の検討

(1) 事実の概要と問題点

　セント・ピーター・カソリック教会（本件教会）の建物は、宗教上の歴史的建築様式を再現した建造物であったが、手狭になって日曜のミサへの参列者のうち数十人を収容できなくなり、その拡張を希望していた。しかし、バーニィ市は条例（市条例）を定め、一定の歴史的建造物等の保存を目的に、歴史地区を定め、保存計画を定めた。これにより、本件教会の建物は、その一部又は全部が保存地域内に存在するとされ、その結果、教会建物の増築の許可申請は拒否された[75]。そこで、本件教会は、市条例は建物の増築を妨げることによって宗教活動を制限しており、修正 1 条及び RFRA に違反して無効であるとの宣言及び差止等を求めて訴えを提起した[76]。

　第 1 審は、憲法の最終的な解釈者は最高裁であり、また先例拘束の法理により裁判所はスミス事件判決に拘束され、この考え方によれば RFRA は無効であるとした。

　これに対して原審・第 5 巡回区控訴裁（Flores v. City of Boerne, 73 F.3d 1352（5th Cir. 1996））は、RFRA の有効性を支持したが、その際には RFRA 制定に関する連邦議会の権限を問題とした。すなわち、合衆国憲法修正 14 条 5 節は「連邦議会は、適切な立法により、本条の諸規定を実施する権限を有する。」とし、この意味について、連邦議会の権限は、州等による修正条項違反を「予防」し、又はこれを「救済」することであるとする。連邦議会は、これらの潜在的な修正条項違反を発見し、救済する能力に優れており、RFRA はまさにこの権限の範囲内において制定されたとした。そして、文面の上では中立的であっても、宗教への規制を行おうとしている法令は、とりわけ少数派の宗教に影響を及ぼすため、厳格審査を規定する RFRA は、これら規制を根絶やしにするための

効果的な手段であるとした。最高裁は原審の判断を覆した。

(2) 修正 14 条 5 節と連邦議会による「救済」と「変更」

修正 14 条 5 節の意味について、最高裁は、RFRA は州・ローカル政府に適用される限りで無効であるとの判断を示した。その理由は、連邦議会の権限は、修正 14 条、修正 15 条を実施する権限であり、救済的であり、その結果、何が信教の自由条項に違反するかを連邦議会が判断してその意味を変更することは、実施権限の範囲とはいえないとした（*see* City of Boerne v. Flores, 521 U.S. 507, 518-19（1997））。

では、いかなる場合に、どのような措置がとられるならば、「実施」「救済」と判断されるのであろうか。これについて最高裁は、侵害の態様と規制手段との間のバランスが重要であるとした（*see id.* at 519-20）。すなわち、ある害悪の規制を目的とすれば、強力な手段を用いることが適切であっても、別の、より小さい害悪への対応としては、その手段は不当であるかもしれないということである（*see id.* at 530）。

(3)「救済」の要件としての「侵害」・「手段」の均衡

このように「変更」と「救済」の違いは、「害悪」の程度と「手段」の強度、両者の均衡により判断されるとするが、少々分かりにくい。この点について、最高裁は、選挙権への制限を是正する連邦法律を例にとって説明している。すなわち、選挙権行使の要件として「読書き」テストの停止を定める 1965 年選挙法は「救済的」とされた。選挙権行使に際して最も甚だしい人種差別が行われている地域において、その追放を目的に「読書き」テストの停止を規定することは、連邦議会の権限の範囲内とされた（*see id.* at 524-26）。

他方、州及びローカルの選挙年齢を 21 歳から 18 歳に引き下げる立法は、憲法によって州に残された領域に侵入し、連邦議会による執行権限の行使の範囲を超えたとされた（*see id.* 526-27）。

このような先例の考え方を参考にすると、RFRA は「均衡」を欠き、「救済」とはいえない。この法律は、信仰への偏狭な見方に基づく「宗教弾圧」ではなく[(77)]、一般的に適用が可能な法律によって、「付随的な負担」が宗教に及んでいるにすぎないが（*see id.* at 530-31）、それにもかかわらず、その規制は広範囲にわたっているとしている。すなわち、RFRA は、連邦、州、ローカルのす

べてのレベルの政府に適用され、その結果、何時でも、いかなる法令についても、その信仰に相当程度の負担が及んだと主張する、いかなる者によっても攻撃され（*see id.* at 532）、更には、最も厳格な基準により判断され、信教の自由を窒息させる目的を有しないにもかかわらず、法律は無効とされてしまうのである（*see id.* at 534）。

(4) 司法権への侵害

　このように最高裁は、RFRA には「均衡」が欠けているので、「救済的」とはいえず、「実施」とはいえないとした。更に、最高裁は RFRA が、三権分立の下での司法権の権限を侵害しているとする。すなわち、最高裁は、何が法であるかの宣言を行うが、あくまで事件又は争訟を解決するのに必要な限りでなされる。本件においては、何が法であるかを先例に基づき宣言する最高裁の権限は、RFRA によって侵害されているとした。もっとも、最高裁は先例に拘束されるので、政府の政治部門が先例に背いて行動しても、最高裁によって是正されるだけである[78]。

　以上のとおり、最高裁は RFRA をそれが州に適用される限りにおいて無効と判断したが、その根拠は主として 2 つである。ひとつは、連邦議会による、修正 14 条 5 節違反、すなわち、一般的適用な可能な法律により、信教の自由に付随的な制約が及んでいるにすぎない場合にも、RFRA は、連邦、州、ローカルそれぞれの法令等すべてに対して、広範に、厳格な基準によりこれを審査することを定めている。このことは、信教の自由への侵害の大きさ・程度と、これに対処する手段の強度との間に均衡を欠いており、連邦議会は、信教の自由侵害に対する「救済」ではなく、その内容の「変更」を行っているとされ、その権限を逸脱しているとした。もうひとつの理由は、事件又は争訟において、何が法であるかを宣言するのは裁判所であって、連邦議会ではない。それにもかかわらず、RFRA は、信教の自由の具体的内容を決定するにあたり、厳格審査を裁判所に命ずることは三権分立に違反するとした。

　これに対して、オコナー裁判官の反対意見がある。

(5) オコナー裁判官の反対意見

　オコナー裁判官も、修正 14 条がいかなる制約を州に課しているか、その実体的内容を連邦議会が決定する権限を有しないとする点においては、多数意見

に同意している。すなわち、修正14条5節に基づく連邦議会の権限は、この条項を実施することのみに及び、独立して憲法上の権利の範囲を、連邦法律によって定め、又は拡張する権限を有しない。したがって、連邦議会は法律の制定にあたって、その内容を最高裁の憲法解釈に一致させなければならない、とした (*see id.* at 545-46)。

オコナー裁判官が多数意見に反対しているのは、スミス事件 (1990年) 判決を最高裁の先例としては認めがたいという点である。すなわち、信教の自由の保障は、特定の宗教を選び出して弾圧を加えることを禁止するにとどまらず、より積極的に中立的一般的に適用可能な法律による規制からも自由であるとしている (*see id.* at 546)。

以上、RFRA をめぐる信教の自由の保障の範囲について、連邦議会と最高裁の権限配分の問題も含めて、一応の決着がバーニィ事件 (1997年) でつけられたが、この事件の射程範囲については、未だ問題が残っている。1つは、厳格審査を規定する RFRA が違憲無効とされた根拠は、あくまで連邦議会による、州への執行権限行使の踰越が理由であるが、その理由は、RFRA が「害悪」と「手段」の均衡を失したということであった。

しかしながら、RFRA がその定める厳格審査により[79]、修正1条の信教の自由の実体的内容を侵害しているかについては、明確ではない[80]。そもそも、司法審査の方法を厳格にして、規制立法をできるだけ無効にして自由を拡大する方向の法律が憲法上の自由を侵害することになるのか、また、逆に議会は制限立法を制定しておきながら、他方ではこれをできるだけ無効とする法律を定めることに問題はないか、とりわけ連邦法律が問題になる場合には疑問が残る。

バーニィ事件 (1997年) はあくまで、修正14条5節の問題として、つまり、州に対する連邦議会の修正14条の実施権限の逸脱を理由に、州に適用される限りでの違憲判断である。その結果、後述のとおり、最高裁は RFRA の連邦への適用は有効であることを前提として事件が解決されている。更に、連邦議会は、厳格審査に固執し、その適用範囲を限定する RLUIPA を制定したのである。

4. RLUIPA の制定と RFRA の連邦への適用

　バーニィ事件（1997 年）において、RFRA は州に適用される限りであるが、違憲とされたため、連邦議会は、RFRA の「厳格審査基準」とほぼ同様の規定を、宗教による土地利用と一定の施設内に拘束されている者の宗教行為への制約の場面に限定して規定した。これが「宗教上の土地利用及び施設内収容者に関する法律」（The Religious Land Use and Institutionalized Person Act of 2000）（RLUIPA)である。その目的は、宗教施設による土地利用を宗教行為として扱い、礼拝の自由を保護し、更に、施設被収容者の宗教行為が妨げられないようにするために、規制には厳格審査がなされるとした。すなわち「…宗教上の行為に相当程度の負担を及ぼすことはできない。たとえ、その負担が一般的に適用されうる規則によってもたらされている場合にも同様である。ただし、これらの負担が次の場合に該当していることを政府が証明した場合にはこの限りではない。①やむにやまれぬ政府利益を促進していること、②①のために、最も制限が少ない手段が用いられていること。」である。

　RLUIPA の制定により、当然のことながらいくつかの問題点が生じている。まず、バーニィ事件（1997 年）との整合性である。バーニィ事件（1997 年）で示された RFRA の違憲判決の意味や範囲をどのように理解するのか、修正 14 条5 節に基づく州への適用違憲とみるのか、それとも修正 1 条違反を積極的に論じたもので、実質的には連邦への適用も考慮した文面違憲として理解するのか、そして、これまで最高裁において形成されてきた施設被収容者の信教の自由に関する考え方との整合性についても問われなければならない。

(1) RFRA の連邦への適用

　また、RLUIPA の制定と足並みをそろえるように、最高裁は、RFRA を連邦法律に適用して厳格審査により結論を導き出している。バーウェル事件(2014年）（Burwell v. Hobby Lobby Stores, Inc., 573 U.S. 682（2014））では、受精後になされる避妊をカバーする医療保険への加入と保険料の支払いを、その信仰を理由に企業経営者が拒否することが許されるか問題になった。

　最高裁は、保険料の支払いを求めることは、信仰に対する相当程度の負担を及ぼすが、従業員の避妊のために保険への加入を企業に求めることは「やむにやまれぬ利益」であるとした。しかし、そのための手段としては、信仰に反す

る保険への加入を求めることよりも、宗教への制限の少ない手段、例えば、政府による費用負担が存在するとした。

この判決に対してはギンズバーグ裁判官が反対している（3名の裁判官が加わっている）。その理由として、一般的義務がもたらす宗教への負担が強調されているが、従業員の避妊に保険が適用されない不利益が軽視されていること、従業員らの信仰はそれぞれであるから、営利法人を対象に一般的義務の免除を認めることは、宗教法人に対する免除を認める場合とは別の考察が必要であること、包括的な健康計画に対する保険料の徴収が問題になっており、宗教上認められていない特定の行為等を強制しているわけではないと主張したが、傾聴に値する意見であると思われる。

(2) RLUIPA の適用

更に、RLUIPA が適用された事件を紹介しよう。最高裁は、今のところは RLUIPA に対する憲法判断は示さず、その有効性を前提に事件を解決していると思われる。しかしながら、被収容者の信教の自由への制約に関しては、先行する立法・行政の判断に対して最高裁が敬譲を示す、緩やかな審査基準に基づく判断が示されてきた。

例えば、オーロン事件 (1987 年) (O'Lone v. Estate of Shabazz, 482 U.S. 342 (1987)) では屋外での刑務作業の強制により、宗教上の儀式であるジュマ（毎週金曜のイスラム教徒の集会）への参加が規制されることが問題になった。最高裁は、在監者に憲法上保護が及ばないとはいえないが、職員の判断には敬譲が示されなければならないとし、憲法上の権利侵害の有無に関しては緩やかな審査基準、すなわち「目的」と「手段」の合理的関連性の基準により判断されるとした。その他にも、囚人間の通信規制が問題になったターナー事件（1987 年）(Turner v. Safley, 482 U.S. 78 (1987))、在監者との面会規制が問題になったオーバートン事件（2003 年）(Overton v. Bazzetta 539 U.S. 126 (2003)) 等においても、裁判所はそれぞれ行政の判断に敬譲が示されるべきとして、緩やかな合理的関連性の基準により結論を導いてきた。

しかし、RLUIPA が適用されることにより厳格審査が行われ、専門性を有する行政の判断を裁判所が覆す可能性を高めている。ホルト事件 (2015 年) (Holt v. Hobbs, 574 U.S. 352 (2015)) では、監獄内の「身だしなみ規則」によって宗教

上のヒゲが規制されたことが問題になった。最高裁は、ヒゲ規制の目的が、所内への不法な物品の持込みの防止であり、「やむにやまれぬ利益」であるとしたが、2分の1インチのヒゲも許さないとの「手段」は、最も制限の少ない手段とはいえないとした。また、「本人の特定」の目的も「やむにやまれぬ利益」の実現であることを認めつつも、ヒゲの規制は最も制限の少ない手段とはいえないとした。ヒゲをはやした写真とヒゲを剃った写真の2枚を撮ることによって、ヒゲ規制によらずに本人特定の目的は達せられるとした。

　RLUIPAの制定とその裁判所による適用は、RFRAにおける議論を蒸し返すことになる。すなわち、判例法に反する法律を定めた場合、裁判所はいずれの「法」に従うべきか、更には、信仰を理由とする一般的義務の免除の問題について、最高裁は、連邦議会の考え方に従って厳格審査に基づき、信教の自由を積極的に擁護する方向に向かうことになるのであろうか。それとも、RLUIPAは修正1条が保障する信教の自由の範囲を見誤ったものとして違憲判断が下されることになるのであろうか、この点についての判断が待たれるところである。

ま　と　め

　以上、信仰を理由とする一般的義務の免除に関する最高裁判例の傾向と連邦法律との関係を紹介してきた。主として2つの論点がある。ひとつは、修正1条の保障の範囲に関する実体的な問題、もうひとつは、判例法に反する法律を連邦議会は制定することが可能であるのか、可能であるとして最高裁はいずれの「法」を適用して解決をはかるべきか、という権限配分の問題である。

　第1の点については、一般的適用可能な法律が、付随的、間接的に宗教に影響を与えている場合をどうみるか、ということである。判例は、制約を可とする流れであるといってよいと思われるが、厳格審査を用いて違憲判決を導き出した事件をいかに理解するか問われている。これについては、事件の性質・特質という点から考察が可能である。少数派の宗教の信仰の核心部分への制約や宗教内部ですでに規制事項はカバーされているなど（プリンス事件（1944年）、ヨーダー事件（1972年））、一般的規制には馴染まない、特殊な状況に対応して適切な結論を導き出すため、最高裁は、限定的に厳格審査に言及したと理解すること

も可能であろう。

　信仰に影響する一般的適用可能な法律に対して、常に厳格な審査で臨み、違憲判決を導き出して宗教への特別扱いを容易に認めることは、宗教を法の上位に位置づけることになり認めがたい。また、一般公衆に不公平感をもたらし、とりわけ経済活動における利得をもたらしている場合には、安易な一般的義務の免除には問題があることをバーウェル事件（2014年）は教えているように思われる[81]。

　また、シャーバート事件（1963年）では、失業補償の要件として信仰と「正当理由」が問題になっていたが、信仰を理由とする解雇等については認められていたことが重要であり、引き続いて失業補償も「正当理由」にあたらないとした場合の結果の重大性が考慮されていたように思われる。では、スミス事件（1990年）はどうか。ここでは、薬物リハビリ団体による、刑事制裁をともなう違法薬物の使用を理由とする解雇がなされ、失業していたことが重要である。はたして、この場合の失業を「正当理由」に含めるべきか、難しい判断であったと思われる。皮肉にも、例外的なスミス事件（1990年）がこの問題に関する判例法の流れを引き戻す結果をもたらしたといえようか。

　第2に、先例と議会制定法いずれに最高裁は拘束されるかの問題であるが、先例拘束は絶対ではなく判例変更がなされることもそれほど稀ではないこと、また、先例とされた判決に有力な反対意見がある場合、拘束されるべき先例は何かを形式的に確定することは難しく、バーニィ事件（1997年）はその典型であった。

　更に、判例とは異なる審査基準を定める制定法に、最高裁は拘束されて判断を下すことになるのか問題になった。これについては、「事件又は争訟」という極めて限定された場面では、何が法であるかの宣言は最高裁の専権であり、連邦議会が介入することは許されないと思われる。もしも、RFRAが、最高裁が信教の自由の内容・範囲を「事件又は争訟」において宣言する場合において、厳格審査を命じることによってその判断に介入するならば、このことは、三権分立の観点からも、また、その判断の結果においても、大いに疑問といわざるを得ないと思われる。

本章への補論：信教の自由への保障を強める合衆国最高裁

　本章においては、信教の自由の保障に関する合衆国最高裁の判例法理を、主として信仰を理由とする一般的義務の免除という視点から紹介してきたが、最近の傾向を考える上で重視されるべきは、スミス事件（1990年）及び連邦議会によるRFRAの制定（1993年）である。スミス事件（1990年）では、その内容が正当で「一般的に適用可能」であれば、その法律が、信仰に付随的に影響を及ぼしても修正1条には違反しないとされた。

　これに対して連邦議会は、RFRAを制定し、信教の自由への制約に対しては、裁判所は厳格審査を行うべきことを規定した。しかし、一般人に課せられた場合には正当とされる義務等を、信仰を理由に免除することがどこまで許されるのか、更には、最高裁による判断が下された直後に、これに真っ向から反対し、その憲法判断の方法を厳格なものに固定するような法律を連邦議会が制定することができるのか、問題になった。最高裁はバーニィ事件（1997年）において、RFRAを違憲とする判断を示したが、あくまで連邦議会の州に対する権限の踰越を理由とし、州に適用される限りの憲法判断にとどまった。その後も同法の憲法判断は示されず、その合憲・有効を前提に同法を連邦に適用する事件が続いている。更に、連邦議会はRLUIPA（2000年）を制定し、在監者の信教の自由等の保護に限定されるものの、RFRAの考え方を維持していく立法を行った。

　こうした状況において、判例法理の進んでいく方向性について注目されていたが、最高裁は、RFRAにおいて信教の自由を重視する連邦議会の考え方を支持していく傾向を示している。これについて、最近の2件の事件を紹介しておこう。まずは、避妊への保険適用を信仰を理由として拒否することが許されるか問題になった事件を紹介する。ここでは、バーウェル事件（2014年）後の事件として注目されていたが、最高裁はRFRAに従い、宗教上の理由から避妊に反対する使用者は保険の適用が免除されるとした。もう一件は、スミス事件（1990年）で問題とされた「一般的適用可能な法律」による宗教行為への規制に関する事件であるが、最高裁は、この意味・範囲を限定することにより、

宗教行為への保障を強めていく方向を示している。まずは、バーウェル事件（2014年）を受けたリトルシスターズ事件（2020年）から紹介しよう。

1. 信仰に基づく中絶費用保険への加入拒否

Little Sisters of the Poor Saints Peter & Paul Home v. Pennsylvania, 140 S. Ct. 2367（2020）

本件法律（Patient Protection and Affordable Care Act of 2010）は、使用者に対して、被用者のための保険への加入を義務づけ、2010年規則（interim final rules）によって、被用者の避妊費用が保険によってカバーされることが定められていたが、本件省（the Departments of Health and Human Services, Labor, and the Treasury）は6年間にわたる訴訟を経て、宗教上の理由から避妊に反対している使用者をこの保険から除外することとした。第3巡回区控訴裁は、本件省にはこの適用除外を定める制定法上の権限はないとしたが、最高裁はこれを破棄し、差戻しの判断を示した。

以下、やや詳しく事件の内容を紹介すると、本件法律は、使用者に対して保険への集団的加入を義務づけ、違反した場合には被用者一人につき、毎日100ドルの過料を科すとした。本件法律は、使用者は、女性の被用者に費用負担をさせることなく、「予防的な措置」を提供するとしていたが、いかなる予防措置に保険を適用するかは示されていなかったので、本件省の一機関である本件行政庁（the Health Resources and Services Administration）によって、包括的なガイドラインが示され、これによって避妊への保険適用が認められた。その後、本件省は2010年規則を改正して、避妊費用への保険適用によって影響が及ぶ宗教的な使用者について考慮し、これへの適用除外を認める必要があると判断し、その具体的内容は本件行政庁の裁量に委ねられるとした。その結果、適用除外は「宗教的な非営利団体」に及ぶようになったが、そのための要件は、①宗教上の理由から、なんらかの避妊方法に保険が適用されることに反対していること、②非営利の団体であること、③自らが宗教団体であることを固持していること、④これら3つを満たしていることを証明すること（自己証明）である。しかし、バーウェル事件（2014年）において、「営利」団体を適用除外としないのはRFRAに違反するとされ、2017年規則が定められ、真に信仰に基づいて

避妊を行うことに反対する、非政府使用者に対して適用除外されるようになった。

上告人は本件において、④「自己証明」の要件を争っている。上告人は、ローマカトリックの女性信徒をメンバーとする団体であり、1868 年以来、合衆国において高齢の貧困者のためのホームを運営してきたが、カトリックの教えに従い、医療的手段により生殖を意図的に避けることは許されないとの信念に基づき、「自己証明」はその信仰の自由を侵害すると主張した。控訴裁は、「自己証明」は上告人に対して「相当程度の負担」を及ぼしてはいないので RFRA には違反しないとした。

最高裁は、原審の判断を破棄し差戻したが、多数意見は主として適用除外を定める権限に関する論点について判断しているので、信教の自由と保険の適用除外について詳細に論じている、アリート裁判官の同意意見を以下において紹介しておこう。アリート裁判官は、「自己証明」によってはじめて適用除外を認めることは、上告人にこの保険制度に加担させることになり、相当程度の負担を及ぼす。また、避妊措置を女性全員が無料で受けられることは、やむにやまれぬ政府利益とはいえず、最も制限の少ない手段としては、政府による避妊費用の負担という実行可能な手段が考えられるとした。他方、ギンズバーグ裁判官の反対意見は、使用者の信仰の自由に傾斜して、使用者とは信仰を異にする女性に不利益を及ぼすことは許されないと批判した。以下、この 2 つの意見をやや詳細に紹介しよう。

アリート裁判官の同意意見（ゴーサッチ裁判官加わる）
2017 年規則に対して、RFRA の観点から次の分析が行われる。
1　相当程度の負担
第 3 巡回区控訴裁は、上告人は、避妊費用が第三者の保険によってカバーされることを知った上で、この保険から離脱するかどうかを選択することを迫られるが、この選択的離脱を行った後に生じることは、あくまで政府の行為であって上告人の行為がもたらすものではないと判断した。しかし、まずは避妊への保険を適用し、「自己証明」の提出によってはじめて適用除外されるとする制度は、上告人が許されないと考える行為への共謀を強いることになり、上告人

に相当程度の負担を負わせている（*see id.* at 2390-91）。

2　やむにやまれぬ利益

すべての女性に無料の避妊薬を提供することは、やむにやまれぬ利益であると主張されている。しかし、本件法律は、家庭の外で働く女性に限定して避妊への保険の適用を認め、また、被用者が 50 人未満の使用者は、いかなる形態の健康保険に加入することも必要とされていない。すなわち、避妊への保険適用は、多くの女性にとって望ましいものであるが、継ぎ目なく、保険によってカバーすることまでは、やむにやまれぬ政府利益と議会は考えていないのである（*see id.* at 2392-94）。

3　最も制限の少ない手段

最も制限が少ない手段として、避妊の費用を負担できない女性に代わって政府がこれを負担することが考えられるが、これを定める制定法上の権限を政府は有していないとの主張がなされた。しかし、現行の連邦法律は、低所得の女性には無料で避妊薬を提供しているので、使用者が信仰を理由に避妊に反対していても、その被用者は、家族の健康保険を通じて避妊への保険適用を求めることも可能である（*see id.* at 2394-95）。

ギンズバーグ裁判官の反対意見（ソトマイヨール裁判官加わる）

使用者の信仰と女性労働者の福祉との双方の調整を放棄し、もっぱら使用者の信仰に敬意を払い、使用者の信仰を共有しない女性に不利益を及ぼすことは許されない（*see id.* at 2402-04）。

「政府は、信教の自由によって保障されている以上に宗教を保障することは許されるが、その場合には、第三者の権利を犠牲に…することは許されない…本件では…宗教を理由とする広範な適用除外によって、女性の被用者に対して深刻な負担がもたらされている。7 万 5000 ～ 12 万 6400 人の出産可能な女性は、以前は利用可能であった避妊への保険適用を失った…この適用除外によって、こうした女性には 2 つの選択肢が残されたが、いずれも満足のいくものではない。一つは…現行の政府資金によるプログラムから避妊へのケアを探すことであるが、このプログラムは、第一に低所得者に利用され、以前は保険適用されていた数多くの女性が殺到してきた場合、これに対応することが予定されてお

らず…ごく少数の女性にしか制度が利用されないとの壁が設けられている…も
う一つの選択肢は…自らの費用により避妊のカウンセリングや方法を入手する
ことであるが、実際に効果のある避妊方法のほとんどは極めて高額であり、最
低賃金の労働者の一ヶ月分の賃金にあたる」(*Little Sisters*, at 2408-09)。

　上告人は、被用者に対して満遍なく避妊方法への保険適用が必要であるとの
書類を提出させるとの積極的な措置をとらせることは、彼らの信仰に違反して
女性に避妊を行わせることに彼らを巻き込むことになるとする。しかし、避妊
への保険適用に反対していることについて登録されることには異議を唱えてお
らず、政府に自らが適用除外されることを望んでいることを通知することに懸
念を示してはいない。すなわち、避妊への宗教上の反対を証言すること自体に
は反対していない (*see id.* at 2410-11)。

　以上、使用者の信教の自由を重視するアリート裁判官、及び、被用者に及ぼ
される不利益に着目するギンズバーグ裁判官の対立を紹介した。前者は、
RFRA の文言に忠実に厳格審査を展開しているが、その前提として、「自己証明」
による適用除外すらも上告人にこの制度への共謀を強いていると判断した。し
かし「共謀」論を受け入れて、自己の信仰への極めて間接的な影響を重視し、
制度自体を否定できるのかは疑問が残る。また、適用除外によって避妊費用を
負担することになった被用者の不利益については、「避妊薬を購入し、これを
利用する憲法上の権利は存在するが、これを無料とする憲法上の権利が存在す
ると最高裁が判断したことは一度としてない」とした (*id.* at 2396)。つまり、
憲法の保障が及ぶのは、避妊を行うことであり、無料によることまでは保障さ
れず、その費用の問題はあくまで政府の政策判断の問題であるとした (*see id.*
at 2396)。

　しかしながら、既に決定された「政策」を、信仰への極めて間接的な影響を
重視し、第三者への多大な影響が及んでいることに目を覆うことは、RFRA
の解釈によるとはいえ、最高裁による「他事考慮」の可能性もあるようにも思
われる。

　以上、RFRA の厳格審査を用いて、保険への適用を「自己証明」によって
除外することをも許されないとした事件を紹介した。しかし、信教の自由に傾

斜していく考え方はこれにとどまらず、スミス事件（1990年）で指摘された「一般的適用可能性」の考え方をもかなり限定する判断も下されている。

2. 同性愛カップルであることを理由とする里親認定の拒否

Fulton v. City of Philadelphia, 141 S. Ct. 1868（2021）

　カトリック教会は、子どもに里親を探すための活動を行ってきたが、カトリック・ソーシャル・サービス CSS がこの使命を果たしてきた。ペンシルベニア州は「里親機関」の資格を付与し、これに「里親」を「認定」するための権限を認めていたが、CSS も里親機関の資格を得ていた。フィラデルフィア市のヒューマン・サービス課（課）は、里親機関と年間契約を結んで、家庭に恵まれない子どもに里親をあっせんしてきたが、その方法は、里親機関に「照会」を行い、そこからの「回答」に基づいて最適な里親を選んで子どもを預けていた。

　CSS はその信仰上の理由から、婚姻は、一夫一婦間の神聖な結びつきであり、事実婚も同性婚も認めていなかったが、独身者の同性愛者を里親に「認定」することには反対していなかった。そこで、同性婚カップルから「認定」が求められた場合、CSS は、市内に20以上ある、同性婚を認めている里親機関にこれを振り向けていたが、この姿勢が問題とされるようになり、同性婚カップルを「認定」しないならば、市は、里親機関としての契約を締結しないとの「声明」を行った。そこで、CSS は訴えを提起し、市からの「照会」が凍結されるならば、修正1条による信教の自由等は侵害されると主張した。

　第3巡回区控訴裁は、「公正実務に関する条例」（本件条例）は、「中立的で一般的に適用可能」であり、これに基づく「声明」は信教の自由を侵害しないとしたが、最高裁はこの判断を覆した。

　まず、先例であるスミス事件（1990年）の内容を確認し、本件はその射程外であるとした（see id. at 1876-77）。その理由は、「個別の適用除外が規定され、個人の行為に格別の理由があることを考慮すべきことが求められている場合には、その法律は、一般的に適用可能とはいえない」とし（id. at 1877）、本件においてもこのことが当てはまるとしている。すなわち、性的志向を理由に里親機関が里親の認定等を拒否しているならば、市は、これへの「照会」を拒否で

きるが、この拒否は「コミッショナーがその裁量に基づき、例外を認めていない場合」に限定してなされるとされ、コミッショナーによる、個別的な例外が規定の中に定められているとした (see id. at 1878)。

　更に、最高裁は、規定の文言だけでなく、その性質からも検討を加え「一般的適用可能性」が存在するとはいえないとした。これについては、まず「公の施設」利用の場合と本件の「照会」とを比較し、「公の施設」の場合には、性的志向等を理由にその利用を妨げることは禁止されているが、里親機関はこれとは異なって、一般的に利用可能とはいえないとした。「ホテルに滞在し、レストランで食事をし、バスに乗るのとは異なって、一般公衆が里親として認定されるのは容易ではない…手続には 3 ～ 6 ヶ月を要し、背景及び医療上の基準をパスしなければならず、多くのホームスタディを行うことも必要である」(id. at 1880)。

　このように最高裁は、本件における信教の自由への制約は「一般的適用可能性」の規定等によってなされたものではなく、スミス事件 (1990 年) の射程外にあるとし、その上で、信教の自由への制限が認められるためには、やむにやまれぬ政府利益が必要であり、本件において主張されている利益は、性的志向を理由とする認定の差別禁止によって、里親の数を最大限にふやす、市が責任を問われないようにする、将来の里親と里子を平等に取り扱う、の 3 つであるとした。

　しかし、最高裁は、問題となっているのは、里親認定に関する非差別政策一般がもたらす利益ではなく、CSS に例外を認めないことによって、市にとって、やむにやまれぬ利益をもたらすかであるとした上で次のように述べた。「里親の数を最大にして、市の責任を最小限にすることは重要な目的であるが、CSS に例外を認めないことによって、この目的が危険にさらされることは証明されていない…CSS の認定実務によって訴訟が提起されるというのは推測であるにすぎず、厳格審査を満たすには不十分である…同性愛者及び同性愛者カップルは、社会の除け者として、又は、その尊厳と価値とにおいて劣っているとして、扱われてはならないと認識されるようになったが…この利益は、CSS に宗教行為の行使に例外を認めないことを正当化できるものではない」(id. at 1881-82)。

以上、スミス事件（1990年）で示された「一般的適用可能性」の法令等による信教の自由への制約について、最高裁は、判例変更によりこれを否定することはしなかったものの、かなり限定化する方向を示したといえよう。その論拠として、法令等が適用除外等の例外規定を置いていることは、その一般的適用可能性を自ら否定するものであることを意味し、また、法令の対象が一般公衆（バスやレストランなどの公共施設）ではなく、特定の免許等（里親機関の資格）が問題になっている場合には、信教の自由への制約の問題は別に扱われるとした。

　しかし、これらの指摘は、スミス事件（1990年）の中で念頭におかれた「一般的適用可能性」の理解とは若干のくい違いがあるように思われる。この事件では、「仕事に関連する違法行為」を理由とする解雇は、失業補償の給付対象とはならないとの規定が問題になったが、原告は、薬物リハビリ団体から、違法薬物のペヨーテを宗教儀式として用いたことを理由に解雇されていた。最高裁は、ペヨーテの利用を犯罪行為とすること、及び「──違法行為」を失業補償の拒否理由とすることは、正当で中立で一般的に適用されることが許されることを確認した上で、こうした有効な法律が、信仰を理由にその遵守を免除されることはないとした。

　つまり、信仰を理由とする一般的義務の免除に関し、正当な刑事法の運用という観点から一線を画した判断といえる。これに対して、修正1条は、一般的に適用される法律と特定の宗教行為をターゲットとした法律とを区別することなく、宗教活動への保護を及ぼしている、とする考え方とが対立していた。

　本判決において最高裁は、宗教弾圧とは関わりのない、中立的一般的な法律によって課せられた義務であっても、信仰を理由にその免除を認める範囲を広げる方向に舵を切ったといえよう。しかし、そのことが、社会一般の秩序や一般公衆の不公平感をもたらさないか、再度、検討の余地があるように思われる。

【注】
(1) この点については、長谷部恭男編『注釈日本国憲法(2)』（駒村圭吾担当）（2017年、有斐閣）308頁参照。アメリカにおいても同様の考え方が発達している。合衆国憲法修正1条は、言論及び信教の自由を保障しているが、ともに2つの

概念を包摂している。信じる自由と行動する自由である。後者は、社会の保護を目的として、規制に服する、とされる。*See* Jonathan C. Lipson, *On Balance: Religious Liberty and Third-Party Harms*, 84 MINN. L. REV. 589, 637（2000）[hereinafter *Lipson*].

(2) アメリカにおいては、更に複雑な問題が提起されている。すなわち、合衆国最高裁の判例法理とこれとは反対の立場をとる連邦法律（RFRA）が存在することである。合衆国最高裁においては、刑事罰をもって禁止されている薬物を宗教的儀式において用いたことに対して、その不利益を免除しない場合にも、信教の自由を保障する合衆国憲法修正1条に違反しないと判断した（Employment Division, Department of Human Resources of Oregon v. Smith, 494 U.S. 872（1990））。しかし、これを受けた連邦議会は、信仰に相当程度の負担が及ぶ場合には、その制約は、やむにやまれぬ利益を促進することを目的に、最も制約の少ないものでなければならないとして、最高裁の判例法理に対抗した。このように、その判例法理と異なる連邦議会法が制定された場合に、最高裁として両者のいずれを優先させて判断すべきか、という大きな問題が提起されているのである。これら、修正1条とRFRAの関係に着目して論じ、又、関連判例についての邦語の文献を紹介するものとして、拙稿「信教の自由への規制と審査基準—アメリカにおける判例法理と連邦議会法律の交錯—」東洋法学61巻2号1頁（2017年）。

(3) Jacobson v. Massachusetts, 197 U.S. 11, 26-27（1905）.

(4) *Id.* at 27.

(5) *Id.* at 27-28.

(6) オゴラは、最高裁の考え方を次のようにまとめる。すなわち信仰に関し、その実践によって、コミュニティや子どもを伝染病に曝し、健康を害して死に至らしめる自由を含むものではない。隔離が必要な場合に、信仰を理由に適用除外を認めることは、平等保護条項に違反する可能性がある。例えば、ムーア事件（1952年）（Moore v. Draper, 57 So. 2d 648（Fla. 1952））において、結核病患者を強制的に隔離する法律があったが、一定の信仰等を理由にこれを免除することは、それ以外のすべての人を差別するとして許されないとされた。信仰の自由は、伝染病に罹患している者に、その信仰ゆえにその病を伝播させるための隠れ蓑として利用させることを認めていない。*See* Christopher Ogolla, *The Public Health Implications of Religious Exemptions: A Balance Between Public Safety and Personal Choice, or Religion Gone Too Far?*, 25 HEALTH MATRIX 257, 301（2015）[hereinafter *Ogolla*].

(7) なお、ポリス・パワーの行使に関する第一次的判断権は立法府にあることが指摘されている。「州の公共の福祉 good and welfare が何であるかを第一次的に判断するのは立法者であるが、これこそがマサチューセッツ州にポリス・パワーを与えている根拠である」としている。*Jacobson*, 197 U.S. at 27.

(8) 天然痘の予防接種に関する健康規制は、州のポリス・パワーの合理的な行使であり、修正 14 条の下での個人の自由を侵害しないとするジャコブソン事件（1905 年）の判断に多くの裁判例が従った。例えばアーカンソー州最高裁では、天然痘の予防接種を、通学のための事前の要件とすることは、合理的なポリス・パワーの行使であり、宗教活動の自由を侵害しないとした。この予防接種を受けていなくとも、誰一人として天然痘に罹患したものはおらず、50 年以上も天然痘の流行はアーカンソーではみられないとの主張にもかかわらず、学校区で運営している学校への通学の要件として、予防接種を受けることを宗教上の理由から拒否する法的権利 legal right を有していないとした点は重要である。*See Ogolla, supra note 6, at 267-68.*

(9) 信教の自由条項に関し、その沿革において、信仰を理由に法律の適用から免除される権利を付与していたかどうかについては争いがある。これを肯定するものとして、Michael W. McConnell, *The Origins and Historical Understanding of Free Exercise of Religion*, 103 Harv. L. Rev. 1409（1990）、これを否定するものとして、Philip A. Hamburger, *A Constitutional Right of Religious Exemption: An Historical Perspective*, 60 Geo. Wash. L. Rev. 915（1992）．なお、ジャコブソン事件（1905 年）においては、予防接種によって本当に天然痘が予防できるのか、あるいは逆に重篤な副反応のおそれがあるのではないかとの懸念があったようである。この点、最高裁は、予防接種と天然痘蔓延防止に関する「立法事実」を丹念に検討している。司法審査と立法事実に関する興味深い指摘がなされているので、やや長くなるが紹介しておく。予防接種は天然痘の予防には効果がなく、身体への悪影響を及ぼすという考え方がある。しかしながら「伝染病から社会を守るために、最も効果的な手段は何かを判断することは、裁判所が果たすべき機能ではない。入手又は入手可能なあらゆる情報に照らして判断を下すのは立法部門の役割である…一般的な福祉 general welfare に影響を及ぼす問題についての立法行為を審査する権限が裁判所に認められるのは、公衆の健康、モラル、安全を保護しようとして定められた法律が、この目的にとって、現実の、又は、相当程度の関連性を有していなかった場合、または、一切の疑問の余地なく、基本法によって保障された権利に対して、明確な、あからさまな侵害があった場合である」．*Jacobson*, 197 U.S. at 30-31．このような視点に立って、審査権を行使する際、まず、予防接種が天然痘の防止に役立たないのではないかとの見解がある。「しかしながら、共通する認識 common belief は、予防接種はこの恐ろしい伝染病の蔓延を防止し、その危険を軽減する確たる傾向があるということである。すべての人によって受け入れられなくとも、医療の専門家のほとんどと同様、人民の大多数により…理論上一般に、受け入れられ及び実務上も、一般に実施されている…ほとんどすべての州において、予防接種を直接、間接に促す法律を有する…共通の認識がなされているならば、それが存在していることを

示すエビデンスは必要とされず、立法者及び裁判所による証明なくしてそれに依拠することが許される。その認識が、普遍的 universal ではないことは決定的ではない。なぜならば、万人によって受け入れられている認識などめったにないからである…立法者は人民の共通の認識に従い、伝染病の蔓延を防止するため適当と考える法律を制定する権限がある…人民が共通の福祉と認識するところは、それが真実であるかどうかにかかわらず、共通の福祉を促進する方向のものとして受け入れられなければならない…予防接種が天然痘を予防するのかについて裁判所は判断しないし、またすることもできないが、このことが州の人民の共通の認識であるという事実を司法確知し、この事実を根拠として、問題の法律は健康に関する法であり、ポリス・パワーの合理的で適切な行使であると判断する」。*Id.* at 34-35.

(10) 圧倒的に多くの州では予防接種に関しては、法律により、宗教を理由とする適用除外を認めている。また、避妊薬や隔離の問題にも信仰を理由とする適用除外を定めているが、信教の自由と社会や第三者の利益との衡量に関して、前者を重視する考え方に傾いているといえる。*See Ogolla, supra* note 6, at 302.

(11) Hamilton v. Regents of University of California, 293 U.S. 245 (1934).

(12) 最高裁の先例として、良心に基づき軍事訓練を免除された事件（United States v. Macintosh, 283 U.S. 605 (1931)）があるが、最高裁は、この免除は、明示又は黙示の憲法規定から認められたものではなく、あくまで議会の制定法によって、その政策的配慮からなされたものであるとした。「連邦議会の政策により認められたのであり、免除は、憲法ではなく議会法律に由来するのである」。*Hamilton*, 293 U.S. at 264.

(13) *Id.* at 262-63.

(14) この点について最高裁は「州は合衆国の安全に関心がある。疑いなく、それぞれの州は適齢の健康な男子を訓練して、そのための義務を彼らに課す権限がある」とした。*Id.* at 260.

(15) Goldman v. Weinberger, 475 U.S. 503, 506-07 (1986).

(16) *Id.* at 508-09.

(17) その信仰の内容は、次のとおりである。すなわち、敬虔な者にとっては、自分自身をコントロールすることこそが、精神の清浄を保つために不可欠である。自分でコントロールできない社会保障番号を用いることによって、偉大なる精神が奪われ、そのパワーを身につけることが妨げられる、というものであった。*See* Bowen v. Roy, 476 U.S. 693 (1986).

(18) *See id.* at 700.

(19) *See id.* at 707.

(20) *See id.* at 707-08.

(21) 最高裁はこの判例法理について次のようにまとめている。「一律に適用される

法律によって、政府が提供している利益が得られなくとも、宗教上の自由が侵害されたとはいえない…ハミルトン事件（1934年）では…州によって提供される教育を受けようとし、同時に、専らその信仰に基づいて一定のコースを免除してもらうように主張していた…バーネット事件（1943年）（West Virginia State Bd. of Educ. v. Barnette, 319 U.S. 624 (1943)）では、ハミルトン事件（1934年）と区別して国旗への敬礼の拒否を認めた。ここでは、生徒たちにその思想を明らかにするように強制することが問題になっていた。強制的な出席をさせることなく、任意で在籍している者に大学の施設を使わせている場合、そのコースの一部として軍事訓練を規定していても憲法に違反しない…ハミルトン事件（1934年）では大学への任意の出席が扱われ、バーネット事件（1943年）では小学生の強制的な出席が問題になっていた…この違いを信教の自由への侵害を認めなかったボブ・ジョーンズ事件（1983年）において繰り返して強調した」。*Id.* at 704-05. もっとも、信仰への影響が付随的でありさえすれば規制が許容されるわけではなく、それが、刑事罰により信仰に影響しているか、又はその信仰への負担を正当化する政府の目的が存在するかが問われるとしている。「政府から提供される利益を確保するか、信仰に忠実であるかの選択を、間接的に、付随的に求める政府規則は、宗教に根ざす活動を犯罪とする…立法とは全く異なるのである…政府によって及ぼされる宗教上の自由への負担は、それが間接的というだけで審査を免れることにはならないが、その負担の性質は、政府がその負担を正当化するために求められる基準と関連している」。*Id.* at 706-07.

(22) 信仰を理由とする義務免除の領域では、厳格テストである「やむにやまれぬ利益テスト」は用いることができないとの指摘がある。宗教上の義務は、様々な方法で、また、その強度もまちまちに、公共の利益と衝突しうるのである。信仰は、合理性の上に成り立っていることを求められず、その例は枚挙にいとまがない。すなわち子どものケアの禁止、危険物の摂取、保護鳥獣の殺害、納税の拒否、武器の蓄積、人種・性別に基づく差別等々である。信仰に根ざす相当程度の範囲にわたる行為が存在するが、これと対立する世俗の法に対しては譲歩しなければならない。*See* Christopher L. Eisgruber & Lawrence G. Sager, *Why the Religious Freedom Restoration Act is Unconstitutional*, 69 N.Y.U. L. REV. 437, 447 (1994) [hereinafter *Eisegruber & Sager*].

(23) レーベンタイルは、信仰を理由とする優遇措置が、寛容に認められるのは、その信教の自由の行使が、他の個人の権利と衝突していない場合であるとした。*See* Kara Loewentheil, *When Free Exercise is a Burden: Protecting "Third Parties" in Religious Accommodation Law*, 62 DRAKE L. REV. 433, 470 (2014) [hereinafter *Loewentheil*]. すなわち、子どもたちが、虐待から保護され、自由で独立した市民になるために、その成長の機会を与えられることは、彼らだけでなく、社会全体にとっての利益でもある。最高裁が懸

念しているのは、この法律への適用除外を認めてしまえば、心理又は肉体的な傷害を子どもに背負わせることになるということである。*See id.* at 470-71.

(24) *See* Wisconsin v. Yoder, 406 U.S. 205, 211-12 (1972).

(25) *See id.* at 212.

(26) *Yoder*, 406 U.S. at 224.

(27) *Id.* at 225.

(28) ボロクは、宗教上の適用除外の問題とコモンローの伝統との関連性を指摘する。人民はその宗教から命ぜられたことを行う自由がある。ただし、それは他人を傷つけない限りにおいてである、等の例を引用している。*See* Eugene Volokh, *A Common-Law Model for Religious Exemptions*, 46 UCLA L. REV. 1465, 1479 (1999) [hereinafter *Volokh*]. ところで、ゲディクス＆タッセルによれば、信仰を理由とする義務の免除・優遇措置に関して、最高裁が一貫して非難しているのは、利益追求の職場、及び、世俗の環境において、他者の犠牲の下に、信者を保護する優遇措置である。このリーディングケースがカルドー事件（1985年）である。最高裁が無効とした法律の内容は、安息日には休暇をとってもよいとの絶対的な権利を従業員に与えていた。これにより、使用者及び他の従業員にいかなるコストを強いることになるかを考慮していないのである。修正1条は、自らの利益を追求するために、他者にその行為を、自らの信仰に一致させることを求める権利を認めていない。その同意なくして、他人にコストを負担させることが無効とされたのである。バロック事件（1989年）（Texas Monthly v. Bullock, 489 U.S. 1 (1989)）では、宗教的な出版物への免税措置は、世俗の出版物への課税を増加させ、国教樹立禁止条項に違反するとされた。また、カッター事件（2005年）（Cutter v. Wilkinson, 544 U.S. 709 (2005)）では、RLUIPAの下で、囚人の宗教行為が、看守や他の囚人等の第三者の安全や利益を脅かすならば、これを優遇することもやはりこの条項に違反するとした。*See* Frederick Mark Gedicks and Rebecca G. Van Tassell, *RFRA Exemptions from the Contraception Mandate: An Unconstitutional Accommodation of Religion*, 49 HARV. C.R.-C. L.L. REV. 343, 357-59 (2014) [hereinafter *Gedicks & Tassell*].

(29) ホワイト裁判官の同意意見（ブレナン・スチュワート両裁判官加わる）は、「9年生と10年生の2年間の義務教育を実施する州の利益の方が、その宗派の存続のためになされる、明らかに真摯なアーミッシュの宗教の実践行為を凌駕しているとはいえない」とした。*Yoder*, 406 U.S. at 237-38. このように多数意見及びホワイト裁判官の同意意見は、学校での9、10年生での教育は、アーミッシュ内部の職業訓練等により十分に代替され、これを免除しても子への不利益は大きいとは考えられていない。しかしながら、この2年間こそ、ニュートラルな学校生活を送らせ、人生の方向について自主的な判断をさせるべきとするのが、ダグラス裁判官の一部反対意見である。「アーミッシュの子が高校

に通うことを望み、この希望を尊重するに値する程度に彼が成熟しているならば、宗教に根ざす親の反対があったとしても、州は、これを覆すことができるのは当然である。宗教は個人的な体験である」。*Id.* at 242. 「親がその学年を超えて学校には子を通わせないとするならば、子は永久に多様な新しい素晴らしい世界に入っていくことはできないであろう…もしも、自分に権限を及ぼす者によってアーミッシュの生き方に縛られてしまい、その教育が切り詰められてしまうならば、その人生は矮小化され、変形されてしまうであろう。それ故に、子は、州が適用除外を与える前に、その意見を聞いてもらう機会が与えられるべきである」。*Id.* at 245-46. この事件は、親の信仰の立場から、親の信仰の流れの中で子の利益を考察すべきなのか、それとも親の信仰からも自由であるべき子の信仰の自由を重視すべきなのか、を考えさせる。その意味でもダグラス裁判官の意見は注目に値すると思われる。

(30) アイスグルーバー＆サーガーは次のように述べて、優遇措置にも限界がないとはいえない、と指摘する。すなわち優遇措置という名の下に、信者や宗教団体に特別な利益を与える自由は政府にはない。最高裁の判断も、宗教の実践を優遇する憲法上の権限は、無制限に信者に特権を付与するライセンスを州に認めるものでないことを明らかとしている。国教樹立禁止条項に関して、カルドー事件（1985 年）では、安息日にはすべての信者に仕事を休む権利を認めた法律は、憲法上の中立性に違反するとされたし、バロック事件（1989 年）では、宗教上の出版物は販売税から免除するとの法律を政教分離の観点から違憲とした。RFRA のやむにやまれぬテストは、一般的に適用可能な法律からの適用免除を主張する広範な権利を信者に認めることになり、他方、世俗的な義務に関する法的な配慮は見られない。RFRA は明らかにカルドー事件（1985 年）やバロック事件（1989 年）において批判された、信仰に傾斜した考え方をとる例である。*See Eisegruber & Sager, supra* note 22, at 452-54.

(31) リプソンは、経済活動に関して信仰に基づく優遇措置がとられている場合、そのもたらす外部的な影響を重視した考え方が最高裁においてとられてきたと指摘する。例えばシャーバート事件（1963 年）では、宗教行為が公衆の安全、平穏、秩序に相当程度の脅威をもたらしているならば、それは制限されうるとしている。ブラウンフェルド事件（1961 年）では、日曜閉店法の適用を土曜閉店の必要とする信者に対して適用除外しなかった。もしも適用除外したならば、その宗派は、大きな競争上のアドバンテージを受け、そのことは法律全体の考え方を機能不全に陥れることになる、とした。*See Lipson, supra* note 1, at 639-40. また、レーベンタイルは、宗教を理由とする優遇措置の目的は、宗教を差別から守ることであって、一般市民以上に特権を付与することではない。この原理は、信教の自由が他の権利と衝突した場合に、憲法システムにおける信教の自由の重要性及びその権利の持つ重みをどのように考えていくかを探る構造的な意味がある、と指摘している。*See Loewentheil, supra* note

23, at 454.

(32)Braunfeld v. Brown, 366 U.S. 599, 605-06（1961）.

(33)*Id.* at 608-09.

(34)リプソンは、第三者が競争上の不利益等の私的な損害を被れば被る程、最高裁は、これをもたらした活動が真摯な宗教行為であるかについて克明に検討しようとする、と指摘する。*See Lipson, supra* note 1, at 622.

(35)*See* Estate of Thornton v. Caldor, Inc., 472 U.S. 703, 709（1985）. なお、信仰の実践がもたらすコストを、その信仰をもたぬ者に背負わせることになる優遇措置は、国教樹立禁止条項違反の古典的な例である。特定の宗教の実践行為のコストを第三者にシフトする優遇措置は、国教樹立禁止条項によって禁止されることについては広範なコンセンサスがあるが、このシフトされたコストがどの程度であれば、この条項違反となるかについては不明確である。カルドー事件（1985 年）では重大かつ相当程度としているが、事前に第三者に及んでいる負担が、優遇措置によりわずかに増加した場合には、この条項違反としていない。他方、特定できる第三者に事前に存在するわずかな負担が、優遇措置により、顕著で、はっきりとそれとわかる増加をもたらしている場合、及び以前は存在していなかった負担を生じさせた場合には、国教樹立禁止条項違反と認定する傾向がある。*See Gedicks & Tassell, supra* note 28, at 363-65.

(36)*See* Tony & Susan Alamo Foundation v. Secretary of Labor, 471 U.S. 290, 303-04（1985）.

(37)リプソンは、本来、裁判所は、宗教上の争いへの介入に消極的であるが、宗教と商業という全く異質の世界が交わると、裁判所の姿勢は変わってくる、と指摘する。すなわち、トニー＆スーザン事件（1985 年）では、信仰を理由とする適用除外を認めれば、教会に競争上のアドバンテージをもたらすことが問題となった。そこで、衣類や野菜のアウトレットなど一般向けのサービス・ステーションは、通常の営利団体と競合しており、宗教活動とはいえないとした。この判決は、第三者の利益を考慮することによって、その結論が導き出されているが、この点について、リー事件（1982 年）との比較は有益である。この事件では、信仰を理由として、社会保険への加入を拒否できるかが問題となったが、アーミッシュの教義に関する政府の解釈が正しいかを判断することは、裁判所の機能及び能力を超えるとした。*See Lipson, supra* note 1, at 616-18.トニー＆スーザン事件（1985 年）及びリー事件（1982 年）においては、第三者への裁判所の配慮が反映されている。前者では、上告人と同じ営利活動を行っている私人が特定でき、上告人への適用除外により不利益を受けるが、後者の場合には、こうした第三者は特定できない。すなわち、社会保険システムは第三者が特定されることなく、合衆国市民すべて又はその大多数に関わるのである。*See id.* at 619.

(38)最高裁は、税金のシステムの維持、国家安全保障、公衆の安全、公教育の提供、

社会保険への加入等の問題は、政府のやむにやまれぬ利益と考えてきたとの指摘がなされている。*See id.* at 642.

(39) United States v. Lee, 455 U.S. 252, 258-60（1982）.

(40) 法廷意見と同様に、社会保障システム全体の運用を阻害する、一個人の信仰の実践に否定的な考えを示すのが、スチーブンス裁判官のジャッジメントへの同意意見である。その主張で注目すべきは、一般的に適用される法律からの適用除外をもとめるためには、その正当理由を信者が証明しなければならないとしている点である。「法廷意見によれば、宗教上の義務が優先されるのは、市民の義務の履行が、最も重要な政府利益を達成するのに不可欠であることが、政府によって示されていない場合である。この憲法判断の基準が示唆するのは、政府は、中立的な一般法を、個々の良心的反対者に適用しても正当であることを示す、重い負担を常に背負っているということである。私の見解では、一般的に適用可能な、正当な法律から特別に適用除外されることが認められるために必要な格別の理由が存在することの証明責任は、適用除外を主張する者が背負っているということである」。*Id.* at 261-62.

(41) このような免税措置をめぐっては、主として政教分離の観点から問題となることがある。最高裁は、その免税の目的が特定宗教の援助助長ではなく、人々の道徳や精神への福祉一般への向上に資する目的でなされ、宗教施設等への免税もその一つである場合には、政教分離には違反しないと判断している。これについて、Walz v. Tax Com. of New York, 397 U.S. 664（1970）を紹介しておこう。ニューヨーク市では、もっぱら礼拝に利用される宗教上の財産を免税としていたが、このことが政教分離に違反するとして訴えが提起された。その理由として、この免税措置は、課税対象となっている原告に対して、間接的に宗教団体への寄付を強制することになるからというものであった。最高裁は、この訴えを退けた。まず、不動産税免除の目的は宗教の助長でもなければ抑制でもない。ニューヨーク州では、道徳及び精神面の改善に資する財産への課税によって、その活動が萎縮してしまうことを懸念していた。免税の対象は特定の教会に限定されず、広く非営利、準公共の法人が所有する不動産であり、その中には病院、図書館、運動場、科学的、職業的、歴史的、愛国的団体が含まれている。また、免税措置は、永続的ではなく、その活動が一定の範疇から外ればその資格を失うことになる。*See id.* at 672-73. 更に、免税措置は政府による宗教への過度な介入とはならない。免税措置をとったからといって図書館、アートギャラリイ、病院などを政府機関に変えることはないし、その職員を公務員に変えることもない。*See id.* at 675-76. 政教分離にいう分離とは、両者にいかなる接触もない状態をいうのではない。現代世界は複雑であり、両者には必然的に何らかの接触が生じ、例えば宗教施設が消防や警察の保護を受けるのはすべての人に与えられる付随的な利益にすぎない。*See id.* at 676. このように、最高裁は、免税という手段によって信仰への利益が及んでも、直ちに政教分離違反にはならないとした。ポイントになるのは、その利益付与の

「幅」である。特定の宗教・活動に特化した狭い範囲での免税措置は、特定宗教の援助助長につながるが、より広範に公益のひとつとして宗教上の作用を位置づけているということである。この「幅」をどう理解するか難しい問題ではあるが、宗教に関する出版物に限定する免税は、「幅」の要件を満たしていないとして政教分離違反とされた事件があるので紹介する。Texas Monthly, Inc. v. Bullock, 489 U.S. 1 (1989) においては、宗教に関する刊行物については販売税を免除していたテキサス州法が政教分離条項に違反すると判断された。最高裁は、政府が世俗目的を達成しようとする際に付随的に宗教に利益を与えることは許されるとする。「世俗目的を有する政府の政策は、付随的に宗教に利益を与えることができないということにはならない。宗教とは関わりのない政府の目的と宗教団体の利益とはしばしば重なり、宗教団体が負うはずであった負担が軽減したからといって、正当な世俗目的を達成しようとする合理的な手段を慎まねばならないことにはならない」。Id. at 10. もっとも、課税の免除などの優遇措置がとられる場合には、それが、特定の教会や宗教団体に限定されていないことが重要である。病院、図書館、運動場、科学、専門職、歴史、愛国の団体等を含む、非営利で準公的な団体によって所有される広範な財産の一つであれば、宗教的な建物に適用除外が認められるのである。See id. at 12. しかしながら、本件のテキサス州法によってなされている、宗教上の刊行物への販売税免除は、その適用される幅が十分ではないために、政教分離違反となる。正当な世俗目的のため、広範に非宗教団体にもたらされるのではなく、専ら宗教団体に利益が振り向けられるならば、これを正当化することはできない。See id. at 14-15.

(42) Bob Jones Univ. v. United States, 461 U.S. 574, 595-96 (1983).

(43) Id. at 604. この事件のレンキスト裁判官の反対意見は、教育における差別に反対することが重要な国家の政策であるとする点において、また、公共の利益を促進するため、人種差別を行う教育機関に免税措置をとらないとすることについても、多数意見に同意する。しかし、この判断はあくまで議会が行うことであって、裁判所が行うことではない。免税のために議会が定めた要件によれば、上告人は免税措置を拒否されるとの解釈はできないとした。See id. at 612-13.

(44) ボブ・ジョーンズ事件（1983年）に関して、レーベンタイルは、最高裁は、教育における人種差別は、個人の権利、及び、最も基本的な国家の公共政策に反している。教育における人種差別を根絶する政府利益は、根本的で優越的なものであり、上告人の信仰の実践にいかなる影響を及ぼしていてもこれを陵駕するのである、と指摘する。See Loewentheil, supra note 23, at 471-72.

(45) 信仰を理由とする適用除外が、いつ認められ、これをだれが判断するか、問題とされてきた。1963年までは、この問題は立法府に任されるべきというのが一般的であったが、シャーバート事件（1963年）において、最高裁は憲法問

題として法律の適用除外の問題に乗り出し、法律が宗教の実践に相当程度に負担を及ぼし、厳格審査をパスできないならば、宗教上の適用除外は憲法上強制されるとした。しかし、スミス事件（1990年）において、シャーバート事件（1963年）は変更され、以前の制定法に基づく適用除外のモデルが復活した。その結果、信教の自由条項は、一般的には、宗教上の適用除外を強制していないので、信仰を理由に法律の適用に反対する者は、適用除外を規定する法律を定めることを立法者に求めることになった。その結果、1993年にRFRAが制定された。この法律によれば、厳格審査をクリアしない限り、州及び連邦のすべての法律が宗教上の適用除外を定めることを目的としていた。しかし、1997年、バーニィ事件（1997年）で最高裁は、RFRAは州政府に適用される限りにおいて違憲であるとした。しかし、連邦の行為への制限としては、この法律は有効であり、また、州が自らの政府を拘束するものとして、State RFRAsを定めることは妨げられていないとした。*See Volokh, supra* note 28, at 1472-73. また、アイスグルーバー＆サーガーは、議会と裁判所の調和のためには、法律は、最高裁の憲法判断に対して真っ向から反対するのではなく、これを補足するものであること、及び、法律はその一般的な規範の中に、最高裁が、機能的な内容を盛り込むことが出来るように概念的な余地を提供していること、が必要であるとしている。*See Eisegruber & Sage, supra* note 22, at 443.

(46) スミス事件（1990年）では、宗教活動は、一般的に適用される法律には従わなければならないとした。これに対して、議会は1993年にRFRAを定め（後にクリントン大統領が署名）、裁判所によるバランシングと厳格審査を行わせようとした。すなわち、たとえ一般的に適用される法律であっても、宗教の実践行為に相当程度の負担を及ぼすことはできないとし、ただ、その例外として2つを列記した。すなわち、やむにやまれぬ政府利益を促進し、その利益を促進する手段として最も制限の少ない手段が用いられていることである。*See Lipson, supra* note 1, at 647. しかしながら、RFRAは、バーニィ事件（1997年）で無効とされた。その理由は、これを州に適用することは、修正14条5節の下で連邦議会が有する権限を踰越するとされた。しかし、連邦政府に適用される限りでは有効とされている。*See Loewenhteil, supra* note 23 at 463.

(47) ACA制定の背景としては、合衆国においては、意図しない妊娠は驚くほど日常的であり、全ての妊娠の半分を占めている。避妊薬が入手できればこうした意図しない妊娠は防げ、女性の健康を改善できるが、貧困女性は、彼女らにとって最適な避妊薬を入手できないでいる。*See id* at 440-41. ACAは、被用者がコストを分担することなく避妊薬を入手し、使用者の健康プランの利益享受者となる権利を創設した。RFRAに基づく適用除外は、適用除外される使用者の被用者から、この権利を奪うものである。この適用除外が認められるとコストの一定の部分は、反避妊薬の考えを有する使用者から被用者に必然的にシフトすることになる。*See Gedicks & Tassell, supra* note 28, at 375.

(48)避妊は、その沿革を古代ローマにまで遡ることができるが、わいせつ及び非道
徳と考えられてきた。1916 年、マーガレット・サンガーは、避妊に関する情
報が広まるのを抑制していた法律に異議を唱え、50 年の自由刑を受けること
を覚悟した上で、これを広めるクリニックを開設した。これにより、医師が健
康上の理由から避妊のアドバイスを行うことを適法とする先例が確立した。彼
女の活動を通して、1930 年代にはいくつかの州の保健局や公立病院が家族計
画に関するサービスを提供するようになった。1960 年代になると、スーパー
で避妊薬が販売されるようになったが、様々な宗教団体から痛烈な批判が起
こった。1961 年、イェール・メディカル・スクールのバクストン、及び、コ
ネチカット家族計画センター所長のグリズワルドは、家族計画のクリニックを
開設したが、避妊を犯罪とする州法に違反したとして逮捕された。この事件で
合衆国最高裁は、この州法は、権利章典の具体的な保障のピナンブラの範囲に
ある、婚姻上のプライバシーを侵害していると判断した。1972 年、合衆国最
高裁は、未婚の成人に対して避妊薬を配布することを禁止するマサチューセッ
ツ州法を違憲と判断した。2000 年、雇用機会均等委員会は、健康保険の対象
から避妊の処方を除くことは公民権法に違反するとした。*See Ogolla, supra*
note 6, at 276-78.

(49)避妊薬への保険適用には信仰を理由とする例外が設けられ、専ら礼拝のための
建物所有者や教会における雇主は、避妊薬の保険適用を免除される。同様に大
学や社会サービス機関のような、宗教と結びついた非営利団体にも優遇措置が
認められている。これらの団体（適格団体）は、避妊薬の保険に加入しないこ
とができるが、この場合には、保険会社又は第三者の行政機関が避妊の保険適
用をうけなければならない。適格団体となるためには、宗教上の理由から、保
険の対象となっている避妊方法のすべて又はいずれかに保険適用されること
を拒否していること、非営利の団体として組織され、活動していること、自らを
宗教団体としていること、これらについて書式に基づいて証明していることが
必要である。*See Loewentheil, supra* note 23, at 447.

(50)この点については、サーキットコートにおいて見解が分かれていたが、最高裁
は RFRA の persons という言葉に非営利法人も含まれるとした後に、避妊薬
を保険の対象とすることは、RFRA にいう、相当程度の負担を信仰に及ぼし
ているとした。そして、明言されていないので推測になるが、避妊薬の費用な
しでの利用を確保することは、政府のやむにやまれぬ利益であるが、この利益
を促進するための最も制限の少ない手段がとられているとはいえないとした。
See Elizabeth Sepper, *Gendering Corporate Conscience*, 38 Harv. J. L.
& Gender 193, 196-97（2015）[hereinafter *Sepper I*]．

(51)RFRA の目的とするところは、その文言から明らかである。シャーバート事
件（1963 年）で示された、やむにやまれぬ利益テストを維持し、信教の自由
が相当程度に負担を負っているすべての場合にこれを適用しようということで

ある。すなわち、政府は、宗教の実践に相当程度の負担を及ぼしてはならない。たとえ、その負担が一般的に適用されるルールからもたらされた場合であっても、である。ただし、次の場合はこの限りではない。すなわち、政府が宗教の実践に相当程度の負担を及ぼすことが許されるのは、その負担を及ぼすことが、政府のやむにやまれぬ政府利益を促進し、及び、そのやむにやまれぬ政府利益を促進するために最も制限の少ない手段が用いられている場合である。*See Loewentheil, supra* note 23, at 460-61. これに対して最高裁の修正 1 条の解釈は、好ましくない、差別的な扱いをするために、特定の宗教の実践行為をターゲットとしていなければ、憲法違反の可能性は低くなる、ということである。要するに中立、一般的に適用されない法律に対して、厳格審査がなされるということである。*See id.* at 457-58.

(52) RFRA は、1993 年に連邦議会が信教の自由を極めて広範に保護するために定めた法律である。この法律は、スミス事件（1990 年）の 3 年後に定められた。この事件では、信者が宗教儀式においてペヨーテを吸引したところ解雇され、この吸引が犯罪にあたるために失業保険金の支給が認められなかった。原審は、この不支給は修正 1 条の信教の自由を侵害すると判断したが、最高裁はこれを破棄した。修正 1 条の下で、中立で一般的に適用される法律は、やむにやまれぬ政府利益によって支持されていなくとも、宗教行為に適用することは許されるとした。一方、連邦議会は、これに対抗するために、RFRA を定めた。しかしながら、バーニィ事件（1997 年）で最高裁は、連邦議会は修正 14 条 5 項に基づく権限を踰越したと判断し、更に、RFRA が定める厳格テストは、スミス事件で解釈された修正 1 条の信教の自由の下での違憲とされる行為をはるかに超えているとした。この判決を受けて、連邦議会は RLUIPA を定めた。この法律は連邦議会の通商及び支出権限に基づいて定められ、適用範囲はより限定されているが、RFRA と同様のテストを用いている。なお、RFRA に対する批判としては、信教の自由にとって本質的な原理を無視し、政府のプロセスを目新しい危険な方法により堕落させており、賢明でないだけでなく、違憲でもある、RFRA は、シャーバート事件（1963 年）及びヨーダー事件（1972 年）で設定した、やむにやまれぬテストを維持することを目的とし、スミス事件（1990 年）の最高裁判断を覆そうとしている、RFRA は信教の自由に関する最良の理解と真正面から対立し、スミス事件（1990 年）を無視し、これ以前の最高裁判例を誤解している、などが挙げられている。*See Eisegruber & Sager, supra* note 22, at 439-444.

(53) ホビー・ロビー事件（2014 年）の控訴裁において、ホビー・ロビーに適用される限りにおいて、避妊費用を保険の対象とする法律は信教の自由を侵害するとされた。その理由は、やむにやまれぬ利益を促進するための最も制限の少ない手段とはいえないからである。しかしながら、この判断には 2 つの問題がある。ひとつは、医師と患者の関係を侵害するからである。すなわち、避妊につ

いては患者と医師との関係に委ねられるべきである。医療の必要性や自らの身体及び治療方針の選択に関する情報を十分に正確に与えられるべき女性従業員の権利よりも、使用者の宗教上の教義を優先させることは、医療の倫理のみならず現行法に違反する。最高裁は、自らの生殖を自律的にコントロールする基本的権利が存在し、これには避妊薬の購入・使用の権利も含まれると判断してきた。この権利行使を守ることは、政府のやむにやまれぬ利益である。次に、使用者に対して、その個人的な宗教上の信念に基づいて保険適用の拒否を認めるならば、合衆国において、使用者がスポンサーとなって労働者をカバーしてきた数多くの健康保険制度に構造的かつロジスティカルな問題を提起する。*See Ogolla, supra* note 6, at 288-89.

(54) *Hobby Lobby Stores*, 573 U.S. at 720-23.

(55) *See id*. at 727-28.

(56) セパーは、ホビー・ロビー事件（2014年）の最高裁の考え方を次の5つにまとめている。①世俗的な利益法人は、宗教を理由として、一般的に適用されうる中立な経済規制の適用免除を認めてもらうことが可能である。②最高裁は信仰の自由に関する先例を放棄した。RFRA は、最高裁がスミス事件（1990年）で否定した厳格審査基準を復活させようとした。③宗教を理由とする反対者は、信仰に相当程度の負担が及んでいることを示さねばならないとの要件が緩和された。いずれの企業も真摯に信仰を有していれば、規則の遵守からもたらされる負担は相当程度とされ、その証明責任を政府にシフトすることができる。④適用除外規定の存在は、政府利益をやむにやまれぬものよりも軽いものとする。⑤やむにやまれぬ利益を助長するための最も制限の低い手段が法律によってとられていることを示す高いハードルを背負うのは政府である。*See Sepper I, supra* note 50, at 198-200.

(57) この事件では、営利法人に RFRA の信教の保護が及んでいくか問題となった。多数意見は及ぶと判断したが、法人は、一定の目的を達成するために、自然人 human beings によって用いられる組織のひとつの形態にすぎない。法人に権利を付与する目的は、それを所有し、コントロールする、自然人の権利を保護するためである、との指摘がなされている。*See Paul Barker, Religious Exemptions and the Vocational Dimension of Work*, 119 COLUM. L. REV. 169, 191 (2019) [hereinafter *Barker*].

(58) RFRA 及び信教の自由条項に基づいて、企業は、様々な商業活動への規制から信仰を理由とする適用除外を求めてきた。その信仰に基づき、従業員の雇用や昇進を拒否し、避妊薬の販売を拒否し、同性婚への宗教上の反対により、結婚関連サービスの提供を拒否しようとした。これらは、ほとんど受け入れられなかったが、最近では勝訴するものもあらわれてきた。これらの事件では、RFRA 及び修正1条の下で、裁判所は、契約自由の原則を法律の審査に持ち込んでいる。*See Elizabeth Sepper, Free Exercise Lochnerism*, 115 COLUM.

L. REV. 1453, 1465-67（2015）[hereinafter *Sepper II*]. 信仰と契約自由の
リンクは、住宅及び公衆に開かれた施設を含む事件で問題となる。土地所有者
は、婚姻関係を理由とする差別禁止法の遵守を、信仰を理由に拒否する。信仰
に反する契約の締結を義務づける法律は、州憲法の下で、信仰に積極的な負担
を負わせるとしている。薬局が避妊薬の販売を拒否することは女性たちの契約
の自由を否定する。誰と契約し何を販売するかの自由への侵害行為として反差
別法が提示されるのである。*See id.* at 1472.

(59) 営利法人は、性別や性的志向を理由とする差別を禁止する法律の適用を除外し
てもらうために、信仰の自由を主張してきた。土地所有者、使用者、賃貸人等
は、人種・婚姻関係・宗教を理由とする差別を禁止する法律に対して、連邦及
び州憲法そして RFRA に基づいて反対してきた。*See Sepper II, supra* note
58, at 1456.

(60) *See Hobby Lobby Stores*, 573 U.S. at 745-46. 雇用の条件として特定の信
者となることが定められていない場合、使用者と政府の対立は、従業員にとっ
ては第三者の争いである。そして、信仰を理由とする優遇が認められても、従
業員にとっては何らの利益がないだけでなく、他の女性たちはコストを負担す
ることなく利用できる避妊薬の利用ができなくなるという不利益を受けること
になる。RFRA の適用除外による優遇措置が認められなければ存在しなかった、
直接的な負担を彼女らは負うことになるのである。*See Gedicks & Tassell,
supra* note 28, at 375-76.

(61) *See id.* at 753-54. 営利法人は、宗教上の価値を永続させるためではなく、利
潤追求のために、その労力を費やすのである。*See id.* at 2796-97. バーカー
は、反対意見の主張するところは、営利法人は、宗教的非営利法人と同程度の
保護を受ける必要はない。前者は、宗教上の価値を永続させるよりも、利潤の
ために労働力を用いるからである、とする。*See Barker, supra* note 57, at
191.

(62) *See Hobby Lobby Stores*, 573 U.S. at 759-60.

(63) 信仰を理由とする適用除外により、何らかの負担が宗教から世俗へとシフトす
ることになる。信仰を理由に退職した者（本来、手当等が支払われるべきでな
い自己都合退職）に失業保険を支払わなければならないとすれば、保険加入者
への負担は多くなる。保護動物であっても、宗教儀式に用いることを目的にそ
の殺害を許せば、種の保存という利益は阻害される。破産管財人が、債務者に
よる教会への寄付を取り戻せないとすれば、債権者は債権を満たされないこと
になる。教会が、ゾーニング条例では禁止されている、無料食堂やシェルター
を設置することが認められれば、近くの不動産所有者は、その有する財産価値
を失うことになる。このように、コストの転換を要する適用除外すべてが違憲
とはいえないが、RFRA は広範なえこひいきを行っているとの指摘がある。
See Eisegruber & Sager, supra note 22, at 455.

(64) *See* Masterpiece Cakeshop, ltd. v. Col. Civil Rights Comm'n, 138 S. Ct. 1719, 1727 (2018). なお、本件の邦語の解説として、大林啓吾「海外判例研究 6 憲法」判例時報 2379 号 116 頁 (2018 年)。

(65) *See Masterpiece Cakeshop,* 138 S. Ct., at 1728.

(66) *See id.* at 1729. なお、バーカーは、この事件において最高裁は、コロラド州の差別禁止法がベーカリーの信教の自由を侵害したかについての根本的な問題は解決していない、とした。最高裁が認定したのは、州人権委員が、ベーカリーの真正の信仰心に対して示した明らさまな許容し難い敵意である。したがって、同様の事件において異なる結論もあり得るということである。しかしながら、最高裁は、適用除外の広範すぎる拡大は、同性愛者や差別を防止しようとする政府の権限に深刻な脅威をもたらすということを認識している。*See Barker, supra* note 57, at 183-84. 宗教行為のすべてを、一般的に適用される法律の下に規制することよりもむしろ、法律の適用やその適用除外は、第三者にもたらされる影響を考慮することによって判断されるべきとの指摘がある。*See Lipson, supra* note 1, at 637-38.

(67) *See Masterpiece Cakeshop*, 138 S. Ct. at 1738.

(68) *See id.* at 1749. なお、バーカーは最近の結婚関連産業にまつわる事件では、スミス事件 (1990 年) の再評価がなされているとの指摘を行っている。ニューメキシコ州の写真家が、信仰を理由として同性愛カップルの写真撮影を拒んだところ、性的志向を理由とする差別を公衆に開かれた施設 place of public accommodation において行うことを禁止している州法に違反したとして問題となった。裁判所はこの法律は一般的に適用可能な中立的なもので、宗教行為を世俗の行為よりも優先させ、又は、宗教に対して敵対するものではないとした。自分が承認していないメッセージを伝えさせられているかどうかについて、合理的な観察者であれば、その写真が写されたイベントを推奨しているとは解釈しないであろうし、ウェブ上で自らの信仰を、打消し表記と共に明らかとすることも可能であるとした。同様の事件はワシントン州でも生じている。ここでは、同性婚のフラワーアレンジメントを花屋が拒否したというものである。州最高裁は、やはりスミス事件 (1990 年) の意味において、州法は中立的で、一般的に適用されうるとして合憲とした。*See Barker, supra* note 57, at 181-83. スミス事件 (1990 年) では、州は中立的又は一般的な適用がなされるならば、その法律への厳格審査は必要とされないとした。換言すれば、その法律が宗教を狙い撃ちにせず、また、そのように適用されていないならば、信仰を理由とする優遇措置は必要とされていないということである。*See Loewentheil, supra* note 23, at 474.

(69) *See Masterpiece Cakeshop*, 138 S. Ct. at 1749-50.

(70) *See id.* at 1750.

(71) 本節での判例の流れについて、判旨の詳細及び出典については、拙稿「信教の

自由への規制と審査基準—アメリカにおける判例法理と連邦議会法律の交錯—」東洋法学 61 巻 2 号 412 頁（2017 年）参照。

(72) この判決により、シャーバート事件（1963 年）及びヨーダー事件（1972 年）の考え方は、劇的に限定的なものとされたとの指摘がある。*See* Gregory P. Magarian, *How to Apply the Religious Freedom Restoration Act to Federal Law without Violating the Constitution*, 99 MICH. L. REV. 1903, 1908（2001）[hereinafter *Magarian*].

(73) RFRA の制定にあたり、様々な宗教団体や一般市民の団体が極めて広範囲に連携し、上院も下院もほとんど反対がなかったとされている。*See id.* at 1911. こうした背景には、保守派の考え方に変化が生じていることが指摘されている。すなわち、以前の保守派は、多数派によるモラルを主張していたが、今日では少数派の立場を擁護することがしばしばであり、これによって宗教に関する法律が、同性愛者や中絶の自由を求める女性を平等に扱うことを妨げているとの批判がなされている。*See* Thomas Scott-Railton, *A Legal Sanctuary: How the Religious, Freedom Restoration Act Could Protect Sanctuary Churches*, 128 YALE L. J. 408, 432（2018）.

(74) 信教の自由条項に関して、議会がこれほどまでに最高裁に対し敬意を払わず、怒りにまかせて侮辱した立法をかつて行ったことはない、との指摘がある。*See* Eugene Gressman, *Constitutional Perspectives on State Religious Liberty Legislation RFRA: A Comedy of Necessary and Proper Errors*, 21 CARDOZO L. REV. 507, 514-515（1999）[hereinafter *Gressman*].

(75) 宗教に対する差別は、少数派の宗教だけでなく、キリスト教もその主張によっては、時として敵対的な対応を受けるとされ、また、多くのローカル政府は、納税免除を受ける組織よりも、歳入を生み出す組織を歓迎するため、教会を敵視することがあると指摘されている。*See* Amber Wheeler, *RLUIPA's Equal Terms Clause and the Circuit Split: Striking a Balance between Economic Concerns and Protecting Religious Liberty*, 38 MISS. C. L. REV. 173, 183-84（2020）[hereinafter *Wheeler*].

(76) 修正 1 条は、信仰の実践のための場所の確保も保障しているが、ローカル政府は、コミュニティの健康、安全、福祉という外観を装い、実際には、恣意的で差別的なゾーニングも行われているとの指摘がある。*See Wheeler, supra* note 75, at 173-74.

(77) RFRA の立法史において認定されたのは、一般的に適用可能な法律が信仰への偏見から制定されたものは現代では存在しないこと、更に過去 40 年間において迫害がなされた事例は存在しないということである。*See Gressman, supra* note 74, at 515.

(78) *See* City of Boerne v. Flores, 521 U.S. 507, 503-36. バーニィ事件（1997 年）で最高裁は、最高裁こそが憲法における法の意味を宣言する最上位に位置し、

現行憲法の意味に関して、最終的な見解を示す権限を有していることを再確認したとされている。RFRA は、この原理に違反し、最高裁の憲法上の役割を纂奪し、連邦法律の審査方法を変更し、最高裁の最近の判断を骨抜きにすることを意図しているとする。*See* Marci A. Hamilton, *The Religious Freedom Restoration Act is Unconstitutional, Period*, 1 U. PA. J. CONST. L. 1, 3-4（1998）[hereinafter *Hamilton*].

(79)RFRA の厳格審査が用いられるならば、法律は、単に中立的であるだけでなく、あらゆる宗教の利益を念頭に置いて制定されなければならない。極端に厳格な基準を裁判所に用いらせることによって、RFRA は、政府が宗教上の監視者になることを促しているとの指摘がある。*See Hamilton, supra* note 78, at 13-14.

(80)RFRA は、単なる多数決によって、教会と州との問の憲法上のバランスを変更することを可能にする。議会の多数派の変動により憲法も変動し、改正のための困難で詳細な手続が効果的にすり抜けられてしまうとの指摘がある。*See Hamilton, supra* note 78, at 7-8. また、マガリアンは、RFRA が実体的な憲法規定のいずれかを侵害していると判断したならば、最高裁はこれを無効とすることができるとする。史に、RFRA は、実体的な法律を一切改正することなく、厳格な審査基準を裁判所に命じているが、法的権利を創設する法律は、明示又は黙示に裁判所に法的基準を指示する性質を有することがある、としている。*See Magarian, supra* note 72, at 1928-30.

(81)バーウェル事件（2014 年）と対比されるのが、トニー＆スーザン事件（1985 年）（Tony & Susan Alamo Foundation v. Secretary of Labor, 471 U.S. 290 (1985)）である。宗教法人が、その信者からのボランティア活動等により営利活動を行っていたところ、最低賃金等を定める労働法の適用を、信仰を理由に拒否していたことが問題になった。最高裁は、その営利活動を宗教活動と理解することは困難であるとして、法律の適用を免除することはできないとした。他者と競合する営利活動を、信仰を理由に有利に扱うことの問題点を指摘しているものと思われる。

判例索引（アメリカ）

判例索引（日本）

事項索引

225

初 出 一 覧

序　章　　比較法研究 82 号（2021 年）

第 1 章　　東洋法学 64 巻 1 号（2020 年）

第 2 章　　東洋法学 63 巻 3 号（2020 年）

第 3 章　　東洋法学 63 巻 2 号（2020 年）

第 4 章　　東洋法学 63 巻 1 号（2019 年）

同章第 6 節　憲法研究 54 号（2022 年）

同章補論　　書下ろし

著者紹介

宮原　均（みやはら　ひとし）

現　在　東洋大学法学部教授

昭和 33 年　埼玉県戸田市出身

昭和 57 年　中央大学法学部法律学科卒業

平成 元 年　中央大学大学院博士後期課程単位取得満期退学

主な論文

「法令の憲法判断を求める当事者適格」東洋法学 57 巻 3 号（平成 26 年）

「先例拘束についての一考察」中央ロー・ジャーナル 11 巻 3 号（平成 26 年）

「信教の自由への規制と審査基準」東洋法学 61 巻 2 号（平成 29 年）

「公立学校における体罰」東洋法学 61 巻 2 号（平成 29 年）

「謝罪の強制と言論の事由」東洋法学 63 巻 3 号（令和 2 年）

「生徒の表現の自由とインターネットを中心とする校外言論の規制」東洋法学 65 巻 2 号（令和 3 年）

「政教分離と公有地上の宗教的施設」『日本憲法学の理念と展望』（成文堂、令和 4 年）

思想の絶対的自由と外部的行為への制約
―合衆国最高裁判所の判例法理の傾向―

2023 年 1 月 16 日　第 1 版 1 刷発行

著　者 ― 宮　原　　均

発行者 ― 森　口　恵美子

印刷所 ― 三　光　デジプロ

製本所 ― グ　リ　ー　ン

発行所 ― 八千代出版株式会社

〒101
-0061　東京都千代田区神田三崎町 2-2-13

TEL　03（3262）0420

FAX　03（3237）0723

振替　00190-4-168060

＊定価はカバーに表示してあります。

＊落丁・乱丁本はお取り替えいたします。